SV

Hans-Martin Gauger

Vom Lesen und Wundern

Das Markus-Evangelium

Suhrkamp

Umschlagabbildung:
Egnazio Danti. Der Evangelist Markus, Detail aus der
»Galleria delle Carte Geografiche«, 1583.
Vatikanische Museen, Vatikanstadt.
Foto: Bridgeman Art Library, London.

Satz: TypoForum GmbH, Seelbach
Druck: Ebner & Spiegel, Ulm
Printed in Germany
Erste Auflage 2005
ISBN 3-518-41729-0

1 2 3 4 5 6 – 10 09 08 07 06 05

Vom Lesen und Wundern
Das Markus-Evangelium

Dieses Buch ist das eines Laien, nicht eines Fachgelehrten.
Es versucht, sich fragend in einen fernen Text hineinzudenken.
Es will, mit seinem Leser, den »Markus« lesen,
das »Evangelium nach Markus« – »nach Markus« also
oder auch, in diesem Fall:
dem Markus nach.

Kann man Wichtigeres lesen? Niemand, zunächst, hat die Weltgeschichte so bestimmt wie der Mensch, von dem diese vier Schriften, die auch Biographien sind, berichten. Oder richtiger: nichts hat so in sie eingegriffen wie die Bewegung, die ausging von ihm. Wobei gleich gesagt werden muß, daß dies Eingreifen keineswegs immer glücklich war. Es wäre aber eine andere Geschichte.

Zunächst also hat, worum es hier geht, mit Bildung zu tun oder, schlichter, mit Information: Matthäus, Markus, Lukas und Johannes informieren über den Anfang des wichtigsten Elements der Weltgeschichte. Wer dies übertrieben findet, muß jedenfalls zugeben, daß, was von Jesus ausging, eines ihrer sehr wichtigen Elemente ist. Und das Judentum gehört – und nicht nur weil Jesus aus ihm hervorging – dazu.

Der zweite Grund ist ganz anderer Art. Kein anderes Buch fordert uns so heraus, wie es jede dieser vier Schriften tut. Auch eigentlich kein anderes Buch der Bibel. Keines stellt an jeden einzelnen – gerade als einzelnen – solch einen Anspruch. Man kann diesen Anspruch zurückweisen, natürlich. Eines aber ist nicht möglich: Gleichgültigkeit. Es gibt in diesem Fall keine Neutralität. Man kann sagen: dieser Anspruch interessiert mich nicht, ich will von ihm nichts wissen. Oder: ich kann, leider, nichts mit ihm anfangen. Dann hat man ihn aber zurückgewiesen. Man hat schon Stellung genommen.

Und Markus? Warum gerade Markus? Seine Schrift ist die älteste. Übrigens ist sie auch die kürzeste: es sind nur, je nachdem, zwanzig oder dreißig Seiten. Man weiß, weil dies aus ihren Schriften selbst hervorgeht, daß Matthäus und Lukas den Text des Markus als Vorlage hatten – *daß* es so ist, zeigt allein schon der Vergleich dieser drei Schriften untereinander. Und daß Johannes, der die seine anders angelegt hat, ihn gar nicht gekannt haben soll, ist sehr unwahrscheinlich (wichtig ist diese Frage, für uns zumindest, aber nicht). Was also die Schriften über Jesus angeht, hat mit Markus alles begonnen.

Mit Markus – und mit Paulus, denn der Apostel Paulus schrieb noch früher, gute fünfzehn Jahre früher. Aber die Briefe des Paulus sagen über Jesus – außer Theologischem, das allerdings sehr wichtig ist – wenig oder nahezu nichts. Paulus schrieb im Jahr 53 oder 54 an die Christen in Korinth: »Ich erinnere euch, Brüder, an das Evangelium, das ich euch verkündet habe. Ihr habt es angenommen. Es ist der Grund, auf dem ihr steht ... Vor allem habe ich euch überliefert, was auch ich empfangen habe: Christus ist für unsere Sünden gestorben, gemäß der Schrift, und ist begraben worden; er ist am dritten Tag auferweckt worden, gemäß der Schrift ...« Da also faßt er den Kern zusammen, und es klingt ganz so, als wäre dies schon eine feste Formel gewesen, etwas wie ein Glaubensbekenntnis, an das er hier bloß erinnert. Und dann: ich habe etwas empfangen, und eben das – und eigentlich nur das – habe ich euch weitergegeben. Oder: was ich euch gebracht habe, habe auch ich schon empfangen; es ist nicht von mir. Paulus redet da von der Tradition, in der er ist; er erinnert an sie, ordnet sich in sie ein. Aber sonst, über solche Aussagen hinaus, hören wir bei ihm über Jesus, den Menschen, nichts. Man mag es erstaunlich oder ärgerlich finden, es ist aber so.

Da also alles Schreiben über Jesus, den Menschen, mit Markus begann, ist es vernünftig, mit ihm zu beginnen. Weiter können wir nicht zurück. Natürlich kann es auch *vor* Markus (von Paulus abgesehen) schon Schriftliches über Jesus gegeben haben. Möglich, wahrscheinlich sogar, nicht auszuschließen jedenfalls, daß auch Markus Schriftliches als Vorlage hatte. Für uns jedoch, da uns Früheres nicht überliefert ist, ist *er* der erste. Übrigens ist Markus nur ein Name. So nennt die Tradition den, der diesen Text geschrieben oder diktiert hat. Man weiß von ihm nichts.

Paulus tritt uns in seinen Briefen sehr persönlich entgegen. Er war ein großer Mann des Worts. Er konnte wahrlich schreiben. Bei Markus ist dies unklar. Eigentlich ist dieser Mann, abgesehen davon, daß wir auch anderswoher nichts von ihm wissen, so gut wie gar nicht zu fassen. Beinahe möchte man fragen: hat dies überhaupt jemand geschrieben? Denn wirklich: was dasteht, ist so, als hätte es niemand geschrieben. Jemand, natürlich, muß es geschrieben haben. Es ist nur so, daß er in dem, was er geschrieben hat, nicht zu greifen ist.

Doch beginnen wir. Sonst ist Gefahr, daß wir uns, bevor wir beginnen, schon verlieren. Wir wollen ja einfach lesen – genau, aber unbeschwert. So wie jeder dies könnte – es dann aber doch nicht tut. Auch weil er meint, vielleicht, er wüßte schon alles. Oder doch das Wichtigste. Beginnen wir dort, wo *er* beginnt. Aber – wo beginnt es? Wo beginnt, was er sagen will, was er zu sagen hat? Wieder eine Frage, sehr dazu angetan, uns am Beginnen zu hindern. Nein, beginnen wir dort, wo er beginnt – unser Mann Markus, der hier ungreifbar redet. Und lassen wir seinen ersten nur scheinbar einfachen Satz beiseite: »Anfang des Evangeliums von Jesus Christus, dem Sohn Gottes«.

Als erstes ist bei ihm eine Prophezeiung: die des Propheten Jesaja. Diese lag, als Markus schrieb, schon sehr lange zurück: über fünfhundert Jahre. Es gibt nun aber zwei oder gar drei Propheten, die unter dem Namen »Jesaja« zusammengefaßt sind – einer allein, erklärt man uns, kann dies nicht gewesen sein. Hier geht es um den zweiten. Davon sagt unser Mann aber nichts. Er wußte wohl auch nichts davon. Er redet nur von ›dem‹ Propheten Jesaja. Und eigentlich genügt dies auch. Man muß das mit dem zweiten und dritten Jesaja nicht wissen – es ist unwichtig für diesen Zusammenhang.

Die Prophezeiung – dies freilich ist wichtig – kommt von Gott, denn ein Prophet redet im Auftrag, nicht im eigenen Namen. Und sie richtet sich in diesem Fall an einen, der kommen soll. Die Prophezeiung redet ihn an. Gott selbst – davon berichtet der Prophet – redet zu ihm. Er sagt: vor dir her werde ich einen Boten senden; da wird eine Stimme in der Wüste sein, die Stimme eines Mannes, die ruft: »Bereitet dem Herrn den Weg!«

Nun wissen wir also schon, denn die Prophezeiung sagt es, daß der, der nach dem Boten kommen und zu dem hier geredet wird, kein anderer ist als – der Herr.

Danach sagt uns Markus und ist damit schon in seiner Zeit: Johannes kam. Und wirklich trat dieser Mann, wie Jesaja gesagt hatte, in der Wüste auf: in der Nähe des Flusses Jordan, der – von Norden nach Süden fließend – das Land Palästina in Westen und Osten teilt, Westjordan- und Ostjordanland. Der Fluß also kommt aus dem Norden, durchfließt den (für unsere Geschichte unwichtigen) Hule-See, den es heute, da er trokkengelegt wurde, nicht mehr gibt, dann den für sie allerdings wichtigen See Gennesaret, auch »galiläisches Meer« genannt (so nennt ihn gerade Markus), und mündet auf der Höhe ungefähr von Jerusalem, das etwas westlich des Flusses liegt, ins Tote Meer. Dies alles sagt Markus aber nicht.

Man erklärt uns, daß er um das Jahr 70, vermutlich in Rom, für Heiden oder Heidenchristen geschrieben hat. Heidenchristen waren Christen, die nicht zuvor Juden waren, denn Juden, muß man sich klarmachen, sind ja keine Heiden. Also kann man zwischen Heidenchristen und Judenchristen unterscheiden: zwei Arten von Christen mit sehr verschiedenen Voraussetzungen. Wenn aber Markus für Heiden und Heidenchristen schrieb, tat er dies sicher nicht für Leser und Zuhörer, die das Land Palästina und seine Gebräuche gut kannten. Etwas mehr Hinweise dieser und anderer Art wären da schon angezeigt gewesen. Einige gibt es, und nur aus ihnen, wenn da also Dinge erklärt werden, die man Juden keinesfalls zu erklären brauchte, hat man geschlossen, daß der Mann Markus nicht für Juden schrieb. Oder genauer, denn nur dies kann man eigentlich sagen: nicht *nur* für Juden und Judenchristen. Vielleicht übrigens, auch dies ist nicht auszuschließen, war Markus selbst ein Heidenchrist.

Johannes also war oder ist der – in den Worten Jesajas – angekündigte Bote, der, der zunächst und an derselben Stelle kommen sollte wie der Herr; er ist der Wegbereiter. Bald nannte man ihn den »Täufer«, um ihn von anderen zu unterscheiden, die auch Johannes hießen, von dem Jesus-Jünger mit diesem Namen und von dem Evangelisten Johannes oder, vorsichtiger, von dem Mann, nach dem das vierte Evangelium benannt ist.

Johannes predigt und tauft. Was predigt er? Zunächst eben die Taufe – sie ist sein erster Inhalt. Er will, daß man sich taufen lasse – als Ausdruck von Reue, von Umkehr und als Bedingung für Vergebung der Sünden. Dies ist der Sinn der Taufe. Übrigens hatte er, zumindest äußerlich gesehen, größten Erfolg. Aus der ganzen Provinz Judäa und aus der Stadt Jerusalem, die ja auch in Judäa liegt, ziehen sie zu ihm hinaus (»alle«, heißt es gar, tun es); sie bekennen ihre Sünden und lassen sich taufen von ihm.

Dann aber predigt er noch etwas, es ist sein zweiter Punkt: es komme ein viel Größerer – nach ihm. Er sei es nicht wert, sagt er – mit einer für seine Zuhörer wohl geläufigen Redensart –, auch nur die Riemen seiner Sandalen zu lösen. Und dann dies: er, Johannes, habe lediglich mit Wasser getauft, der Kommende aber werde mit dem »Heiligen Geist« taufen. Wertet Johannes seine Taufe ab? Jedenfalls reiht er sie ein und damit auch sich selbst; er ordnet sich unter – unter den, der kommen wird.

So jedenfalls sagt uns Markus – bleiben wir bei dem Namen, denn wir haben ja keinen anderen. Markus sagt uns nicht, wie Johannes aussah, wie alt er war und wo er herkam, aber er sagt etwas über seine Kleidung und seine Nahrung: da ist eine Kamelhaardecke, die ihn, von einem Lederriemen festgehalten, von den Lenden an bedeckte, und er aß – und nur davon lebte er – Heuschrecken und wilden Honig.

Und nun – ohne eigentliche Vorbereitung – kommt, in der Erzählung, Jesus. Er kommt von Norden. Von Nazaret in Galiläa war er nach Süden, nach Judäa, gekommen – zum Jordan. Und nun wird auch er von Johannes getauft. Wußte Johannes, wen er taufte? Der Mann Markus sagt es uns nicht. Als aber (dies sagt er) Jesus das Wasser, in dem er getauft wurde, verließ, sah er plötzlich den Himmel offen und sah den »Heiligen Geist« als Taube auf ihn herabkommen. Und dann hörte man – alle, die da waren, hörten es – eine Stimme von oben, die sagte: »Du bist mein lieber Sohn. Ich habe Freude an dir.« So wie es Markus berichtet, sah wirklich nur Jesus selbst den offenen Himmel und die herabkommende Taube, während alle die Stimme hörten.

Danach trieb, ja, ganz wörtlich übersetzt, *stieß* ihn der Geist, der »Heilige Geist«, in die Wüste hinein. Dort blieb er vierzig lange Tage, lebte unter wilden Tieren, wurde vom Satan versucht, und Engel dienten ihm.

Worin bestand die Versuchung oder worin bestanden sie, wenn es mehrere waren? Wie vertrugen sich die Versuchungen mit dem Dienst der Engel? Denn der Satan, hören wir, versuchte ihn, und die Engel dienten ihm. Er erfuhr also, als er versucht wurde, die Hilfe der Engel. Dann die wilden Tiere – vermutlich ist da nur gemeint, daß er in ihrer Nähe lebte, sie ihm aber nichts taten.

Wie sah Jesus aus? Wir würden es gerne wissen. Wie lebte er? Woher kam er? Was hatte er bisher gemacht? Wie war er gekleidet? Wir erfahren dazu nichts – nur diesen einen Namen: Nazaret. Den Namen also einer Ortschaft im Norden des Landes, in der Gegend, die Galiläa heißt. Der Ort, damals ein großes Dorf, liegt westlich des Sees Gennesaret, nicht an seinem Ufer, sondern etwas von ihm entfernt. Da kam Jesus her: Jesus aus Nazaret. Und irgendeine Bedeutung hatte dieser Ort nicht. Immerhin war er aber nur knapp sieben Kilometer, nach Süden hin, von der Stadt Sepphoris entfernt, die bedeutsam und kurze Zeit gar, schon unter Herodes Antipas, von dem wir gleich hören, Hauptstadt war. Aber auch dies wissen wir nicht aus dem, was Markus sagt. Dort also, in Nazaret, am südlichen Rand Untergaliläas, leicht zugänglich, aber doch auch etwas abgeschieden, verbrachte Jesus seine Kindheit und Jugend.

Was soll man zu dem allem sagen? Zunächst, erster Eindruck: es ist wirklich nicht viel, was da erzählt wird. Eine richtige Geschichte ist es nicht: die alte Prophezeiung des Jesaja, dann Johannes, der sie erfüllt, seine Predigt mit den beiden Punkten und sein Erfolg, danach Jesus, von Galiläa kommend, der die Prophezeiung noch einmal erfüllt, seine Taufe mit den zwei Erscheinungen, einer optischen (nur für ihn) und einer akustischen (für alle), schließlich die vierzig Tage in der Wüste unter den Tieren dort, versucht durch den Satan und von Engeln bedient. Narrativ, unter dem Gesichtspunkt des Erzählens, ist es wenig. Keine große oder irgend eindrucksvolle Geschichte.

Dann aber, anders gesehen, inhaltlich, vom Gewicht her: da ist nun freilich sehr viel. Das bisher Berichtete umfaßt im Text ja nur eine halbe Seite – in unserer Sprache rund zweihundertfünfzig Wörter. Was aber kam – nur mit diesen wenigen Wörtern – schon vor! Eigentlich alles. Gott und die beiden anderen Personen der sogenannten ›Dreieinigkeit‹, Sohn und »Heiliger Geist«, hier als Taube sichtbar geworden. Dann der Satan, der Gegenspieler, Jesaja der Prophet und Johannes der Täufer, der auch ein Prophet war, schließlich jene Wesen zwischen Gott und den Menschen, die Engel, die Boten, denn das griechische Wort für Engel meint ja eigentlich »Bote«. Das sind aber nur die Personen! Alle sind hier schon da. Hinzu kommt, in eins mit ihnen, vor allem das Theologische. Und wirklich: reichen diese Personen nicht schon für die ganze Theologie? Und selbst solche Details wie Kleidung und Ernährung des Johannes sind ja eigentlich theologisch: sie sollen nicht erzählerisch ausschmücken oder verlebendigen; sie dienen der Beglaubigung.

Das ist es ja überhaupt: wir erwarten eine Erzählung, eine Geschichte und erhalten Theologie, fast nur Theologie! Also: Taufe, Bekenntnis und Vergebung der Sünden und vor allem dies, daß der, der hier plötzlich am Jordan erscheint, der Sohn ist, der Sohn dessen – gibt es eine größere Zumutung an unser Denken und an unser Gefühl? –, der alles geschaffen hat. Also erstens, denn dies ist hier ja auch enthalten: einer hat alles geschaffen. Schon dies – für uns weit mehr als für die Menschen damals – eine enorme Zumutung. Und nun, zweitens – aber ist diese Zumutung eigentlich stärker? – kommt dessen Sohn. Er kommt in diese Welt, in ihre menschliche Geschichte.

Vom Sohn redet Markus ja schon in seinem allerersten Satz, den wir übergangen haben. Da hieß es: »Anfang des Evangeliums von Jesus Christus, dem Sohn Gottes«. Dieser Zusatz fehle, belehrt man uns, in einigen alten Handschriften. Gut, aber dies ändert nichts, denn dasselbe sagt, in der Erzählung selbst, sogleich die von allen gehörte Stimme von oben. Gerne übrigens, obwohl es eher unwichtig ist, hätten wir gewußt, ob sie laut war oder leise.

Sodann: aus diesen beiden Sätzen folgt nicht, daß Jesus der Sohn Gottes war, natürlich nicht. Man kann nur – dies muß man aber auch – mit Bestimmtheit sagen, daß der ungreifbare Mann, Markus genannt, eben davon überzeugt war. Es war seine feste Voraussetzung: der Mann aus Nazaret, der da plötzlich am Jordan erschien, war und ist, dies glaubt Markus, der Sohn dessen, von dem alles kommt. Daß Markus genau dies voraussetzte, ist unabweisbar. Seine Voraussetzung muß nun aber auch unsere sein – zumindest, denn nur darum kann es fürs erste gehen, um ihn zu verstehen. Es muß, zunächst einmal, unser Ausgangspunkt sein, einfach weil es der des Markus war. Wir müssen ihm – vorläufig – diese Vorgabe machen.

Und nun: wie geht es weiter? Was erfahren wir als erstes danach? Johannes wird gefangengenommen, er verschwindet. Erst später, als er umgebracht wird, hören wir wieder von ihm. Markus sagt uns zunächst auch nicht, wer ihn ins Gefängnis brachte. Geschickt erzählt kann man dies nicht nennen. Oder, wieder werden wir da unsicher: ist es nicht – gerade geschickt? Zur Ungreifbarkeit des Mannes gehört, daß man dies oft nicht entscheiden kann.

Danach, nach dieser Gefangennahme, geht Jesus nach Galiläa, in seine Heimat, zurück. Dort nun beginnt er zu predigen und zu heilen. Offensichtlich hatte er dies zuvor nicht getan. Genauer, denn nur dies können wir wieder mit Sicherheit sagen: Markus berichtet davon nichts, und was er berichtet und wie er es tut, ist so, daß es unwahrscheinlich ist.

Übrigens bleibt unklar, ob Jesus im Zusammenhang mit jener Gefangennahme zu wirken begann oder eben einfach nach ihr und ohne Zusammenhang mit ihr. Und dann diese andere Frage: warum bleibt er nicht, wo er ist, und geht gerade jetzt nach Galiläa? Würde nicht eben die Gefangennahme des Johannes sein Bleiben in Judäa nahelegen oder plausibler machen? Wäre nicht jetzt seine Predigt gerade dort nötig, wo Johannes, der Bote, zuvor gepredigt hatte und nun nicht mehr predigen kann? Oder befürchtete Jesus, auch gefangengenommen zu werden? Warum also geht er nach der Gefangennahme seines Boten nach Galiläa? Dies alles läßt Markus – ist es geschickt oder ungeschickt? – im dunkeln.

In Galiläa also beginnt sein Wirken, sein irdisches Wirken, das nach seiner Auferstehung endet. Bei Markus liegen zwischen Beginn und Ende nur eineinhalb Jahre, was er selbst freilich nicht sagt. Folgt man dem Johannes-Evangelium, kommt man auf zwei bis drei Jahre.

Jesus also geht nach Galiläa. Wenn, wie gesagt, Nazaret für die Juden nicht wichtig war, so galt dies für Galiläa insgesamt. Zwar war die Gegend, mit ihren vielen Ölbäumen im Norden,

den reichen Ebenen im Süden und den blühenden Uferlandschaften am See, die fruchtbarste und am dichtesten besiedelte des ganzen Landes, vielleicht gar eine der am dichtesten besiedelten des ganzen Römischen Reichs. Isoliert war diese Gegend keineswegs, und speziell Nazaret lag an einer der verkehrsreichsten Handelsstraßen des alten Palästina. Richtig ist aber, daß es vom Zentrum des Landes her, von Judäa aus, anders aussah. Von diesem war Galiläa durch die Gegend Samaria getrennt. Allein dadurch ergab sich eine gewisse Besonderheit in der Entwicklung. Vor allem aber: die Galiläer galten den Juden als Juden minderen Ranges.

Was predigt Jesus? Es sind, kurz zusammengefaßt, nur vier Sätze: zwei Aussagen und zwei Aufforderungen. Die Zusammenfassung aber ist nicht von uns, sie steht schon im Text: »Die Zeit ist da, das Reich Gottes ist nahe.« Das sind die – zusammenhängenden – Aussagen. Und die beiden Aufforderungen: »Kehrt um! Glaubt an das Evangelium!« Was aber soll dies sein – »das Reich Gottes?« Und: wie nahe ist es? Was heißt hier überhaupt »nahe«? Denn schließlich ist es ja, bis heute, noch nicht da. Offensichtlich ist das pure Kommen des Herrn – für Markus – noch nicht wirklich »das Reich Gottes«. Und Jesus selbst sagt bei ihm ja auch nur, es sei »nahe«.

Danach beruft Jesus seine ersten vier Jünger. Genauer, denn immer müssen wir uns den Unterschied klarmachen, weil er wichtig ist: es ist der Mann Markus, der uns sogleich danach, ohne irgend anderes mitzuteilen, sagt, daß Jesus seine ersten vier Jünger berief. In anderen Worten: es kann – dazwischen – *noch* etwas gewesen sein. Es ist ja eigentlich einfach: weil Markus nichts dazwischen sagt, muß nicht auch nichts dazwischen gewesen sein.

Markus berichtet also unmittelbar danach, wie zunächst die beiden Brüder Simon und Andreas, dann, unmittelbar anschließend, die beiden anderen Brüder, Jakobus und Johannes, berufen wurden. Diese vier Männer waren Fischer, und alle verließen ihr Gewerbe, wiederum so, wie wir bei Markus lesen, auf der Stelle, augenblicklich. Ohne irgendwelche Fragen zu stellen, folgten sie ihm. Bei den Brüdern Jakobus und Johannes – warum nur bei ihnen und nicht auch bei Simon und Andreas? – erfahren wir auch den Namen des Vaters. Er hieß Zebedäus. Bei der Berufung der Brüder Simon und Andreas macht Jesus etwas wie ein Wortspiel, aber ein ernstes und gewichtiges; er sagt diesen Fischern: »Ich werde euch zu Menschenfischern machen.«

Die vier Männer also stellen keine Fragen und machen – erst recht – keine Ausflüchte. Übrigens hören wir auch nichts von Fragen oder Einwänden der Väter. Nein, sie alle hörten sofort mit dem, was sie gerade taten, auf – Simon und Andreas waren gerade, im Boot stehend oder sitzend, dabei, ihre Netze auszuwerfen, und Jakobus und Johannes richteten diese her, am Strand, für den nächsten Fang. Diese vier Jünger bleiben unter den zwölfen, die es schließlich sein werden, herausgehoben (Andreas weniger). Sie waren die ersten.

Bei Markus also treffen wir Jesus sogleich als einen schon erwachsenen jungen Mann. Nichts von seiner Kindheit, nichts von seiner Mutter oder dem Beruf des Vaters, nichts zunächst von Geschwistern. Nichts auch, zunächst, von dem, was er selbst als Beruf gelernt hatte. Nichts von seiner Familie im weiteren Sinne, seiner Verwandtschaft. Da ist fürs erste (und es wird nicht viel dazukommen) wirklich nur dieser eine Name: Nazaret. Und wir wissen auch nicht, ob Markus nichts darüber wußte oder ob er – es ist viel wahrscheinlicher – zwar einiges darüber wußte, weit mehr gewiß als wir, es aber für seine Zwecke *hier* für unwichtig hielt und allein aus diesem Grund nichts darüber sagt. Vielleicht begann für Markus wirklich alles erst mit der Taufe im Jordan – mit der Taube und der Stimme von oben.

Und nun gleich danach? Jesus lehrt an dem Tag, der dem der Berufung der vier folgte, in der Synagoge von Kafarnaum. Die

Stadt Kafarnaum oder Kapernaum liegt direkt am See Genne-saret. Wieder erfahren wir nicht, ob dies sein erstes Auftreten in einer Synagoge war. Jedenfalls müssen wir uns gleich hier dies klarmachen: Jesus war Jude und lebte als Jude unter Juden. Da – und gar noch in der Synagoge – ist sein Ausgang.

Wie er nun aber lehrte, löste unter denen, die zuhörten, Erstaunen, auch etwas wie Erschrecken aus. Nicht weil er besonders eindrucksvoll redete, dies tat er wohl auch, sondern – da nennt Markus präzis einen theologischen Grund –, weil er so redete, als habe er einen Auftrag, mehr noch: als habe er etwas wie eine Vollmacht. Dies ist nun ein erstes wichtiges Wort: »Vollmacht«. Er redete *anders*, sagt Markus, als die Schriftgelehrten. Deren Lehre nämlich hatte immer die Schriften zur Grundlage. Sie ordneten sich ihnen unter, erklärten und kommentierten diese Texte, die den Juden heilig waren. Jesus aber redete so, als stehe er gleichberechtigt neben, wenn nicht gar *über* ihnen. Und dann und vor allem: er redete ja nicht nur. Gleich hier, in der Synagoge von Kafarnaum, gab es einen Zwischenfall.

Ein Geistesgestörter, der dort saß, begann zu schreien. Wer nun aber aus dem Mann heraus redete oder schrie, war ein »unreiner Geist«, der ihn in der Gewalt hatte. Der schrie Jesus an: »Was willst du von uns? Willst du uns verderben? Ich weiß, wer du bist.« Und der Geist, der in dem Mann war, gab Jesus diesen Namen: »Du bist der Heilige Gottes.« So nannte er ihn, und offensichtlich – »was willst du von uns?« – sprach er ja nicht nur für sich, sondern für alle oder zumindest für viele »unreine Geister«, die auch in anderen Menschen waren. Jesus befahl dem Geist zu schweigen. Und dann befahl er ihm, den Mann zu verlassen. Was der Geist auch sogleich tat: der Mann wurde von ihm hin- und hergerissen, und dabei verließ er ihn unter lautem Schreien. Da erschraken alle. Und dies bestärkte natürlich den Eindruck, daß hier »mit Vollmacht« eine neue Lehre verkündet werde. Und das Erschrecken darüber, daß Jesus sogar den »unreinen Geistern« befehlen konnte. Von diesem Tag an war er, mit einem Schlag also, in ganz Galiläa bekannt.

Dies allerdings ist nun wirklich eine Geschichte. Ein Geist spricht aus einem Mann, und dieser Geist erkennt Jesus sogleich, während die Menschen ihn nicht erkennen, sondern sich nur wundern oder erschrecken. Freilich: zum Erschrecken war dies alles ja schon. Würden wir anders reagieren als die, die es in Kafarnaum am See Gennesaret erlebten?

Von der Synagoge geht Jesus, zusammen mit den vier Jüngern, in das Haus der Brüder Simon und Andreas. Offenbar lebten diese zusammen. Da stellte es sich heraus, daß die Schwiegermutter von Simon krank war; sie lag mit Fieber im Bett. Sie sagten es Jesus. Da ging er zu ihr, faßte sie an der Hand, richtete sie auf, und das Fieber verschwand. Sie stand gleich danach auf und bediente die fünf Männer. Wir kennen, weil Markus da wieder schweigt, nicht den Namen dieser Frau. Zunächst aber dürfen wir der – wie fast immer bei Markus knappen – Erzählung entnehmen, daß Simon, der bald schon Petrus heißen wird, verheiratet war. Und dann ist da wieder ein Wunder: die augenblickliche Heilung der Frau. Und es ist bereits – nach der Stimme bei der Taufe und der Heilung des Geistesgestörten in der Synagoge – das dritte, von dem Markus berichtet.

Am Abend dieses Tages, nach Sonnenuntergang, brachte man Kranke und Besessene zu Jesus. Markus sagt gar »alle« – alle Kranken und Besessenen also, die an dem Ort waren. Es wird hier, wie man sieht, zwischen körperlich Kranken und Geistesgestörten unterschieden, und von den letzteren meinte man – es geht ja aus der Bezeichnung hervor –, sie seien von einem »Geist« besessen – einem »bösen« oder einem »unreinen«.

Wirklich war an jenem Abend die ganze Stadt vor dem Haus von Simon und Andreas versammelt. Und Jesus heilte von diesen Kranken, die an sehr verschiedenartigen Krankheiten litten, viele, und er trieb auch viele »Geister« aus. Viele »Kranke«, heißt es, und viele »Geister« – nicht also alle.

Und nun ein wichtiger und eigentümlicher Hinweis: Jesus verbot den »Geistern« zu reden, weil diese nämlich wußten, wer er war. Dies hatten wir ja bereits bei dem »Geist« des Mannes in der Synagoge, der Jesus den »Heiligen Gottes« genannt hatte, erfahren. Nur – und auch dies sagt uns Markus nicht, und es wäre von großem Interesse, es zu erfahren, denn es versteht sich doch nicht von selbst – : warum eigentlich sollten die Leute nicht erfahren, wer Jesus war? Mußte er – umgekehrt – nicht gerade darauf Wert legen? Und dann ist da ja etwas wie ein Widerspruch. Die vom Himmel herabgekommene Stimme, nach der Taufe, die alle gehört hatten, die zu der Zeit am Jordan waren, hatte es doch schon weit klarer gesagt als der »böse Geist« des Besessenen, denn »der Heilige Gottes« ist ja nun für den Sohn Gottes eine recht ungefähre Beschreibung.

Am nächsten Morgen, sehr früh, es war noch dunkel, stand Jesus auf und ging allein an einen einsamen Ort. Dort wollte er beten. Jesus also, der Sohn, betet. Als Simon merkte, daß er sich entfernt hatte, eilte er ihm mit denen, die ihn begleiteten, nach. Da waren also auch schon Begleiter Simons. Wieder sagt uns Markus nicht, was dies für Leute waren. Und von Andreas ist jetzt gar nicht die Rede. Es ist immer wieder dasselbe: Markus sagt uns zu wenig! Als Simon und seine Begleiter Jesus fanden, sagten sie ihm, alle suchten ihn. Er aber sagte, er wolle anderswohin gehen, in die benachbarten Dörfer, um auch dort zu predigen. Denn dafür sei er gekommen. So zog er schließlich durch ganz Galiläa, predigte in den Synagogen und trieb »Geister« aus.

Dann berichtet Markus von zwei Heilungen: von der Heilung eines Aussätzigen und der eines Gelähmten. Aussatz ist Lepra. Die schlimme Krankheit, die zunächst die Haut, besonders das Gesicht befällt, war auch beim jüdischen Volk häufig, und sie schloß, weil sie ansteckend war, die Befallenen vom Umgang aus, sie machte sie »unrein«. Nun also: ein Aussätziger kam auf Jesus zu, fiel vor ihm auf die Knie. Und nun wieder beim Kranken diese schöne Direktheit: »Wenn du willst, kannst du machen, daß ich rein werde«. Dieser Mann, sagt Markus nun – da geht er doch etwas aus sich heraus –, tat Jesus leid. Jesus, sagt er, hatte Mitleid mit ihm. Er berührte ihn mit ausgestreckter Hand und sagte: »Ich will es – werde rein!« Und in diesem Augenblick verschwand der Aussatz.

Zu dieser Stelle allerdings gibt es eine andere Überlieferung. Nach dieser wurde Jesus zornig, als er den Mann sah, der ihn angesprochen hatte: »Zornerfüllt streckte er seine Hand aus«, heißt es da. Und vielleicht ist dies wahrscheinlicher, weil es unerwarteter ist – vielleicht empörte ihn das Unglück des Mannes – Mitleid ist hier doch selbstverständlich und also zu wenig!

Dann aber erneut diese Merkwürdigkeit: Jesus warnt den Geheilten, vom Vorgefallenen zu berichten, fährt ihn gar zornig an – »Erzähl niemandem davon!« Vielmehr solle er zum Priester gehen, sich bei ihm zeigen. Es war die Aufgabe des Priesters, die Heilung festzustellen. Und der Geheilte solle das Opfer bringen, das Mose für diesen Fall angeordnet habe. Daran, setzt Jesus hinzu, mögen seine Gegner erkennen, daß er, Jesus, die Gesetze einhalte. Hier erfahren wir – es ist das erste Mal – von einer *Gegnerschaft*.

Jesus hatte also Gegner, von Anfang an. Vor allem unter den Priestern. Was nun aber das andere angeht, so ist es nicht nur schwer verständlich, sondern eigentlich auch viel verlangt, daß der Mann rein gar nichts hätte sagen sollen. Bei denen, die ihn kannten, war dies doch einfach nicht möglich. Irgendetwas mußte er diesen doch sagen! Was aber tut der Mann? Nicht nur schweigt er nicht, sondern er redet überall davon – mit der Folge nun, daß Jesus sich in keiner Stadt mehr zeigen konnte. Auch an die einsamen Orte, wo er sich von nun ab aufzuhalten suchte, kamen die Leute von überall her. Andererseits war er aber schon vor dieser Heilung, die wirklich auch nicht die erste war, sehr bekannt.

Und nun die Heilung des Gelähmten! Dies ist eine schöne

und etwas kompliziertere Geschichte. Aber ganz einfach ist die mit dem Aussätzigen ja auch nicht! Jesus war einige Tage danach wieder nach Kafarnaum gekommen. Also doch wieder eine Stadt! Wieder wohnte er wohl im Haus von Simon und Andreas. Als dies bekannt wurde, kamen augenblicklich so viele Menschen, daß auch vor der Tür kein Platz mehr war. Niemand kam mehr hinein. Er redete, er »verkündete«, wie Markus sagt, »das Wort«.

Da nun kamen vier Männer und brachten einen Gelähmten. Und weil sie nicht ins Haus hineinkamen, öffneten sie ohne weiteres das Dach und zwar dort, wo Jesus war, und ließen den Gelähmten auf einer Bahre zu ihm hinunter. Jesus sah den Glauben der Männer und sagte dem Kranken: »Mein Sohn, deine Sünden sind dir vergeben!« Da dachten einige Schriftgelehrte, die dabei waren, und sahen sich an: was erlaubt sich dieser Mensch? Dies ist ja Gotteslästerung! Sünden vergeben kann doch nur Gott! Das dachten sie, sagten es aber nicht. Jesus war aber augenblicklich klar, was sie dachten. Direkt geht er sie an: »Was ist«, fragt er, »einfacher – diesem Gelähmten zu sagen: ›Deine Sünden sind dir vergeben?‹ oder ihm zu sagen: ›Steh auf, nimm deine Bahre und geh?‹« Der Gedanke ist klar: die Aufforderung ist schwieriger, weil bei ihr sofort zu sehen ist, ob sie sich verwirklicht. Die Feststellung dagegen, jemandem seien seine Sünden vergeben, ist nicht überprüfbar. Und nun gebraucht Jesus zum ersten Mal einen Ausdruck, der eine seiner wichtigsten Bezeichnungen für sich selber ist; es ist einer seiner ›Hoheitstitel‹: ein merkwürdiges, sehr offenes, sich selbst nicht erklärendes Wort, es lautet »Menschensohn«. Er sagt den verkappten Kritikern: »Damit ihr seht, daß der Menschensohn die Macht hat, Sünden zu vergeben, sage ich« – und nun wendet er sich an den Gelähmten – »›Steh auf, nimm deine Bahre und geh nach Hause!‹« Sofort stand der Mann auf, ergriff die Bahre, auf der er gelegen hatte, und ging mit ihr mitten durch die Menge hinweg. Da war nun bei allen erschrockenes Erstaunen. Sie lobten Gott – das heißt, wird man sagen können: sie *wußten*, was hier vorgegangen war. Und sie sagten, was man hilflos immer wieder bei ungewöhnlichen Ereignissen sagt: »Nie haben wir so etwas gesehen.«

Dann ging Jesus wieder zum See. Und wieder kamen die Menschen in Scharen zu ihm. Und er lehrte sie. Was er sie aber lehrte, verschweigt uns Markus erneut. Nicht eine Andeutung gibt er uns. Aber gut – Markus könnte ja auch gedacht haben, daß es ohnehin klar ist. Und dann ist dergleichen ja auch nicht so leicht und zuverlässig weiterzugeben wie einzelne markante Handlungen. Eine solche haben wir aber nun.

Als Jesus weiterging, sah er einen Mann am Zoll sitzen, einen Zöllner: Levi, den Sohn des Alphäus. Was übrigens den Hinweis auf den Vater angeht, Alphäus, so ist dies pure Konvention. So sagte man unter Juden, und Levis gab es viele, daher die Notwendigkeit einer Kennzeichnung. Nicht also, daß dieser Alphäus für uns oder die Erzählung irgendeine Bedeutung hätte! Aber sein Sohn Levi, insofern ist der Mann indirekt doch wichtig, wird nun ebenfalls Jünger von Jesus – der fünfte. Und dieser Mann soll rund zehn Jahre später als Markus (und auf Markus gestützt) das Matthäus-Evangelium geschrieben haben. So jedenfalls steht es in diesem Evangelium selbst.

Auch die Berufung des Levi ging Schlag auf Schlag und fast ohne Worte: »Folge mir!« sagte ihm Jesus. Und Levi stand auf und folgte ihm. Er war also ein »Zöllner«, und dies heißt hier: ein Zollpächter, denn die Zolleintreibung wurde verpachtet – und so war ein solcher »Zöllner« ein wohlhabender Mann, keineswegs war er, woran wir zuerst denken mögen, etwas wie ein kleiner Beamter. Und beliebt waren diese reichen Männer kaum, an deren Korrektheit zu zweifeln, es sicher oft Anlaß gab. Vielen Frommen galten sie, wie wir gleich sehen, geradezu als Sünder.

Da nun also dieser Levi zumindest nicht unvermögend war, ergab es sich bald, daß in seinem Haus ein Essen war, zu dem sich andere »Zöllner« und auch Jesus mit seinen Jüngern und Anhängern eingefunden hatten, denn nunmehr, erfahren wir nebenher, waren es schon viele, die ihm, mehr oder weniger beständig, folgten. Vielleicht wurde da gerade die Berufung des Levi gefeiert. Dieses gemeinsame Mahl wurde nun zum Stein des Anstoßes.

Wieder waren es die Schriftgelehrten, die sich erregten. Merkwürdig: hatte sie das Wunder mit dem Gelähmten nicht überzeugt? Gab es ihnen nicht zumindest zu denken? Sie sagten zu seinen Jüngern: wie ist es möglich, daß er gemeinsam »mit diesen Zöllnern und Sündern« speist? Als Jesus dies hörte, sagte er ihnen: »Nicht die Gesunden brauchen den Arzt, sondern die Kranken.« Die Sünder wolle er rufen, nicht die Gerechten. Ist diese Antwort ironisch? Sie muß es nicht sein oder doch nicht in jeder Hinsicht.

Wer waren die Schriftgelehrten? Sie gehörten zu den Pharisäern. Diese waren eine religiöse Gemeinschaft, die das jüdische Gesetz studierten und es besonders ernst nahmen. Unter ihnen gab es die Schriftgelehrten, theologische Juristen sozusagen, die öffentlich lehren und Schüler um sich versammeln durften. An religiösen Autoritäten, die immer auch politische waren, gab es erstens die Priester, neben ihnen dann die Schriftgelehrten, von denen Markus selbst sagt, daß sie »zur Partei der Pharisäer« zählten, drittens schließlich die eher politisch orientierten »Ältesten des Volks«. Aber Politik und Religion gingen hier überall, wie gesagt, ineinander über.

Was nun aber jenen Satz von Jesus angeht, so ist es sicher, daß er die Schriftgelehrten und die Pharisäer insgesamt nicht einfach als »Gerechte« beurteilte. Dies mindestens darf man sagen. Insofern war da ohne Zweifel auch Ironie. Andererseits darf man diese drei Gruppen nicht ohne weiteres bloß negativ sehen. Vielleicht stand Jesus eben den Pharisäern nahe, näher jedenfalls als den Sadduzäern, von denen wir noch hören.

Schließlich aber muß man diesen wichtigen Satz von den

Gesunden und den Kranken, an dem man sich festhalten kann, doch aus seinem besonderen – polemischen – Zusammenhang lösen, denn weit geht er über diesen hinaus. Jesus versteht sich, nicht nur in seinem Heilen, als Arzt. Er kommt insgesamt als Arzt – als Retter, als ›Heiland‹. Dieses alte deutsche Wort, es war schon sehr früh in unserer Sprache da, übersetzt das lateinische ›salvator‹, das seinerseits das griechische ›sotér‹ übersetzt, und beide meinen: »Retter« oder »Erlöser«.

Mit dieser Episode zusammenhängend – oder Markus schafft da den Zusammenhang – gab es einen weiteren Anstoß. Die Jünger des Johannes fasteten, und die Jünger der Pharisäer taten dies auch – die Jesus-Jünger aber nicht. Als man Jesus danach fragte, antwortete er mit einem Bild, wie er es gerne tat. Und hier ist es bei Markus zum ersten Mal, daß wir auf eines seiner Bilder stoßen: Hochzeit und Bräutigam. »Wie sollten«, fragt er die Kritiker zurück, »die Hochzeitsgäste fasten, solange der Bräutigam bei ihnen ist?« Tage würden aber kommen, da seien sie ohne Bräutigam – dann würden sie fasten.

Und nun, unvermittelt – es gehört, will uns scheinen, gar nicht in diesen Zusammenhang – zwei neue Bilder, zwei Vergleiche. Man nähe doch nicht, sagt Jesus, einen neuen Stoff auf ein altes Gewand, denn dann reiße der neue Stoff vom alten ab, und der Riß werde größer als zuvor. Und gleich danach: man fülle nicht neuen Wein in alte Schläuche, denn dann würde der Wein das Leder zerreißen; neuer Wein, weil er ja noch gäre, gehöre in neue Schläuche. Für Neues also braucht man, als Form, als Behälter, ebenfalls Neues. Die Vergleiche, so einleuchtend sie sind, passen in diesen Zusammenhang kaum. Außer vielleicht (es überzeugt aber auch nicht recht): ›ich bin etwas Neues, da sind auch neue Formen angemessen‹.

Doch wie immer: etwas ganz anderes dürfen wir bei dieser Gelegenheit nach einer bestimmten Richtung hin auf jeden Fall gleich und deutlich sagen: Wein war, denn dies geht aus dem Vergleich unzweideutig hervor, für Jesus etwas Normales, keinesfalls etwas grundsätzlich zu Meidendes. Dasselbe gilt übrigens auch vom Fleisch. Er hatte nichts gegen Wein und nichts gegen Fleisch und hatte überhaupt, wir werden es sehen, von Nahrungsmitteln eine sehr freie Meinung.

Von einem weiteren kurzen Zusammenstoß berichtet Markus gleich danach. Er wird, wie zumeist, durch ein schlagendes Wort von Jesus beendet – vorläufig, fürs erste, denn diese ständigen und auch öffentlichen Niederlagen seiner Gegner, die an ihnen haften blieben, führten bei ihnen zu wachsendem Groll.

Jesus ging mit seinen Jüngern am Sabbat durch ein Kornfeld. Dabei rissen seine Jünger – nicht also er selbst – Ähren ab und aßen die Körner. Die Pharisäer hörten davon und waren erneut zum Tadel sofort bereit. Sie lauerten ja darauf, und hier hatten sie nun wirklich etwas gefunden: »Ernten – das ist doch am Sabbat verboten.« Das Ausreißen von ein paar Ähren – da zeigt sich dieses Denken – wurde also gleich zu einem ›Ernten‹. Der Sabbat oder Schabbat, der Tag der Ruhe, der Samstag oder Sonnabend unserer Einteilung, das war nun – man muß es wissen – für die Juden (und ist es bis heute) nicht etwas irgend Beiläufiges, wie bei den Christen heute etwa die Sonntagsruhe, sondern etwas Zentrales: das Herzstück gleichsam des ganzen Gesetzes.

Hier ist nun so ein Punkt. Wenn Markus für Heidenchristen und für Heiden geschrieben hat, hätte er hier mehr erläutern müssen, denn für diese war, was nun folgt, da es rein innerjüdisch ist, wohl eher uninteressant; jedenfalls hätte Markus ihnen mehr erklären müssen. Jesus, mit dieser Kritik konfrontiert, weist zunächst auf eine Episode aus dem Leben Davids hin. David lag nun rund tausend Jahre zurück – aber dieser Mann, König David, der, aus kleinem Ursprung und gleichsam vom Rande her gekommen, Israel zum ersten Mal, zwischen dem Großreich Mesopotamien im Osten und Ägypten, dem anderen Großreich im Süden, zu einem zwar kleinen, aber einigen und starken Land gemacht hatte, war im Gedächtnis der Juden, was gerade diese Stelle zeigt, noch überaus präsent – eine Lichtgestalt. David nämlich hatte – daran erinnert Jesus die Pharisäer, die dies natürlich wußten – in einer bestimmten Notlage mit seinen Männern die heiligen Brote gegessen, die eigentlich nur die Priester essen durften: Kultbrote sozusagen, die auf den Altar gelegt wurden. Ahimelech, der Priester in dem Ort Nob, hatte sie David, nachdem er darum gebeten hatte, ohne weiteres gegeben. Davon berichtet das erste Samuel-Buch. Jesus übrigens redet von einem Hohenpriester Abjatar – in Wirklichkeit hieß der Mann, wie gesagt, Ahimelech, was uns zeigt, daß, was bei Markus steht, nicht in allen Einzelheiten dem entsprechen muß, was Jesus tatsächlich gesagt hat, denn wir können ja nicht annehmen, er selbst habe sich hier getäuscht. Oder gab es da auch eine andre Tradition?

Nun aber, weit wichtiger, fügt Jesus etwas hinzu, das für die frommen Juden ungeheuerlich war. Der Sabbat, sagt er, sei für den Menschen da, nicht aber umgekehrt der Mensch für den Sabbat. Und eben deshalb, sagt er – und nun kommt's –, sei der »Menschensohn« (wieder dieser Titel) »Herr auch über den Sabbat«. Noch deutlicher als zuvor tritt uns in diesen Worten jene »Vollmacht« entgegen, die er selbst sich zusprach. Er erklärt sich unumwunden – für die Pharisäer mußte dies ein Skandal sein – zum »Herrn über den Sabbat«. Mit Recht hat jemand gesagt, dieses Wort sei »beispiellos im Munde eines Rabbi«. Und ein Rabbi war Jesus ja *auch*. »Rabbi Jeschua« – so muß man ihn angeredet und über ihn geredet haben, denn »Jeschua« war die Aussprache seines – unter den Juden gar nicht seltenen – Namens in seiner Sprache. »Jeschua« ist eine zusammenziehende Abkürzung von »Jehoschua«, was bedeutet: »Jahwe ist Rettung.«

Danach gibt es sogleich wieder, bei Markus, einen – und diesmal definitiven – Sabbat-Zusammenstoß. Wieder einmal war Jesus in einer Synagoge – an einem Sabbat. Da saß nun ein Mann mit einer unbrauchbaren Hand oder (auch dies ist vom

Text her möglich) einem unbrauchbaren, einem gelähmten Arm. Und nun achteten oder gierten die Gegner gleich darauf, ob Jesus ihn heilen würde. Denn zu heilen war ja an einem Sabbat ebenfalls verboten. Und sie suchten einen Grund, ihn anklagen zu können. Hier nun geht Jesus gleich in die Offen sive. Wir erleben da seine große, immer wieder hervortretende Sicherheit, seine Kühnheit. Er nähert sich dem Mann, redet ihn an und fordert ihn auf, sich in die Mitte zu stellen. Dann fragt er die Umstehenden direkt: ist es erlaubt, am Sabbat Gutes zu tun? Da schwiegen sie. Zornig sah er sie an, einen nach dem anderen. Und zornig war er, weil sie so verbohrt, so verstockt waren. Dann wandte er sich wieder dem Mann zu und sagte ihm: »Streck deine Hand aus!« Der tat es, und die Hand (oder der Arm) war wieder gesund. Da gingen die Pharisäer hinaus und beschlossen, zusammen mit den Anhängern des Herodes, Jesus umzubringen. Soweit sind wir nun schon. Man ist entschlossen, ihn definitiv wegzuschaffen. Er soll umgebracht werden. Zum ersten Mal – und sehr früh – ist davon die Rede.

Die Anhänger des Herodes. Zum ersten Mal auch ist hier von ihnen die Rede. Überhaupt haben wir bisher von Herodes rein gar nichts gehört. Auch dies ist merkwürdig. Wieder müßte man da doch Markus, dem Autor, sagen: so geht das nicht! Es kann doch nicht plötzlich ein Name ohne Kommentar, ohne Einführung, noch dazu für Heiden, so einfach hingesetzt werden! Genau dies aber tut er und tut es ganz beiläufig – hier.

Es geht da (wir wissen es aber anderswoher) um einen Herrscher, der eigentlich Herodes Antipas hieß. Er war der Sohn eines bedeutenderen Vaters, und der heißt denn auch, in der Geschichte, Herodes der Große. Oder auch einfach und ohne Heraushebung (so könnte es auch gemeint sein): Herodes der Ältere. Nun also, nach dem Vater, der Sohn, Herodes Antipas oder auch einfach Antipas. Markus aber nennt auch ihn, wie seinen Vater, Herodes. Diesem Mann hatte Kaiser Tiberius in

Rom die Provinzen Galiläa und Peräa zugeteilt. Peräa liegt südlich von Galiläa und zwar in östlicher Richtung, östlich des Jordan. So war dieser Herodes Antipas, der zu Ehren von Kaiser Tiberius am See Gennesaret die Stadt Tiberias gründete und zu seiner Hauptstadt machte, auch für Galiläa zuständig, die Heimat von Jesus. Wichtig ist der Mann aber auch und ganz besonders wegen seiner Frau, seiner zweiten: der verhängnisvollen Herodias, die zunächst die Frau seines Bruders gewesen war. Und die Tochter der Herodias, kaum weniger verhängnisvoll, war Salome, von der Markus auch berichtet, ohne freilich ihren Namen zu nennen.

Die Anhänger des Herodes also, die »Herodianer«, waren Juden, die diesem Herrscherhaus anhingen. Mit diesen Männern, den »Dienern des Herodes«, wie sie auch heißen, verbündeten sich nun die Pharisäer – gegen Jesus. Und wollten ihn umbringen.

Eines ist ja merkwürdig: warum gaben sich diese Gegner nicht geschlagen? Waren die Taten von Jesus, die vielen Wunderheilungen besonders, nicht so, daß es gegen sie eigentlich keine Widerrede gab? Was konnten sie dagegen sagen? Wir werden es sogleich hören.

Jesus zieht sich nun mit den Jüngern an den See zurück. Heraus also aus der Stadt. Und von überallher folgten ihm jetzt die Menschen – nicht mehr nur aus Galiläa, sondern auch schon aus weiter Umgebung: aus Judäa zum Beispiel im Süden, also auch aus Jerusalem, dann aus dem noch weiter südlichen Idumäa, aber auch aus den beiden großen und übrigens heidnischen Küstenstädten nördlich von Galiläa, aus Tyrus und Sidon, die in der Provinz Syrien lagen. Sie alle hatten von dem, was Jesus tat, gehört. Von dem, was er *tat* wohlgemerkt, nicht zunächst von dem, was er sagte und verkündete. Der Andrang war so, daß Jesus die Jünger bat, ein Boot für ihn bereitzuhalten, mit dem er in den See hinausfahren konnte, um wenigstens auf diese Weise von der Menge Abstand zu bekommen.

Und wieder heilte er viele, so daß sich alle, die irgend krank waren, zu ihm begaben. Und er trieb auch viele »unreine Geister« aus.

Und diesmal erkannten die »Geister« ihn noch genauer als zuvor. Sie redeten nun nicht mehr bloß von »dem Heiligen Gottes«, vielmehr schrieen sie jetzt: »Du bist der Sohn Gottes!« Und wieder verbot Jesus ihnen, dies bekannt zu machen. Und erneut müssen wir uns fragen, warum er ihnen gerade dies – »streng«, wie wir hören – verbot. Wichtig aber (für uns): er widersprach ihnen nicht; er verbot ihnen nur, es weiterzusagen.

Danach stieg er auf einen Berg – Markus, wahrlich nicht detailversessen, sagt uns nicht, auf welchen. Es ist aber, andererseits, in diesem Fall auch nicht wichtig. Wichtig ist aber freilich, daß es ein Berg war. Hier rief Jesus die zwölf Männer zu sich, die er nun als seine Jünger – mit der Weisung zu predigen und »Geister« auszutreiben – einsetzte. Diese doppelte Vollmacht, seine eigene, verlieh er nun ihnen selbst.

Die Jünger, die »Zwölf«, waren nun die folgenden und zwar in dieser Reihenfolge, denn auf die Reihenfolge kommt es offensichtlich an, obwohl Markus dazu wieder rein gar nichts sagt; es ist aber unüberhörbar impliziert. Also: Petrus zuerst (diesen Beinamen, der dann zu seinem eigentlichen Namen wurde, hatte Simon, aber Markus sagt uns dazu nichts, inzwischen erhalten), danach Jakobus und sein Bruder Johannes, es waren die beiden Söhne des Zebedäus (beide nannte Jesus nun – warum? – die »Donnersöhne«), dann Andreas, den Bruder von Petrus, der also erst an vierter Stelle, nach den Brüdern Jakobus und Johannes, genannt wird, danach – und von all diesen hören wir nun, mit einer Ausnahme, zum ersten Mal – Philippus, Bartholomäus, Matthäus (so hieß nun offensichtlich Levi, der Zöllner), Thomas, Jakobus, der Sohn des Alphäus (es gibt also zwei Jünger mit dem Namen Jakobus), Thaddäus, Simon Kananäus und Judas Iskariot, von dem gleich gesagt wird, daß er den Herrn verraten wird. Sonst aber erfahren wir nichts – nur also diese Namen, von denen uns sieben ganz neu sind. Von Petrus, Jakobus, Johannes und Andreas wissen wir, daß sie Fischer am See Gennesaret waren, und Matthäus, vormals Levi, war also Zöllner gewesen. Aber die übrigen – was waren diese »Menschenfischer« zuvor? Markus muß es gewußt haben, er sagt es aber nicht.

Es gab nun also als engsten Kreis um ihn – die Jünger, dann sozusagen feste Begleiter und Begleiterinnen, denn wir hören bald nachher von »den Zwölf und den Begleitern«, und zu den letzteren gehörten auch nicht wenige Frauen, schließlich gab es die wechselnde große Menge derer, die ihm immer einmal wieder einige Zeit hindurch folgten.

Merkwürdiges erfahren wir nun über die »Angehörigen« von Jesus. Wieder war er in ein Haus gegangen – in irgendein Privathaus irgendwo, es ist ja auch gleichgültig –, und wieder hatten sich dort viele Menschen versammelt. Jesus und seine Jünger konnten – so ging es jetzt zu – wegen der großen Enge nicht einmal mehr essen. Da nun, als sie dies hörten, machten sich Angehörige von ihm auf, um ihn mit Gewalt nach Hause zurückzuholen, was aber nicht gelang. Seine »Angehörigen« heißt es nur – nachher erfahren wir, daß es die Mutter und die Brüder waren. Sehr merkwürdig ist nun freilich dies: sie erklären ihn für verrückt. »Er ist von Sinnen«, sagen sie.

Und die Schriftgelehrten, die aus Jerusalem hergekommen waren, doch wohl eigens, denken wir, um zu sehen, was es mit ihm auf sich hatte, sagten kurzerhand: er sei selbst von Beelzebul besessen. Eine ungeheuerliche Aussage gewiß. Denn Beelzebul war der Anführer der »bösen Geister«; für Jesus war er offensichtlich, es geht aus seinen Worten hervor, der Satan selbst. So jedenfalls nennt er ihn. Und dies war nun die schlichte Meinung oder Theorie jener Schriftgelehrten. Warum, fragten sie rhetorisch, gelinge Jesus die Austreibung der »bösen Geister«? Doch nur, weil er sie mit Hilfe ihres Anführers Beelzebul bewerkstellige, mit dem er im Bunde stehe. Was sollte dann, wenn es so ist, an den Austreibungen jener »Geister« erstaunlich sein?

Da haben wir nun zwei Gedanken, die damals die Menschen zur Verfügung hatten, um abzuwehren, was Jesus sagte und tat, um es abzuwehren – von sich selbst; sie wollten sich keine Fragen stellen, sich keine stellen *lassen*. Zunächst hieß es: er ist verrückt. Dieses Argument ist freilich nicht wirklich durchschlagend – jedenfalls nicht im Blick auf das, was er tat: die Heilungen. Denn, nehmen wir einmal an, jemand ginge heute in ein Krankenhaus und würde da ganze Abteilungen räumen, indem er die Kranken, die dort liegen, gesund nach Hause schickte – hätte die Erklärung ›er ist verrückt‹ da etwas Überzeugendes? Das andere Argument aber, das der Schriftgelehrten, das Beelzebul-Argument, ist oder war durchschlagend, denn dies kann man unter diesen Voraussetzungen, wenn man nämlich an »böse Geister« und an den Satan glaubt, immer sagen. Von unserer Welt her, heute, wäre es eher schwieriger, Jesus abzuwehren, wenn er uns so entgegenträte, weil nämlich das mit dem Oberteufel Beelzebul doch wohl entfiele (obwohl heute ganz offenbar nicht wenige eher an den Teufel glauben als an Gott). Außerdem wissen wir ja nun schon seit geraumer Zeit, daß psychisch Kranke keine »Besessenen« sind. Es ist kein Zweifel: die Zeitgenossen von Jesus hatten eher die Möglichkeit, sich von ihm zu befreien, ihn abzuwehren, als wir sie heute hätten. Interessant freilich, sich zu überlegen, was in unseren Tagen in dieser Hinsicht vorgebracht würde, um ihn mit seinem Anspruch loszuwerden.

Tatsächlich geht Jesus zu seiner Verteidigung nur auf das Argument der Schriftgelehrten ein. Er rief sie zu sich und belehrte sie – mit Gleichnissen, sagt Markus. Es sind hier aber bloße Vergleiche. Freilich: wann wird ein bloßer Vergleich zum Gleichnis? Darüber wäre noch nachzudenken. Ein Gleichnis ist zunächst einmal ausgedehnter und entwickelter als ein Vergleich. Einleitend aber redet Jesus ganz direkt, ohne Vergleich oder Gleichnis, die Schriftgelehrten an. Warum, fragt er, sollte der Satan den Satan, sich selbst also, austreiben? Und nun erst bringt er zwei – sehr kurze – Vergleiche. Ein Reich, das in sich selbst gespalten ist, gehe zugrunde. Dann: für eine Familie gelte dasselbe. Würde also der Satan sich gegen sich selbst erheben, wäre es um ihn, um sein Reich nämlich, geschehen. Dies aber ist doch ganz und gar nicht der Fall – das Reich Satans, deutet Jesus an, *steht*. Also kann es auch so nicht sein. Indirekt erkennt hier Jesus die Macht Satans an.

Dann fügt er nun wirklich ein Gleichnis hinzu, ein ziemlich drastisches, das seinen Realitätsblick zeigt. Das Haus eines starken Mannes können Einbrecher nicht ausräumen, ohne ihn zuvor zu fesseln; erst wenn man ihn wehrlos gemacht hat, zum Beispiel durch Fesselung, kann man das Haus plündern. Der Schluß ist klar: Jesus hat, gibt er zu verstehen, immer zunächst den »starken Mann«, Satan also, in dem Besessenen »gefesselt« und erst danach dessen Geister vertrieben. Nur so, deutet er mit dem Gleichnis an, geht dies überhaupt.

Und nun wird er äußerst scharf. Ganz offen tritt er mit seinem Anspruch auf »Vollmacht« und, man möchte sagen, in herrscherlicher Hoheit hervor. Und wieder redet er nun auch ganz ohne Gleichnis und direkt und sagt sein vielleicht härtestes Wort. Alles, sagt er, kann vergeben werden – »alle Vergehen und alle Lästerungen«. Dies Vergehen aber nicht: »wer den Heiligen Geist lästert, der findet in Ewigkeit keine Vergebung, sondern seine Sünde wird ewig an ihm haften«. Und Markus setzt hinzu – und damit macht er das harte Wort unmißverständlich –, daß es sich auf die Äußerung der Schriftgelehrten bezogen habe, Jesus sei von »einem unreinen Geist besessen«.

Jesus selbst hatte seine Aussage mit seiner Hoheitsformel eingeleitet, die uns hier zum ersten Mal begegnet und die wir keinesfalls, was leicht geschieht, weil sie für uns so unauffällig ist, überhören sollten. Es ist das Sätzchen: »Amen, ich sage euch«. Das »ich«, nach dem bekräftigenden »Amen«, ist hier wohl zu betonen, das heißt: Jesus selbst hat es hier betont. Nicht die anderen, will er sagen, sondern ich. Und: ich spreche jetzt unter ganzer Inanspruchnahme dessen, was ich bin. Da stellt sich Jesus wieder einmal – und ganz und gar gleichberechtigt – neben das Gesetz.

Vor dem Haus, in dem Jesus redete, standen unterdessen seine Mutter und seine Brüder. Sie ließen ihn herausrufen – vielleicht kamen sie, da es so voll war, auch gar nicht hinein. Man sagte Jesus, draußen stünden seine Mutter und seine Brüder; sie fragten nach ihm. Da fragte er, sich unterbrechend, diejenigen, zu denen er gerade redete: »Wer ist meine Mutter, und wer sind meine Brüder?« Und beantwortete diese Frage selbst, indem er auf die deutete, die um ihn herum saßen oder standen: »Hier sind meine Mutter und meine Brüder.«

Und dann setzte er noch hinzu und stellte damit klar, daß es nicht nur darum geht, ihm *zuzuhören*: wer immer den Willen Gottes *erfülle*, der sei ihm Bruder und Schwester und Mutter. Wer also den Willen Gottes *tut* und – in diesem strengen und genauen Sinne – *bei ihm* ist, ist ihm ganz nahe: er wird ihm wie zu seinem sehr engen Verwandten. Ist da nicht schon etwas wie eine allererste Gemeinde? Etwas wie die Familie Gottes?

Aber die Schroffheit von Jesus, die hier hervortritt, bestürzt. Er konnte auch hart sein. Mutter und Brüder will er hier nicht einmal sehen. Nicht ihnen selbst erklärt er, was er denkt. Ganz öffentlich vielmehr – und umso schroffer mußte es wirken – weist er sie zurück, zumindest in gewissem Sinne. Ihnen wird als engste Verwandte, die sie sind, keinerlei Vorzug zugestanden – ganz Fremde werden ihnen gleichgestellt. Andererseits kann man natürlich sagen: indem er diejenigen, die Gottes Willen erfüllen, Bruder, Schwester und Mutter nennt, hebt er die Bedeutung von Mutter, Bruder und Schwester doch auch hervor!

Es bestürzt aber, umgekehrt, auch das Unverständnis von

Mutter und Brüdern. Wie war es möglich, daß sie noch immer so rein gar nichts begriffen und, in ihrer Besorgnis, nur auf den Ausweg kamen: er muß verrückt geworden sein? An der Evidenz der vielen Heilungen konnten doch auch sie nicht vorbei.

Und eine letzte Frage: warum ist hier gar nicht vom Vater die Rede, vom Pflegevater Joseph? Warum nur von Mutter und Brüdern? Die Antwort könnte einfach die sein, daß der Vater, älter als die Mutter, zu der Zeit, von der hier die Rede ist, schon gestorben war. Doch ein Grund, ihn gar nicht zu nennen, ist dies eigentlich auch nicht. Markus nennt den Namen Josephs nirgends, an keiner Stelle.

Wieder folgt nun ein Gleichnis und diesmal ein eigentliches, auch sehr berühmtes und großes: das vom Sämann. Und weitere Gleichnisse fügte Jesus, bei Markus (muß man immer ergänzen), alsbald hinzu. Wieder war er am See. Und weil so viele um ihn herumstanden, stieg er in ein Boot, fuhr ein kleines Stück hinaus, setzte sich und redete so, sitzend also, vom Wasser aus zu den vielen, die sich da am Ufer drängten.

Der Sämann bei seiner Arbeit auf dem Feld: einige der Körner fielen auf den Weg und wurden dort von den Vögeln sogleich aufgepickt; einige fielen auf felsigen Boden, wo also nur wenig Erde war; rasch gingen sie da auf, verdorrten aber bald in der Sonne, weil sie kaum Wurzeln hatten; einige fielen unter die Dornen und wurden von diesen nach und nach erstickt; schließlich die, die auf guten Boden fielen, *sie* gingen auf, wurzelten fest und brachten dreißig-, sechzig-, ja hundertfache Frucht.

Das ist alles, und Jesus setzt nur noch – und es klingt wie drohend, und mahnend ist es ja auf jeden Fall – hinzu: »Wer Ohren hat zum Hören, der höre!« Das Gleichnis ist schön, auch weil es uns zeigt, daß Jesus ein anschauliches Bild von einem Feld und dem Säen hatte – wieder sein konkreter Blick.

Als er wieder allein mit den Jüngern und den festen Begleitern war, fragten ihn diese, was die Gleichnisse denn bedeuteten. Da ist nun eine kleine Unstimmigkeit, denn bisher hatte es ja nur, in der Erzählung des Markus, dieses eine Gleichnis gegeben. Auf diese Frage sagte Jesus: euch, die ihr mir folgt, ist das Geheimnis des »Reiches Gottes« anvertraut (dieses wichtige Wort – »Reich Gottes« –, das wir aus der knappen Zusammenfassung der Predigt von Jesus schon kennen, begegnet uns hier zum ersten Mal wieder). Denen jedoch, »die draußen sind, wird alles in Gleichnissen gesagt«. Das ist merkwürdig und schwer zu verstehen. Und noch merkwürdiger ist, was jetzt kommt: die »draußen« sollen – daher nur Gleichnisse – zwar sehen, aber nicht erkennen, sie sollen hören, aber nicht verstehen. So soll verhindert werden, daß sie sich bekehren und – daß ihnen vergeben wird. Dies ist nun wirklich schwierig! Warum sollen diejenigen, die nur Gleichnisse hören dürfen (und warum übrigens sollen sie nur Gleichnisse hören?), warum sollen diese, so kommt es ja heraus, definitiv »draußen« bleiben? Und was soll hier die Furcht, sie könnten sich bekehren und so – durch Vergebung – ihre Schuld verlieren? Ist das nicht ungeheuerlich? Lassen wir es aber auf sich beruhen. Es bleibt ja nichts anderes übrig. Wir müssen dies – unverstanden – so stehen lassen! Denn so, wie wir es, wie es dasteht, verstehen *müssen*, kann es doch nicht gemeint sein! Dann aber wieder: warum steht es so da?

Und nun erklärt Jesus das Sämann-Gleichnis. Schon die Jünger nämlich und die anderen Begleiter hatten es nicht verstanden, und Jesus macht es ihnen zum Vorwurf. Er sagt: wenn schon *ihr* dies Gleichnis nicht versteht, wie wollt ihr dann die anderen Gleichnisse verstehen? Die Jünger stehen also hier, in der Erzählung, als eher unbedarft da.

Dieser Punkt ist nun keineswegs unwichtig. Denn: spricht er nicht deutlich für die Überlieferung, für ihre Zuverlässigkeit? Hätte Markus nicht eher ein starkes Interesse daran gehabt haben müssen, die Jünger als stets auf der Höhe der Situation zu zeigen? Dies aber tut er ganz und gar nicht. Auch die anderen drei, die die Geschichte von Jesus erzählen, Matthäus also, Lukas und Johannes, tun dies nicht. Immer wieder stehen auch bei ihnen gerade die Jünger als eher unbedarft, als kleinmütig und ängstlich da. Auch sogar und ganz besonders Petrus. Wenn dies aber so ist, wenn sie immer wieder so dastehen – im Text –, dann spricht dies dafür, daß dieser nicht nur in diesem Punkt, sondern auch in anderen der Wirklichkeit nahekommt, von der er berichtet. Und die Jünger und die anderen Begleiter sind ja doch diejenigen, von denen letzten Endes all diese Berichte stammen. Lukas, der dritte Evangelist, sagt dies ausdrücklich in der Einleitung zu *seinem* Text: diejenigen, die *vor* ihm solche Berichte abgefaßt hätten (und da meint er gewiß auch den Markus), hätten sich »an die Überlieferung derer, die von Anfang an Augenzeugen und Diener des Wortes waren« gehalten – »Augenzeugen und Diener des Wortes«. Nun aber, um zurückzukehren (denn nur darum geht es jetzt): wäre es *nicht* so, wäre es *umgekehrt*, würden also die Jünger immer groß dastehen im Text, müßte man eher Zweifel haben an Markus.

Die Erklärung des Sämann-Gleichnisses, die Jesus selber gibt, ist nun diese: was der Sämann sät, ist das Wort; in denjenigen fällt es auf den Weg am Rand des Feldes, die es zwar hören, denen der Satan es aber gleich wieder nimmt; der felsige Grund sodann ist bei denen, die es zwar freudig aufnehmen, wenn aber Druck von außen kommt – etwa Bedrängnis und Verfolgung –, es fallenlassen, weil es nicht fest in ihnen wurzelt; die Dornen, die die Saat ersticken, sind die Sorgen der Welt, Reichtum und Gier nach dem, was die Welt bietet, solche Sorgen ersticken das Wort; und der *gute* Boden endlich ist bei denen, die das Wort aufnehmen – ganz und fest, und sie sind diejenigen, die Frucht bringen, dreißigfach, ja sechzig- und hundertfach. Da müssen wir wohl zugeben, daß wir zwar glaubten, das Gleichnis zuvor schon ganz verstanden zu haben, es uns nun aber zumindest doch weit deutlicher geworden ist. Und wieder ist da der konkrete und in diesem Fall auch psychologisch scharfe Blick.

Was ist noch festzuhalten? Der Satan zunächst, der hier unzweifelhaft hervortritt als reale Person. Er ist gefährlich, aber ausgeliefert ist man ihm nicht. Dann »das Wort«, das da gesät wird – was ist damit gemeint? Das Wort zunächst, das Jesus spricht, besonders aber das, das er selber ist. Das ›Wort von Jesus‹ also in diesem doppelten Sinn: das, das er sprach und, mehr noch, das ihn zu dem erklärt, als der er selbst sich zu erkennen gab und als den ihn, als allererste, die dem Satan unterstehenden »unreinen Geister« erkannten: »Du bist der Sohn Gottes!«

Und gleich wieder ein Gleichnis, ein kurzes. Und eigentlich sind es nur drei Fragen und zwar solche, die man, weil sie sich von selbst beantworten, ›rhetorische‹ nennt. Stülpt man denn, fragt Jesus, ein Gefäß über eine Kerze, die man angezündet hat? Oder stellt man die Kerze unter das Bett? Stellt man sie nicht auf einen Leuchter?

Danach diese Aussage, deren Zusammenhang mit dem Leuchter nicht ganz klar wird. Vielmehr: der Zusammenhang bleibt wirklich unklar. Nichts gebe es an Verborgenem, das nicht bekannt werde. Und dann noch einmal – aber diese Aufforderung paßt ja immer: »Wenn einer Ohren hat zum Hören, so höre er!« Was aber ist damit gemeint, daß alles Verborgene unverborgen sein werde? Was soll das hier? Wieder einmal eine Frage an Markus, den Schriftsteller!

Zwei wichtige Sätze folgen nun, von denen der zweite beinahe schockierend ist. Sie sind eher, hat man den Eindruck, eben da sie wichtig sind, an dieser Stelle eingefügt worden. Auch ihr Zusammenhang untereinander ist locker. Und, noch einmal: an die Stelle, an der sie sind, gehören sie nicht unbedingt.

Erstens sagt Jesus: mit dem Maß, mit dem ihr selber meßt, werdet auch ihr gemessen werden. Vorsicht also – das ist hier die klare Aufforderung – mit dem Maß, das wir zur Beurteilung anderer verwenden. Besser, wir wenden es gleich auf uns selbst an!

Zweitens sagt er: dem, der schon viel hat, wird noch gegeben; demjenigen aber, der nicht viel hat, dem wird, was er hat, noch genommen. Was soll, gerade an dieser Stelle, damit gesagt werden? Wir kennen dies ja nun wirklich aus unserer Welt! Was aber soll es *hier*?

Dann ein Gleichnis, welches das Sämann-Gleichnis eigentlich weiterführt. Das »Reich Gottes« – wieder dieses Wort – ist wie der Acker, auf dem gesät wurde. Der Sämann entfernt sich, schläft, steht wieder auf, schläft wieder, und so, nach mehreren Tagen und Nächten, keimt und wächst der Samen – ohne daß der Mann noch irgend etwas dazutun müßte, und er weiß auch gar nicht, wie dies geschieht. Darauf also, *nur* darauf kommt es an: man muß *gesät* haben: »Die Erde bringt von selbst ihre Frucht« – erst den Halm, dann die Ähre, dann das Korn in der Ähre. Und erst, wenn die Frucht reif ist, kommt der gleichsam verständnislose Sämann wieder – mit seiner Sichel und erntet.

Danach vergleicht Jesus das »Reich Gottes« mit einem Senfkorn. Es ist nämlich – wir heute wissen es nicht, Jesus aber und seine Zuhörer wußten es – von allen gebräuchlichen Samenkörnern für Gemüse das kleinste. Wenn es aufgeht jedoch, wird es am Ende größer als alle anderen Gewächse dieser Art, es treibt Äste und Zweige. Und beinahe poetisch endet das Gleichnis: »so daß in seinem Schatten die Vögel des Himmels nisten können«.

Und diese Gleichnisse abschließend teilt Markus mit, daß Jesus durch viele solcher Gleichnisse – er führt sie also keineswegs alle auf – zu den Leuten geredet habe. Nur durch Gleichnisse, sagt er; den Jüngern jedoch habe er sie danach, wenn sie allein mit ihm waren, erklärt.

Noch am Abend dieses Tages fährt Jesus mit seinen Jüngern (die Leute, die ihm gefolgt waren, hatten sie vorher weggeschickt) mit seinem Boot an das andere, das östliche Ufer des Sees, das nicht mehr zu Galiläa gehörte. Dort lebten, sagt man uns, nicht viele Juden. Vielmehr lebten fast nur Heiden dort, während in Galiläa die Juden zusammen mit Heiden lebten, weshalb denn auch vom »Galiläa der Heiden« die Rede ist. Alle, Jesus und die Jünger, fuhren in einem Boot, das andere Boote begleiteten.

Da gab es nun plötzlich, während sie schon weit auf dem Wasser waren, einen heftigen Sturm. Plötzlich, unerwartet muß er gekommen sein, denn gewöhnlich braut sich dergleichen ja zusammen, so daß man dann gar nicht mehr aufs Wasser geht. Und Fischer besonders, von denen ja hier zumindest vier waren, haben dafür einen sicheren Blick. Die Wellen schlugen also heftig ins Boot, rasch füllte es sich mit Wasser. Jesus aber lag hinten, den Kopf auf einem Kissen, und schlief. Da weckten die Jünger ihn auf und riefen: »Meister, ist es dir gleichgültig, daß wir zugrunde gehen?« Zum ersten Mal, jetzt, hören wir diese Anrede von ihnen: »Meister!« (auch »Lehrer« wäre als Übersetzung passend). Da stand er auf. Er drohte dem Wind, und zu dem wildbewegten See sagte er: »Schweig!« Da legte sich der Wind, und der See wurde still. Und nun wieder der Tadel, von dem Markus getreulich berichtet, an die Jünger: »Habt ihr immer noch keinen Glauben?«

Dies aber beeindruckte sie kaum, denn nun, nachdem alles so still geworden war, hatten sie noch mehr Angst als zuvor. Sie erschraken darüber, daß diesem »Menschen« – so sagten sie – auch sogar der Wind und das Wasser gehorchten. Wieder müssen wir fragen, warum sie sich so wunderten. Hatten sie nicht schon genügend erfahren, um noch immer über Jesus zu staunen und zu erschrecken?

Dies also war auf dem Weg zum östlichen Ufer. Gleich als sie anlangten und er dem Boot entstieg, lief ein Besessener ihm entgegen. Und nun ergibt sich eine wild pittoreske, eine richtige Geschichte.

Der Mann kam von den Grabhöhlen her, in denen er hauste. Er war gefährlich, obwohl er, wie es scheint, vorwiegend gegen sich selbst wütete. Niemand konnte ihn bändigen, denn immer wieder – oft hatte man es versucht – zerriß er die Fesseln oder die Ketten, die man ihm angelegt hatte. Er schrie in den Grabhöhlen und in den Bergen, schrie am Tag und in der Nacht und hatte die Gewohnheit, mit Steinen auf sich selbst einzuschlagen. Als er auf Jesus zulief, schrie er schon von weitem und warf sich zur Erde: »Was willst du von mir, du Sohn des höchsten Gottes? Ich beschwöre dich bei Gott, quäle mich nicht!« Nun erst übrigens erfahren wir, was Markus doch eigentlich hätte sagen sollen, daß nämlich Jesus, zuvor schon, dem »unreinen Geist«, der in dem Besessenen war, gesagt hatte: »Verlaß diesen Mann!« Und dann sagt Markus hier – wie so oft ungenau –, daß Jesus zu ihm, dem Mann, gesprochen habe, während er doch eigentlich immer nur mit dem Geist redete, der in diesem war.

Jesus fragt den Geist – nie haben wir bisher von einem solchen, einem regelrechten Gespräch gehört – : »Wie heißt du?« Und der Geist sagt: »Legion«. Und erklärt diesen seltsamen Namen auch sogleich: »Legion heiße ich, denn wir sind viele«. Man muß das Wort hier wohl wirklich nur als einen Ausdruck für »viele« oder »sehr viele« nehmen. Tatsächlich war eine Legion im römischen Heer die größte Einheit: sechstausend Männer. Und nun bittet der Geist, der in sich so zahlreich ist, Jesus, ja er fleht ihn geradezu an, sie, die vielen, die er ist, doch nicht *alle* aus der Gegend zu vertreiben. Sie wollen also bleiben. Schließlich baten die »unreinen Geister« ihn, in die vielen Schweine hineinfahren zu dürfen, die in der Nähe an einem Bergabhang weideten. Und Jesus erlaubte es ihnen. Da verließen sie den Mann, fuhren in die Schweine, und alsbald stürzte sich – es muß ein erstaunlicher Anblick gewesen sein – die ganze riesige Herde den Abhang hinunter in den See hinein. Alle Tiere ertranken, und es waren – Markus nennt eine Zahl – etwa zweitausend.

Schweine also: wir sind ja jetzt, östlich des Sees, in heidnischem Land, in dem nur hin und wieder Juden lebten. Denn die Juden aßen und essen kein Schweinefleisch: es gehört zu den (gar nicht wenigen) Dingen, die Muhammad, über sechshundert Jahre später, von ihnen übernehmen wird. Wieder müssen wir da, diesmal im Blick auf die Schweine, fragen: wenn Markus vorwiegend für Heidenchristen und Heiden schrieb, warum weist er sie gerade darauf nicht hin? War wirklich, daß Juden kein Schweinefleisch essen, so weithin bekannt?

Die Hirten entflohen, sie flohen entsetzt in die Stadt und erzählten dort, was geschehen war. Es war ja allein der materielle Schaden enorm, ganz abgesehen von dem sehr merkwürdigen Vorkommnis selbst. So eilten nun umgekehrt die Leute aus der Stadt herbei, um zu sehen, was geschehen war. Sie stießen zuerst auf Jesus und sahen den Mann, den zuvor so viele Geister in ihrer Gewalt hatten und den sie ja gut kannten, ruhig und anständig gekleidet, bei ihm sitzen – er war wieder bei Verstand. Da fürchteten sie sich. Und diejenigen, die alles mit angesehen hatten, erzählten den Leuten aus der Stadt, was mit dem wilden Besessenen und den Schweinen geschehen war. Und wieder war da bei denen, die dies hörten, nur Angst und Unverständnis. Nichts anderes fiel ihnen ein, als Jesus zu bitten, ihr Gebiet wieder zu verlassen.

Der Geheilte selbst jedoch bat Jesus, als dieser sein Boot besteigen wollte, bei ihm bleiben zu dürfen. Jesus erlaubte es aber nicht. »Geh nach Hause«, sagte er, »und berichte deinen Angehörigen, was der Herr für dich getan hat und wie er Erbarmen hatte mit dir!« Hier also, im Unterschied zu zuvor, die klare Aufforderung zu reden. Der Mann ging weg und verkündete der ganzen »Dekapolis« – so nämlich hieß diese Gegend –, was Jesus für ihn getan hatte. War der Mann da nicht schon etwas wie ein Missionar – und zwar nun nicht unter den Juden, sondern gar schon unter den Heiden? Jedenfalls gab es – dies hören wir noch – unter diesen viel Staunen.

Und nebenbei – es ist aber wichtig – erfahren wir jetzt einen weiteren Hoheitstitel, den an dieser Stelle Jesus sich ganz offenbar selber, ohne Aufhebens zu machen (auch Markus hebt es nicht hervor), gab: er sagt dem Mann ja nicht »was Gott für dich getan hat«, sondern er redet vom »Herrn« und meint damit sich selbst. Freilich: ganz sicher ist es nicht; Jesus könnte, wie es hier steht, mit dem »Herrn« auch Gott gemeint haben.

Wenn er aber sich selbst gemeint hat, wäre dies nun also schon der fünfte Titel, den wir erfahren. Noch einmal: »Sohn Gottes«, gleich im allerersten Satz (später, durch den Besessenen, zum »Sohn des höchsten Gottes« heidnisch gleichsam gesteigert), dann »Christus«, ebenfalls schon im ersten Satz – eigentlich müßte es heißen »der Christus«, und dieses Wort übersetzt ja nur das hebräische Wort für »der Gesalbte«, es lautet »maschiach« und erscheint in griechischer Form als »Messias«; danach »der Heilige Gottes« (so der Mann mit dem »unreinen Geist« in der Synagoge von Kafarnaum), danach, aus dem Mund von Jesus selbst, »Menschensohn« und nun also schlicht »der Herr«. Und diese Bezeichnung war ja schon in der Prophezeiung des Jesaja: »Bereitet dem Herrn den Weg!«

Eine – sachlich freilich unbedeutende – Schwierigkeit bei dieser Geschichte ist zu vermerken. Man nennt den Besessenen, von dem wir hörten, den »gerasenischen«, bringt ihn also in Zusammenhang mit der Stadt Gerasa. Und dieser Name wird ja von Markus genannt: »sie kamen ... in das Gebiet von Gerasa«. Nun aber liegt die Stadt, die so heißt (heute heißt sie Dscherasch) und in der wir noch jetzt schöne, gut erhaltene römische Ruinen finden, gar nicht am See, sondern, in südöstlicher Richtung, rund sechzig Kilometer von ihm entfernt. Also kann in ihrer Nähe die Geschichte, die Markus erzählt, gar nicht gewesen sein. Da kam man nun auf eine andere Stadt, Gergesa mit Namen, die direkt am See, an seinem östlichen Ufer, liegt. Diese Stadt Gergesa, nicht also Gerasa, war wohl gemeint, und die Begebenheit mit der großen Schweineherde hätte sich dann zwei Kilometer südlich von ihr, wo in der Tat ein Steilabfall zum See ist, zugetragen.

Auch die Stadt Gergesa gehört gerade noch (oder sie lag wirklich ganz dicht an deren Rand) zu der Gegend der »Zehn Städte«, »Dekapolis«, zu der in der Tat auch Gerasa zählte. Es war ein Gebiet, in dem sich, zur Römerzeit, zehn Städte zu einem Bund zusammenschlossen. Hier war die Bevölkerung vorwiegend hellenistisch. Für die Juden hieß dies zunächst einmal, daß sie heidnisch war. Dort gab es alte einheimische Kulte, die dann – darin bestand, was hier ›Hellenismus‹ heißt – durch griechische und römische gleichsam *ergänzt* wurden. Herodes der Große, zu dessen Regierungszeit Jesus und der Täufer geboren wurden, war ein solcher ›Hellenist‹, obwohl uns dann doch wieder gesagt wird, er sei – was immer dies heißen mag – »ein echter Orientale« geblieben. Eigentlich jüdisches Gebiet waren zu der Zeit, die uns interessiert, die Gegenden Judäa und Galiläa, dann Peräa, das im Südosten, auf der linken Seite des Jordans und des Toten Meeres, liegt. Östlich des Sees Gennesaret war ein Mischgebiet, in dem Syrer und Juden wohnten. Heidnisch hellenistisch war das Küstengebiet mit den Städten (von Süden nach Norden) Joppe, Cäsarea, Ptolemais, Tyrus, Sarepta und Sidon, und hellenistisch war auch der Osten, also eben die »Dekapolis«, in der wir im Augenblick sind. Warum Markus Gerasa sagt, wenn es doch, allem nach, Gergesa war – diese für uns ganz unwichtige Frage lassen wir auf sich beruhen. Sie ist auch, wie es scheint, nicht bündig zu beantworten.

Jesus fuhr nun ans andere, an das westliche Ufer zurück. Und sofort war da wieder eine riesige Menge. Und bereits hier, noch am Ufer, kam ein Mann namens Jaïrus auf ihn zu, fiel vor ihm nieder und bat ihn flehentlich um Hilfe. Seine Tochter liege im Sterben. Er, Jesus, möge »ihr die Hand auflegen«, so sagt er, damit sie wieder gesund werde. Der Mann war der Vorsteher einer Synagoge. Offensichtlich glaubte er an Jesus, jedenfalls an seine Kraft zu heilen. Und sogleich ging Jesus mit ihm.

Hier aber schiebt sich nun, bevor er noch das Haus des Jaïrus erreichte, eine schöne und rührende Episode ein. Die Menge folgte ihm, von allen Seiten wurde er umdrängt. Da spürte er plötzlich, daß eine Kraft von ihm ausgeströmt war. So jedenfalls sagt es Markus. Tatsächlich geht aus dem, was er berichtet, nur hervor, daß Jesus sich umwandte und fragte, wer sein Gewand berührt habe. In der Menge um ihn herum war nämlich eine Frau, die an Blutungen litt. Von vielen Ärzten war sie schon behandelt worden und ihr ganzes Vermögen hatte sie dafür ausgegeben. Ihr Zustand aber hatte sich nur verschlimmert. Da hatte sie von Jesus gehört. Und nun drängt sie sich in der Menge von hinten an ihn heran und berührt sein Gewand, denn sie wußte – woher wußte sie es? –: »Wenn ich auch nur sein Gewand berühre, werde ich geheilt«. Und wirklich: schon im Augenblick der Berührung spürte sie, daß sie geheilt war. Da nun die Frage von Jesus. Und die Jünger – wieder stehen sie nicht gut da – fragen nur ironisch oder belustigt zurück: »Die Leute umdrängen dich von allen Seiten, und du fragst, wer dich berührt hat!« Zitternd näherte sich ihm die Frau, die sich wohl schon wieder etwas entfernt hatte, fiel vor ihm nieder und gestand, was sie getan hatte. Da sagte Jesus dieses Wort: »Meine Tochter, dein Glaube hat dir geholfen«. Und dann (aber es war ja schon geschehen): »Du sollst von deinem Leiden geheilt sein.«

Vielleicht steckt dahinter aber noch mehr, vielleicht ist da erneut eine Spitze gegen die strenge jüdische Auslegung, denn für diese machten Blutungen eine Frau »unrein«. Am Gottesdienst durfte sie nicht teilnehmen und niemanden durfte sie berühren, denn dadurch hätte sie den Berührten auch »unrein« gemacht. Also hätte die Frau, als sie Jesus von hinten berührte, gegen das Gesetz verstoßen. Ihr Zittern, wie sie sich Jesus nähert – danach –, würden wir, wenn es so ist, noch besser verstehen.

Und während Jesus noch mit ihr redete, kamen Leute vom

Haus des Synagogenvorstehers und sagten ihm, daß seine Tochter schon gestorben sei. Jesus aber sagte: »Hab keine Angst, glaube nur!« Von den Jüngern nahm er nur drei mit ins Haus hinein: Petrus, Johannes und Jakobus; wieder fällt da auf, daß Andreas, der Bruder also des Petrus, nicht zum allerengsten Kreis gehört, die beiden Brüder Jakobus und Johannes aber schon (und Jakobus wird zuerst genannt). Jesus sagte zu den laut Weinenden: »Warum schreit und weint ihr? Das Kind ist nicht gestorben. Es schläft nur.« Da war nun eine merkwürdige Reaktion – mußten sie nicht schon von ihm gehört haben? Man lachte ihn aus, was ja nun auch zu dieser ernsten Situation wenig paßte. Er aber schickte alle hinaus und nahm nur die Eltern mit in den Raum, in dem das Kind lag. Er faßte es an der Hand und sagte – und nun hören wir zum ersten Mal seine wirklichen Worte – in der Sprache nämlich, in der er redete: »Talita kum!« sagte er, auf aramäisch also, denn dies war seine Sprache, und Markus übersetzt ins Griechische: »Mädchen, ich sage dir stehe auf!« Das Mädchen stand denn auch augenblicklich auf und ging umher. Und nun sagt uns Markus auch, daß sie zwölf Jahre alt war. Wieder einmal ist die Reaktion pures Entsetzen. Hatte Jesus hier eine Tote ins Leben zurückgeholt? Oder war es tatsächlich so, daß das Kind nur schlief? Daß es wirklich tot war, darauf deutet eher, was Jesus nun zu den Leuten, die zugegen waren, sagt: niemand dürfe von dem allem etwas erfahren. Dann sagte er noch, und dies ist ja doch das kräftige Zeichen für Leben, man solle dem Mädchen zu essen geben.

Warum aber, noch einmal und erstens, durfte man von dem Vorgefallenen nichts erfahren? Und war nicht, zweitens, diese Aufforderung sehr unrealistisch? Dies alles konnte doch ganz und gar unmöglich geheim bleiben!

Von diesem Ort aus (Markus versäumt, uns zu sagen, welcher es war) brach Jesus nach Nazaret auf, in seine Heimatstadt. Wieder ging er dort am Sabbat in die Synagoge und lehrte.

Und die Menschen, die ihm zuhörten, staunten. Dann aber – nach und nach – regte sich Unwillen unter ihnen, dem schließlich, wie es scheint, niemand mehr widersprach. »Woher diese Weisheit«, hieß es, »und was sind das für Wunder? was soll das? woher hat er das alles? Wir kennen ihn ja. Das ist doch der Zimmermann, der Sohn der Maria und der Bruder von Jakobus und Joses und Judas und Simon! Und seine Schwestern leben doch auch hier unter uns!« Und schließlich lehnen sie ihn geradezu ab. Sie weisen ihn zurück.

Beiläufig also erfahren wir hier den Beruf, den Jesus erlernt hatte. Er war ein Zimmermann, wobei diese Übersetzung vielleicht nicht ganz dem Gemeinten entspricht. Warum aber erfahren wir dies erst jetzt und so beiläufig indirekt, also nur aus dem Mund der Leute, die da untereinander reden? Und wieder: warum wird hier sein Vater nicht nur nicht, wie die Mutter und die vier Brüder, genannt, sondern nicht einmal erwähnt? Genauer: warum läßt Markus die Leute, wie sie da reden, ihn nicht erwähnen? Auch wenn er längst gestorben war, hätte er gerade hier doch erwähnt werden müssen! Daß die Schwestern nicht namentlich und nicht einmal der Zahl nach genannt werden, darf uns weniger verwundern. Wir sind hier nun einmal in einer sehr patriarchalischen Welt. Umso merkwürdiger, noch einmal, daß gerade der Vater hier nicht erscheint.

Da sagt Jesus (und er sagte es den Leuten selbst), nirgends habe ein Prophet – hier also nennt er sich, indirekt zumindest, einen Propheten – so wenig Ansehen wie in seiner Heimat und unter seinen Angehörigen. Da drückt er sich sehr allgemein aus oder scheint dies zu tun, denn, was er sagt, klingt, als wolle er sagen: was hier ihm geschehe, sei das Übliche, so ergehe es jedem Propheten. Vielleicht war dies aber schon für ihn eine feste Redensart. Aber dann sagt Markus doch wieder, daß Jesus sich über den Unglauben der Leute wunderte, ihn also, und es ist, als stieße er da an eine Grenze für sich selbst, nicht verstand.

Schließlich noch diese Mitteilung: da die Leute nicht an ihn glaubten, konnte er in Nazaret auch keine Wunder tun. Wunder also setzen bei denen, für die sie geschehen oder ihre Zeugen sind, Glauben voraus. So heilte er in Nazaret denn auch nur einige Kranke. Über die Leute in Nazaret und dann besonders über seine Angehörigen muß man sich allerdings schon sehr wundern. Wie konnten sie, wenn sie schon seinen Worten nicht glaubten, über seine Taten, die doch klar vor aller Augen waren, so leicht hinwegkommen? Nicht also nur seine Jünger, sondern auch seine Angehörigen stehen nicht gut da!

Jesus insistiert nicht und zieht weiter – durch die benachbarten Dörfer. Und dann sandte er, nachdem er sie zu sich gerufen hatte, irgendwo von dort, von der Umgebung Nazarets also, seine Jünger aus, jeweils zu zweit. Sollen wir aus dem »zu sich rufen« schließen, daß sie doch nicht immer bei ihm waren? Was hätte der Satz »Er rief die Zwölf zu sich« sonst für einen Sinn? Aber eben: auf den Mann Markus können wir uns, weil er ungenau und unvollständig ist, in solchen Dingen nicht fest verlassen. Oder auch: man darf ihn nicht immer beim Wort nehmen.

Jedenfalls erteilt Jesus jetzt den Jüngern – und diesmal in gleicher Weise allen – die Vollmacht, seine eigene, nämlich die, »unreine Geister« auszutreiben. Nichts sollten sie mitnehmen auf ihren Weg (kein Fahrzeug also, kein Reittier), nichts außer einem Wanderstab: kein Brot, keine Tasche für Vorräte, kein Geld, nicht einmal ein zweites Hemd und an ihren Füßen nur Sandalen. In dem Haus, in dem man sie aufnehme, sollten sie bleiben, bis sie den Ort wieder verließen. Wenn sie aber niemand in einem Ort aufnehme, sollten sie den Staub von ihren Füßen schütteln als Zeugnis gegen diese Menschen. Da zogen die Jünger los, trieben viele »böse Geister« aus, salbten viele Kranke mit Öl und heilten sie. Zum ersten Mal hören wir hier, ohne daß uns (aber wir kennen nun Markus schon) weiteres darüber mitgeteilt würde, von der Salbung der Kranken mit Öl.

Nun kehren wir zurück zu Herodes Antipas. Er hatte in der Zwischenzeit den Täufer umbringen lassen. Jetzt aber, wie der offenbar unruhige Mann von Jesus hört, glaubt er fest, der, den er getötet hatte, sei in Jesus wiedererstanden. Darum, sagte er, seien solche Kräfte in ihm. Andere aber sagten anderes über Jesus: er sei Elija, in ihm sei Elija wiedergekehrt, wieder andere meinten, er sei zwar nicht Elija selbst, aber doch ein Prophet, wie es sie in der alten Zeit gegeben habe.

Wer war Elija? Er war ein Prophet, der weit über siebenhundert Jahre vor Jesus lebte, also auch lange schon vor dem zweiten Jesaja, von dem wir eingangs hörten. Über ihn berichtet das Buch »Könige«. Mehr als alle anderen Propheten war Elija im Glauben des Volks lebendig und galt auch als ein Vorbote des Messias, den es erwartete. Von allen Figuren der alten Zeit wird er neben Mose, Abraham und David im »Neuen Testament« am häufigsten genannt. Die Gleichsetzung von Jesus mit Elija bedeutete viel.

Dies also waren die Meinungen, die zu Jesus vertreten wurden: Elija oder ein neuer Prophet. Daß er der Messias selbst und der Sohn Gottes sei – diese Meinung war noch kaum verbreitet. Und Herodes Antipas also hielt ihn für den wiedererstandenen Johannes, den er getötet hatte und dennoch verehrte.

Und nun erst berichtet Markus, im Rückgriff, vom Ende des Täufers. Und wieder ist da nun eine wild suggestive Geschichte. Antipas also hatte Johannes ins Gefängnis werfen lassen. Schuld daran, sagt Markus, sei Herodias, seine Frau, gewesen. Herodias war nämlich zunächst die Frau des Bruders von Antipas. Bei Markus heißt der fragliche Bruder Philippus, und den gab es wirklich, Flavius Josephus aber nennt einen anderen Bruder, nämlich Herodes. Man glaubt hier in der Regel eher dem Josephus als Markus – warum eigentlich? Doch wie immer: Antipas hatte die Frau seines Bruders – und dieser lebte noch – geheiratet. Und dagegen hatte sich der Täufer gewandt:

»Du hattest nicht das Recht, die Frau deines Bruders zu heiraten.« Schuld war also eigentlich, im Unterschied zu dem, was Markus sagt, nicht Herodias, sondern Antipas selbst. Gewiß wollte Herodias ihn zum Mann, sie hatte also nichts gegen die Trennung von ihrem ersten, ganz im Gegenteil, aber letztlich war es doch Antipas selbst, der getan hatte, was Johannes kritisierte und kritisieren mußte. Und ihn, nicht die Herodias, kritisierte denn auch Johannes. Herodias aber, natürlich, haßte den Johannes. Sie wollte ihn töten lassen, weil sie wußte, daß er auf Antipas Einfluß hatte, ja daß Antipas ihn schätzte oder zumindest fürchtete. Sie konnte den Tod des Johannes aber nicht durchsetzen bei ihrem Gatten, weil der wußte, daß er ein gerechter und heiliger Mann war. Also schützte er ihn. Auch noch im Gefängnis. Sogar suchte er ihn dort auf, redete mit ihm, hörte ihm gerne zu und wurde dabei jedesmal unruhig. Und sicher war es sein schlechtes Gewissen, das ihn so unruhig machte. Er wußte, daß er jedesmal unruhig zurückkehrte, und doch suchte er immer wieder das Gespräch mit dem Mann. Und nun beginnt die Geschichte. Leicht füllt unsere aufgereizte Phantasie die knappen und trockenen Andeutungen aus, die Markus uns gibt. Und wir haben ja auch in der Kunst, durch die Jahrhunderte hindurch, viele Darstellungen von ihr.

Eines Tages, am Geburtstag des Königs, gab es ein großes Fest. Antipas hatte seine Beamten am Hof, seine Offiziere und die vornehmsten Bürger von Galiläa eingeladen. Da nun trat die Tochter von Herodias auf und tanzte. Und der König wie alle, die mit ihm zu Tische lagen, waren hingerissen von ihren mädchenhaft schönen Schritten und ihren Gebärden. Schließlich sagte ihr der König: »Wünsch dir was du willst, ich geb es dir!« Hingerissen schwor er sogar, alles werde er ihr geben, selbst wenn es die Hälfte seines Reiches wäre. Da ging sie hinaus und fragte ihre Mutter. Die Mutter war also beim Fest gar nicht dabei. Die Männer waren da offenbar unter sich – umso größer muß ihre Freude an dem Mädchen gewesen sein. Herodias sagte ihr da, sie solle um den Kopf des Johannes bitten. Sie lief, vielleicht noch immer tanzend, zu ihm zurück und sagte dem König, daß sie sofort, auf einer Schale, den Kopf des Johannes wolle. Der König wurde sehr traurig. Doch hatte er ja vor seinen Gästen geschworen, ihr jeden Wunsch zu erfüllen, was immer es sei. Also befahl er einem rasch herbeigerufenen Henker, ihr unverzüglich den Kopf des Täufers zu bringen. Der Mann brachte ihn, und sie gab ihn ihrer Mutter. Mehr erfahren wir nicht. Nur noch, daß die Jünger des Johannes den Leichnam holten und ihn begruben.

Die Tradition, die auf den jüdischen Historiker Flavius Josephus zurückgeht, der wenige Jahre nach Markus schrieb, kennt den Namen der offensichtlich überaus schönen Tochter der Herodias, den weder Markus noch die anderen Evangelisten nennen (aber Lukas und Johannes berichten vom Ende des Täufers ohnehin nicht). Das Mädchen hieß Salome, und sie war die Tochter der Herodias aus deren erster Ehe, der also mit dem Bruder des Antipas; so war sie auch dessen Nichte. Daß sie schön und anziehend, aber auch sehr abhängig von ihrer Mutter war, ist aus der Geschichte zu schließen. Ganz bewußt hat Herodias ihre Tochter eingesetzt, hat sie instrumentalisiert, und diese ließ es geschehen.

Das Ende des Täufers lag also schon vor dem Zeitpunkt, an dem wir jetzt sind. Markus fügt seinen Bericht – ist es geschickt oder ungeschickt? – an dieser Stelle ein, weil er gerade dabei war mitzuteilen, daß Antipas Jesus für den wiedererstandenen Johannes hielt. Bisher hatten wir von ihm nur erfahren, daß Johannes im Gefängnis war.

Nunmehr kehren die ausgesandten Jünger zurück und erzählen. Jesus lädt sie ein, mit ihm an einen einsamen Ort zu gehen. Sie sollten sich, sagte er, etwas ausruhen, was, wo sie waren, keineswegs möglich war, denn wieder war der Andrang so, daß nicht einmal Zeit zum Essen blieb. Sie fuhren also mit dem Boot an eine einsame Stelle. Aber die Leute sahen sie davonfahren, sahen die Richtung, die sie nahmen, und liefen mit anderen, die dazukamen, rasch dorthin, wo sie landen würden und waren dann auch schon vor ihnen da. Als Jesus ausstieg und die vielen Menschen sah, hatte er, zum zweiten Mal hören wir dies jetzt, Mitleid mit ihnen – »denn sie waren wie Schafe, die keinen Hirten haben«. Ob Markus dies sagt oder ob er da Jesus zitiert, wird nicht klar. Vermutlich aber waren dies die Worte von Jesus selbst. Wieder belehrte er die Leute lange, und wieder erfahren wir nicht, was er ihnen sagte.

Als es Abend wurde, sagten seine Jünger zu ihm, er möge die Leute doch wegschicken. So könnten diese zu den umliegenden Gehöften und Dörfern gehen, um sich dort etwas zum Essen zu kaufen. Er aber sagte, die Jünger selbst sollten ihnen zu essen geben. Wieder verstehen diese nicht. Ob sie denn, fragen sie ungeschickt, weggehen und für zweihundert Denare Brot kaufen sollten. Aber Jesus fragte sie nur: »Wie viele Brote habt ihr?« Sie sagten, nachdem sie nachgesehen hatten: »Fünf und außerdem zwei Fische.« Und jetzt erst merken sie wohl, daß sich ein Wunder vorbereitete. Jesus weist sie an, den Leuten zu sagen, sich in Gruppen aufs Gras zu setzen. Dies geschah; sie setzten sich jeweils zu hundert oder zu fünfzig. Da nahm Jesus die fünf Brote und die beiden Fische, blickte zum Himmel, sprach das Gebet, brach die Brote und gab sie den Jüngern, damit sie sie austeilen konnten. Auch die Fische ließ er austeilen. Und alle aßen, und alle wurden satt. Ja, es blieben, wie sich zeigte, als die Jünger die Reste einsammelten, zwölf Körbe übrig. Und es waren fünftausend Männer, die von den Broten gegessen hatten. Waren übrigens keine Frauen dabei? Denn nur von Männern ist die Rede. Oder wurden die Frauen nur eben nicht erwähnt und einfach unter den Männern mitgezählt? Dies jedenfalls war die bekannte »Speisung der Fünftausend«. Die Zahl freilich dürfen wir nicht so wörtlich nehmen – es waren eben sehr viele. Und natürlich denken wir bei den zwölf Körben an die zwölf Jünger!

Gleich danach forderte er die Jünger auf, mit dem Boot ans andere Ufer zu fahren, nach Betsaida, das im Norden am östlichen Ufer des Sees liegt. Er werde nachkommen, nachdem er die Menschen nach Hause geschickt habe. Sie fuhren los, und Jesus ging, nachdem er sich von den Menschen verabschiedet hatte, auf einen Berg, um zu beten. Es war nun spät am Abend, und das Boot war mitten auf dem See. Von weitem sah er, wie die Jünger sich rudernd abmühten, denn offenbar gab es kräftigen Gegenwind. Gegen morgen, aber noch in der Nacht, ging er zu ihnen hinüber – auf dem Wasser. Sie erschraken, schrieen laut auf, denn sie meinten, da sei ein Gespenst. Er aber sagte: »Fürchtet euch nicht. Ich bin es.« Und stieg zu ihnen ins Boot. Da legte sich der Wind. Sie waren bestürzt, ja außer sich. Hier nun merkt Markus an, daß solche Bestürzung nicht hätte sein dürfen. Allein das Wunder der Vermehrung der Brote, meint er, hätte sie dazu bringen müssen, nunmehr Jesus alles zuzutrauen: »Ihr Herz«, sagt er direkt (und es ist ein hartes Wort), »war verstockt«. Da haben wir nun ganz deutliche und direkte Kritik an den Jüngern; sie spricht, wie gesagt, psychologisch gesehen, für die Glaubwürdigkeit des Textes.

Am anderen Ufer des Sees, im Ort Gennesaret selbst, wurde er, schon als sie aus dem Boot stiegen, alsbald erkannt. Von überall her wurden Kranke auf Tragbahren zu ihm gebracht. Oder man trug die Kranken, wenn er irgendwo hinkam, auf die Straße hinaus und bat ihn, sie doch zumindest, während er vorüberging, sein Gewand berühren zu lassen. Jeder, der ihn berührte, wurde gesund.

Nun wurden die Pharisäer wieder aktiv. Mehrere ihrer Schriftgelehrten waren eigens aus Jerusalem gekommen, um Jesus zu beobachten. Sie stellten fest, daß einige seiner Jünger – nicht also alle und auch nicht er selbst – ihr Brot aßen, ohne sich zuvor die Hände zu waschen. Und an dieser Stelle erläutert Markus in der Tat, was er für jüdische Leser keineswegs hätte tun müssen: für die Juden sei dies eine althergebrachte

Vorschrift, die zur »Überlieferung der Alten« gehöre. Nichts würden sie essen, ohne sich vorher die Hände zu waschen. Und auch andere Vorschriften dieser Art gebe es für sie, wie das Ausspülen von Bechern, Krügen und Kesseln. Markus sagt es ganz neutral, ohne erkennbare Distanzierung. Solche Erläuterungen deuten nun unzweideutig darauf hin, daß der ganze Text, wenn nicht ausschließlich, so doch zumindest *auch* für Heiden (und Heidenchristen) gedacht war, die dergleichen ja nicht wissen konnten. Konsequent jedoch ist Markus auch in diesem Punkte, wie wir festgestellt haben, nicht.

Nun also fragen die Pharisäer und Schriftgelehrten Jesus, warum seine Jünger mit »unreinen Händen« essen. Seine Antwort ist scharf, und sie ist ein unvermittelter Angriff. Jesus zitiert aus dem Jesaja und hält ihnen dessen Worte vor, und wieder sind die Worte des Propheten hier diejenigen Gottes selbst: »Dieses Volk ehrt mich mit den Lippen; sein Herz jedoch ist weit entfernt von mir. Was sie lehren, sind Satzungen von Menschen.« Und von hier aus greift Jesus die Pharisäer an: »Sehr geschickt setzt ihr Gottes Gebot außer Kraft und haltet euch an eure eigene – also von Menschen, nicht von Gott herkommende – Überlieferung!«

Er nennt ein Beispiel. Mose, durch den Gott selbst sprach, habe gesagt, man solle Vater und Mutter ehren. Dies heißt nun aber auch, daß man, wenn sie alt sind, für sie zu sorgen hat. Die Pharisäer und ihre Schriftgelehrten jedoch – »Heuchler« nennt Jesus sie – hätten es erlaubt, das den Eltern Zustehende zur Tempel-Opfergabe zu erklären, es ihnen also gerade dadurch zu entziehen. Und ausdrücklich nennt er das hierfür vorgesehene rechtliche Wort: »Korbán«. Wieder übrigens hätte man hier doch erwarten dürfen, daß Markus seinen heidnischen Lesern oder Hörern, wenn er schon für sie schrieb, etwas mehr erklärt hätte. Was konnten sie anfangen – und wir sind ja jetzt in derselben Lage – mit einem solchen Begriff? Jesus also kam es darauf an, den Pharisäern klarzumachen, daß sie durch eigene Satzungen und Konstruktionen Gottes Gebote außer Kraft setzten. Denn in vielen Fällen, fügt er hinzu, würden sie handeln wie in dem genannten, wo sie es erwachsenen Kindern – durch Erklärung zum »Korbán« – ermöglichten, das vierte Gebot Gottes zu mißachten, das sie dazu anhielt, für die Eltern zu sorgen. Offenbar hatte Jesus dies alles nur den Pharisäern selbst gesagt – vielleicht um sie zu schonen. Denn nun hören wir, er habe jetzt, nachdem dies gesagt war, die Leute wieder zu sich gerufen. Und nun erklärt er, worauf es ihm ankommt: unrein mache den Menschen überhaupt gar nichts von dem, was in ihn hineinkomme, unrein mache ihn vielmehr, was aus ihm herauskomme.

Dies ist, schon rein analytisch, psychologisch und gleichsam rein innerweltlich gesehen, ein überaus kühnes und so einfaches wie luzides Wort – vielleicht das erste dieser Art, auf das wir hier stoßen. Was fegt es nicht alles an Vorschriften beiseite! Wieder jedoch sind die Jünger begriffsstutzig. Sie fragen ihn nachher – Jesus hatte die Menge verlassen und war mit ihnen »in ein Haus«, in irgendein Haus also, gegangen – nach dem Sinn dieses, wie auch Markus anmerkt, »rätselhaften Worts«. Ist es dies aber? Ist es rätselhaft? Wieder ist da bei Jesus deutliche Entrüstung: »Begreift auch *ihr* nicht?« Was in den Magen komme, gelange doch gar nicht ins Herz, sondern werde wieder ausgeschieden. So könne doch das von einem Menschen durch den Mund Aufgenommene ihn gar nicht unrein machen! Trocken zieht Markus die für Juden und übrigens auch für Muslime skandalöse Folgerung: »Damit erklärte Jesus alle Speisen für rein.« Wenn man sehr zu Recht betont, daß Jesus Jude war, muß man doch auch gleich hinzufügen, daß er sich, zum Beispiel hier in diesem sehr wichtigen Punkt, von seinem Volk stark unterschied. Wie nicht selten bei wichtigen Lehren gibt Jesus auch diese in der Abgeschlossenheit eines »Hauses«.

Nun aber umgekehrt – und es ist wichtiger: »Was herauskommt aus dem Menschen, das ist es, was ihn unrein macht.«

Und nun zählt Jesus auf, was alles an Bösem von *innen*, also aus dem Herzen kommt und den Menschen unrein macht. Es ist eine Liste dessen, was er für Sünde hält. Betrachten wir sie also genau: böse Gedanken, Unzucht, Diebstahl, Mord, Ehebruch, Habgier, Bosheit, Hinterlist, Ausschweifung, Neid, Verleumdung, Hochmut und Unvernunft. Was überrascht uns da? Die bösen Gedanken zunächst. Daß nämlich Jesus schon das bloße Denken von Bösem als Böses erscheint, das bloße Denken – als Möglichkeit – an all das, was danach, in der Liste, folgt. Das Denken kommt aber nun immer, selbst wenn es von außen angestoßen wird, von *innen*. Da muß es ja zumindest *aufgegriffen* werden, und immer beginnt alles Böse (wie auch das Gute) dort. Dann überraschen in der Liste diese drei: Neid und Hochmut und Unvernunft. Sie erwartet man nicht unbedingt. Nicht so unbedingt jedenfalls wie die anderen. Weshalb wir wohl gerade diese drei besonders ernst nehmen müssen. Auch schon die bloße Unvernunft (da redet er beinahe sokratisch, wie ein ›Rationalist‹) erscheint ihm als Sünde.

Diesmal hören wir von einer unmittelbaren Reaktion der Pharisäer nichts. Aber ihre feste Absicht – der Mann muß weg – hatte Markus ja schon genannt. Sehr früh hatte sie sich in ihnen festgesetzt.

Jesus ging nun, es sind zwei bis drei Tagesreisen, in das Gebiet von Tyrus, nach Nordwesten also, der phönizischen Grenze entgegen. Dort ging er in ein Haus (wieder sagt es Markus nicht genauer); er wollte, daß niemand von seiner Anwesenheit erfahren sollte. Wieder, natürlich, war dies unmöglich: »es konnte nicht verborgen bleiben«. Da kam eine Frau zu ihm, eine Heidin, eine Syrophönizierin (auch Syrien war ja nicht weit), deren Tochter von einem »Geist« besessen war. Sie bat Jesus, ihn auszutreiben. Dieser Frau antwortete er nun sehr hart; vielleicht tat er es aber nur zum Schein oder zu ihrer Probe. Für die Heiden sei er nicht da, nicht jedenfalls fürs erste. Er sagt es mit einem Bild, dem eines sorgenden Hausvaters oder einer Mutter: erst sollen die Kinder satt werden; es sei nicht recht, ihnen das Brot wegzunehmen und es den Hunden vorzuwerfen. Eine harte, ja verletzende Antwort. Unbeirrt aber und mit feiner Bitterkeit antwortet die Frau: Ja, richtig; doch von dem Brot, das die Kinder essen, falle aber auch etwas unter den Tisch – für die Hunde. Da, augenblicklich, ist Jesus gewonnen. Freilich, wie gesagt: er könnte die Frau ja auch nur auf die Probe gestellt haben. Nun aber antwortet er ganz anders: »Weil du das gesagt hast, sage ich dir: Geh nach Hause, der Geist hat deine Tochter verlassen.« Jesus – davon gibt es mehrere Beispiele – läßt sich leicht bewegen durch ein richtiges, angemessenes Wort. Und wie die Frau nach Hause kam, fand sie ihre Tochter auf dem Bett liegend und sah sogleich, daß der »Geist« sie verlassen hatte.

Danach kehrte Jesus wieder an den See zurück und zwar – es ist etwas merkwürdig – über Sidon, das noch nördlicher als Tyrus liegt. Merkwürdig jedenfalls, wenn man dies als Reisebericht nähme, was er freilich doch *auch* ist. Doch wie immer: Jesus kam nun an das östliche Ufer und noch etwas südlich davon, mitten in die Dekapolis hinein. Da brachte man ihm einen Taubstummen: er möge ihn berühren. Jesus nahm den Mann beiseite, entfernte ihn von der Menge oder die Menge von ihm. Und nun tut er etwas, was er bisher so nicht getan hatte. Oder wieder: zum ersten Mal berichtet *Markus* von dergleichen. Er spricht nämlich nicht nur zu dem Mann und berührt ihn nicht nur. Vielmehr legt er ihm die Finger in seine Ohren und berührt dann dessen Zunge mit seinem Speichel. Und sagt nun erst das heilende Wort. Und wir hören es genau so (und es geschieht hier erst zum zweiten Mal), wie er es *wirklich* gesprochen hat, denn Markus überliefert uns wieder auf aramäisch, was Jesus dem Mann sagte. Er sagte nur: »Effata!«, »Öffne dich!« Da öffneten sich die Ohren, die Zunge löste sich, und der Mann konnte richtig sprechen. Jesus verbot den Umstehenden, vom Vorgefallenen zu reden. Wieder aber nützte es nichts: »Je mehr er es verbot, desto mehr machten sie es bekannt.« Aber Markus läßt diese Menschen nun etwas sagen, was ganz in seinem Sinne ist: »Er hat alles gut gemacht; er macht, daß die Tauben hören und die Stummen sprechen.«

Um diese Zeit und vielleicht auch immer noch in derselben Gegend waren einmal wieder viele um ihn. Aber dies war ja nun eigentlich immer so. Und wieder hatte Jesus Mitleid mit den Leuten, weil sie nichts zu essen hatten. Schon drei Tage, sagt er, seien sie bei ihm. Er könne sie doch nicht hungrig nach Hause schicken. Von weither seien einige von ihnen gekommen und könnten nun zusammenbrechen unterwegs. Wieder verstehen die Jünger ihn nicht, obwohl sie – es ist für uns kaum glaubhaft – erst vor kurzem eben dies, als die »Fünftausend« gespeist wurden, schon erlebt hatten. Sie fragen nur wieder, woher denn in dieser öden Gegend Brot zu bekommen sei, um all diese Menschen satt zu machen. Er aber wollte nur wieder wissen, wie viele Brote sie hätten. Sieben, hieß es da. Da forderte er die Leute auf, sich zu setzen. Er nahm die sieben Brote, sprach das Dankgebet, brach sie und wies die Jünger an, sie zu verteilen. Auch die wenigen Fische, die sie dabeihatten, segnete er und ließ auch sie verteilen. Die Leute aßen und wurden satt. Und wieder blieben sieben Körbe übrig. Es seien, sagt Markus, etwa viertausend Menschen gewesen – also wieder sehr viele, nur eben etwas weniger als beim ersten Mal. Dann schickte sie Jesus nach Hause und bestieg gleich darauf mit seinen Jüngern sein Boot. Er fuhr in die Gegend von Dalmanuta.

Nur Markus nennt diesen Ort und nennt ihn nur hier. Ein solcher Ort nämlich ist unbekannt: weder erscheint er sonst irgendwo in Texten noch ist er durch Ausgrabungen nachgewiesen. Vielleicht aber ist mit diesem Namen die Stadt Mágdala gemeint, die am nordwestlichen Ufer des Sees liegt. Von dorther kam Maria, Maria also aus Mágdala oder Maria Magdalena, die Magdalenerin, die zu den drei Frauen gehört, die vor allen anderen, vor den Jüngern sogar, von der Auferstehung erfahren. Und bei Johannes ist es nur sie – sie allein.

In Dalmanuta oder also Mágdala begannen die Pharisäer mit ihm einen Streit. Sie forderten ein Zeichen. Sie wollten, daß er sich legitimiere – eine Probe also als Zeichen oder Ausweis für seine Sendung. Leicht zu verstehen ist dies unter den gegebenen Umständen nicht. Er hatte sich ja doch bereits durch viele Zeichen, durch Wunder, legitimiert. Zeichen ist hier ja nur ein anderes Wort, weshalb der Ausdruck ›Zeichen und Wunder‹ zweimal dasselbe sagt. Vielleicht aber hatten jene Pharisäer nur eben durch Dritte von diesen Zeichen gehört und wollten nun selbst und also unmittelbar überzeugt werden. Dies könnte man eher verstehen. Denn es ist ja doch eigentlich auch unsere Situation. Wir müssen, hier zum Beispiel, dem uns – und ja überhaupt – ganz unbekannten Mann Markus glauben, so wie bereits dieser denen glauben mußte und geglaubt hat, die ihm aus unmittelbarer Kenntnis, die er selbst wohl nicht hatte, von Jesus berichteten. Wie anders wäre in seiner Wirkung auf uns ein Wunder – direkt vor unseren Augen vollzogen, bei dem wir keine Zeugen brauchten! Da ist also ein Problem. Wir können und müssen immer nur sagen: bei Markus oder dann bei Matthäus, Lukas oder Johannes steht es so. Wollten also die Pharisäer solch einen evidenten, vor ihren Augen vollzogenen Beweis?

In dem Bericht des Markus ist nun aber bemerkenswert, daß Jesus ein solches Zeichen, ein Wunder zur puren Beglaubigung vor seinen Gegnern nicht gibt. Nicht jedenfalls hier, denn damals in jenem Haus in Kafarnaum, als er den Gelähmten heilte, den man durch das geöffnete Dach hindurch auf einer Bahre zu ihm herabgelassen hatte, tat er dies eigentlich doch: »Ihr sollt aber erkennen«, hatte er da gesagt, »daß der Menschensohn die Vollmacht hat, hier auf der Erde Sünden zu vergeben«. Da ging es also schon – und zwar gerade vor den Schriftgelehrten, die dabei waren – um Legitimierung durch ein Zeichen. Wobei jene Schriftgelehrten damals dies freilich nicht, wie die Pharisäer jetzt, gefordert hatten. Den Pharisäern in Dalmanuta oder Mágdala verweigert Jesus sehr ausdrücklich ein Wunder: »dieser Generation«, vielleicht können wir einfach sagen, »diesen Leuten wird niemals ein Zeichen gegeben werden«.

Und alsbald verließ er sie, wieder über den See, und fuhr ans andere Ufer. Während der Fahrt warnte er die Jünger vor den Pharisäern und vor Herodes. Er tut es in einem Bild: er warnt sie nicht einfach vor den Pharisäern und Herodes; er warnt vor deren »Sauerteig«, vor dem also, was von ihnen, den Pharisäern und von Herodes, ausging, vor ihrer Art zu denken, dann, näher beim Handeln, vor ihrem blinden Willen zu herrschen, alles fest ›im Griff‹ zu behalten, vor ihrer Fixiertheit auf Sicherheit und Herrschaft: politisch hier, geistlich dort. Und die geistliche Herrschaft und Sicherheit, möchte man ergänzen, wird ja hier nach dem Bild der politischen verstanden. Ein wenig ergänzen müssen wir hier schon, denn wieder einmal ist Markus allzu lakonisch. Nur vom »Sauerteig« erfahren wir bei ihm – von dem der Pharisäer und dem des Herodes. Klar ist, jedenfalls nach Markus: Jesus sah in beiden eine Gefahr – in Herodes und seinen Anhängern und in den Pharisäern.

Die Jünger aber – es ist nicht zu fassen –, statt um Erläuterung zu bitten, sind besorgt wegen etwas ganz anderem, sie machen sich Gedanken (insofern ist das Bild vom Sauerteig indirekt angemessen), weil sie nur ein einziges Brot bei sich haben. Und wie Jesus merkt, woran sie denken, ist er entrüstet. Wie könnten sie sich darüber Sorgen machen – jetzt? Er begreift nicht, daß sie nicht begreifen: »Ist denn euer Herz verstockt?« Wieder das Erstaunen darüber, daß Menschen imstande sind, nicht zu sehen und zu hören, was doch unmittelbar vor ihren Augen und Ohren ist. Sie verstehen es, das unmittelbar vor ihnen Liegende geistig gleichsam wegzuschaffen. Er erinnert die Jünger an die beiden Speisungen: die der »Fünftausend« und die der »Viertausend«. Wie viele Körbe, fragt er, habt ihr da jeweils, als alles satt war, aufgesammelt? Und sie antworten ihm ganz richtig: zwölf und sieben. »Versteht ihr immer noch nicht?« fragt er da nur zurück.

Sie kamen nun wieder nach Betsaida ans nordöstliche Ufer. Da brachte man ihm einen Blinden. Er nahm ihn bei der Hand – wieder seine unbeirrbare Sicherheit – und führte ihn aus dem Dorf hinaus. Hier nun verfährt er ähnlich wie bei dem Taubstummen zuvor. Er bestrich die Augen des Blinden mit Speichel und legte ihm die Hände auf. Dann fragte er ihn, ob er etwas sehe. Hier die schöne Antwort: »Ich sehe Menschen, denn ich sehe etwas, das wie Bäume aussieht und umhergeht.« Da legte ihm Jesus nochmals die Hände auf die Augen, und nun sah der Mann ganz deutlich – er *sah*. Jesus schickte ihn nach Hause, sagte ihm nur noch: »Geh aber nicht in das Dorf hinein!«

Nach dieser Heilung erfahren wir unvermittelt, so als begänne jetzt etwas Neues, ein neuer Abschnitt zumindest, daß Jesus nach Norden ging, etwa vierzig Kilometer: zu den Dörfern um die Stadt Cäsarea Philippi. Diese Stadt ist nun nicht Cäsarea, die große Stadt am Meer, sondern ein Ort im Innern des Landes und weit kleiner, unbedeutender. Nur wenig zuvor hatte sie Philippus, ein lokaler Herrscher, gegründet: »Philipps Cäsarea«, Cäsarea Philippi. Jesus verläßt nun also zeitweilig das Gebiet des Antipas.

Auf dem Weg Richtung Cäsarea Philippi stellte Jesus den Jüngern eine entscheidende Frage und erhielt eine entscheidende Antwort. Oder eigentlich: es ist die entscheidende Frage und die entscheidende Antwort. »Für wen«, fragt er, »halten mich die Menschen?« Die Antwort, die kommt, ist die, die wir schon kennen, denn Markus – wiederum zeugt es nicht von erzählerischem Geschick – hatte dies ja schon mitgeteilt. Und er sagt nun auch nicht, daß davon schon die Rede war. Einige also, sagen die Jünger, hielten ihn, wie zum Beispiel Herodes, für den wiedergekehrten Johannes, andere für den wiedergekehrten Elija, wieder andere für einen neuen Propheten – Propheten waren ja auch Elija und Johannes.

Und nun stellte Jesus ihnen die Frage: »Ihr aber, für wen haltet ihr mich?« Da antwortete ihm Simon Petrus, und es ist nicht klar, ob er dabei für alle sprach oder nur für einige von ihnen oder gar nur für sich selbst. Er sagte: »Du bist der Messias.«

Dies muß uns klar sein: »der Messias«, »der Christus« (es ist, wie gesagt, dasselbe Wort) – das ist weit mehr und vor allem etwas ganz anderes als ein »Prophet«. Was sagt zu dieser Antwort Jesus?

Er antwortet, bei Markus, auf diese Antwort nicht direkt. Seine Zustimmung ist aber in dem, was er sagt, klar enthalten. Vor allem aber: er widersprach nicht. Es ist also unzweideutig: nicht nur war Jesus für Markus der Messias, der Sohn Gottes, sondern Jesus verstand sich – bei ihm und für ihn – auch selbst so: als der menschliche, der zum Menschen gewordene Sohn Gottes. Die zunächst rätselhafte und alte, also den Juden überlieferte Bezeichnung »Menschensohn« – löst sie sich nicht von daher eigentlich auf? In Jesus war der Sohn Gottes zum Sohn von Menschen geworden. Und noch einen Schritt weiter: dieser Sohn war immer schon – »vor aller Zeit«, »vor allen Jahrhunderten«, »ante omnia saecula«, wie man später sagen wird – da. Ist dies nicht hier schon, im »Menschensohn«, eigentlich enthalten?

Aber vielleicht sind wir doch zu weit gegangen, indem wir das »Du bist der Christus!« des Petrus mit dem »Sohn Gottes« gleichgesetzt haben. Es scheint freilich nicht unerlaubt – nach dem, was Markus uns schon gesagt hat. Und zwar bereits in seinem allerersten Satz: »Anfang des Evangeliums von Jesus Christus, dem Sohn Gottes«. Es entspricht dem, wovon er ausging. Dem, was er glaubte.

Wenn es aber so ist, wie einige mit guten Gründen meinen,

daß es einen älteren, dem des Markus noch vorausgehenden Text gab und daß Markus gerade hier, mit der offensichtlich entscheidenden Episode vom Weg nach Cäsarea Philippi, diesen ihm vorausgehenden, also »vormarkinischen« Text aufgreift und hereinnimmt in *seinen* Bericht, dann ist es vielleicht doch anders. Dann sollten wir doch vorsichtiger sein, denn wir wollen ja nichts hineinlesen. Wir sollten uns begnügen – und es geht ja weit genug – mit dem, was Petrus an dieser Stelle bei Markus tatsächlich gesagt hat: »Du bist der Christus!«

Wir sollten uns, auch hier wieder, dies klarmachen: rein historisch, mit wissenschaftlichem Blick gesehen, kann nicht bewiesen werden, daß sich Jesus für den Messias, den Sohn Gottes gehalten hat. Sicher ist nur, einfach weil es bei ihnen steht, daß Paulus und Markus, Matthäus, Lukas und Johannes voraussetzten, daß er der Sohn Gottes war. Paulus sagt, gleich zu Beginn seines Briefs an die Römer, Jesus sei »seit seiner Auferstehung von den Toten als Sohn Gottes eingesetzt worden« – »eingesetzt als Sohn Gottes in Macht«. Für Paulus also ist die Auferstehung entscheidend, nicht eine Aussage von Jesus über sich selbst.

Dieselbe Unsicherheit, rein rational gesehen, haben wir dann aber auch im Blick auf *alle* Worte, die als von Jesus selbst stammend überliefert sind. Gewiß sind viele von denen, die Markus, Matthäus, Lukas und Johannes bringen, tatsächlich von ihm. Und es gibt Listen von Kundigen, die diese Worte zusammenstellen oder zusammenzustellen suchen. Kann man da aber immer mit Sicherheit entscheiden? Oder, denn darum geht es faktisch: kann man unter den vielen Jesus-Worten, die die Evangelien mitteilen, diejenigen ausscheiden, die sicher *nicht* von ihm sind? Immer werden wir letztlich zurückgeworfen auf diese vier Namen, die aber auch nur Namen sind – Markus, Matthäus, Lukas, Johannes. Und immer kann man da sagen, daß diese Männer, zwischen rund 70 und rund 100, zwischen drei und sieben Jahrzehnten nach Jesus, in eine bestimmte Situation hineinschrieben, die dann möglicherweise stark beteiligt war an dem, was sie schrieben. Wie soll man da genau und mit Sicherheit auseinanderhalten, was bei ihnen tatsächlich »erinnerte Geschichte« oder etwas anderes ist? Umgekehrt muß man aber auch dies sagen: von welcher Figur aus dem Altertum, die nicht selbst geschrieben hat, haben wir so viele überlieferte Äußerungen wie von Jesus? Und dann: wenn man in der Tat nicht *beweisen* kann, daß sich Jesus für den »Messias« oder den »Menschensohn« gehalten hat, weil eben immer diese vier Namen dazwischenstehen, so kann man das Gegenteil, daß er sich nämlich *nicht* dafür gehalten hat, auch nicht beweisen.

Doch zurück zu der Geschichte, bei der wir stehen. Jesus verbot den Jüngern – dies war seine Antwort –, mit anderen über ihn zu sprechen. Was hier nur heißen kann: er verbot ihnen, eben das zu sagen, was Petrus gesagt hatte. Dieses, wie gesagt, nicht ganz verständliche Motiv, das »Messiasgeheimnis« (so wird es genannt), ist uns nicht neu. Hier erscheint es in verschärfter Form: Jesus verbietet ihnen allen nun geradezu, überhaupt mit anderen über ihn zu sprechen. Nur die Jünger sollten, was Petrus gesagt hatte, wissen – einstweilen.

Sodann: an dieser entscheidenden Stelle, ragt Petrus – und sei es auch nur als Sprecher der übrigen – ganz unzweifelhaft heraus. Und keiner der übrigen stellt sich dem entgegen.

Entscheidendes also geschah auf dem Weg von Betsaida zu den Dörfern bei Cäsarea Philippi. Und was hier geschah, ist nun wirklich gar keine Geschichte. Alles geschieht hier in bloßen Worten. Und viele Worte sind es nicht: zwei kurze Fragen, beide von Jesus, zwei kurze Antworten, eine von Petrus und wieder eine von Jesus. Eine reine Wort-Geschichte. Was aber hier war oder eigentlich *geschah*, denn solches Reden ist Geschehen, ist entscheidend und zentral, zentral in dem, was Markus berichtet, zentral nicht als Geschichte, sondern als Aussage: »Du bist der Messias.«

Mit diesem Durchbruch beginnt bei Markus wirklich Neues und Dramatisches. Es beginnt die Leidensgeschichte. Gut, längst wissen wir, was da beginnt. Trotzdem packt es uns, wie wir es jetzt hören, erneut. Jesus, auch deshalb rührt es uns, spricht unvermittelt, ohne Übergang von seiner bevorstehenden Leidenszeit, seiner Passion: »der Menschensohn«, sagt er, »müsse vieles erleiden«. Dann redet er von seinem Tod und seiner Auferstehung. Nach drei Tagen werde er wieder auferstehen. Und er redete darüber, sagt Markus, »ganz offen«, ohne Gleichnis. Er nennt auch seine Gegner, diejenigen, unter denen er leiden müsse: die Ältesten des Volkes, die Hohenpriester, die Schriftgelehrten. Sie oder unter ihnen sind seine Gegner, nicht also eigentlich sind diese im ›Volk‹.

Und jetzt, kurz nachdem er so eindeutig hervorgetreten, erscheint Petrus in anderem, wenngleich, rein menschlich gesehen, nicht unsympathischem Licht. Es zeigt sich, daß er nichts begreift. Ihn irritiert die Ankündigung, und er macht Jesus Vorwürfe. Und dies heißt doch wohl: er hatte vom Messias ein anderes Bild, eine sehr andere Erwartung. Hier nun wird Markus ungewöhnlich genau, denn auf einmal verzeichnet er jede Bewegung: Jesus, sagte er, wandte sich um, wandte sich für einen Augenblick also von Petrus ab, sah seine Jünger an, wandte sich dann wieder zu Petrus und fuhr ihn mit größter Schärfe an: »Weg mit dir, Satan, geh mir aus den Augen! Du hast nicht im Sinn, was Gott will, sondern was die Menschen wollen!« »Satan« also – und sicher ist dies, an dieser Stelle und von Jesus gesagt, nicht nur eine Art zu reden; es ist sehr ernst. Hier sah er, in Petrus, Satan selbst am Werk. Und dann dies: Gottes Wille, *seine* Sicht – nicht, auf keinen Fall, die der Menschen. Danach erfahren wir, daß er nicht nur seine Jünger, sondern auch die Volksmenge zu sich rief, wobei Markus nicht sagt, woher die Menge plötzlich kam. Sie war aber wohl immer, wo Jesus war. Und nun geht er, mit unseren Worten gesagt, aufs Ganze. Es sind Keulen-Sätze, und sie folgen dicht, unmittelbar aufeinander. Von nazarenischer Sanftheit ist da nichts.

Wer sein Jünger sei, wer es sein *wolle*, müsse sich selbst verleugnen. Welche Zumutung! Und für uns heute doch besonders, wo jeder zunächst und überhaupt er selbst sein will! Und wir eben dazu ermuntert werden. »Sei, der du bist!« ruft man uns zu. Ganz anders hier. Sein Kreuz müsse, wer ihm folgen wolle, auf sich nehmen. Ihm folgen heißt also: sein Kreuz, *Leid*, auf sich nehmen. Wer sein Leben zu retten suche, der werde es verlieren. Wer aber sein Leben verliere – und wieder müssen wir uns klarmachen, was dies heißt: sein Leben verlieren –, wer es also verliere um seinetwillen, der – gerade der – werde es retten. Und diese drohende Überlegung, abschließend, danach: was nütze es einem Menschen, wenn er die ganze Welt gewinnen, sein Leben aber dabei, gerade *dabei*, verlieren würde? Wie könnte er es zurückkaufen – danach? Und zuletzt dies, noch unverhüllter drohend: wer sich wegen ihm und seiner Worte schäme vor den *Menschen*, den Menschen dieser treulosen und sündigen Welt, dessen werde der »Menschensohn« sich auch schämen, wenn er komme mit den Engeln und der Macht seines Vaters. Zum ersten Mal redet Jesus hier – und tut dies deutlich genug – von seiner Wiederkehr als ein dann (und dann auch für jeden sichtbar) *ganz* anderer. Dann ist er nur noch der Sohn! Und wieder gebraucht er jetzt seine Hoheitsformel, die seinen Anspruch enthüllt: »Amen, ich sage euch.« Von denen, sagt er, die hier stünden, würden einige nicht sterben, nein, er sagt es kräftiger und näher an der Wirklichkeit, einige von ihnen würden den Tod nicht erleiden, bis das Reich Gottes in all seiner Macht gekommen sei. Nie haben wir Jesus bei Markus bisher so gehört: so hart, seine Macht und sich selbst so zeigend. Keine Sanftheit also; nichts aber auch mehr von dem besagten »Messiasgeheimnis«. Denn was er sagte, sagte er jetzt deutlich und offen, vor großer Menge. Auch da eigentlich müßte Markus etwas erklären …

Danach berichtet Markus von einem Ereignis, das, wie er ungewohnt genau angibt, sechs Tage, nur sechs Tage später war: das seltsamste, ins Unwirkliche entrückteste, das uns bisher begegnet ist. Und da ist, in der Bewältigung des Ereignisses, zum ersten Mal etwas wie ein Versagen oder ein Entgleiten der Sprache. Es ist eine Entrückung in der Tat. Und es gibt nur drei Zeugen: Petrus, Jakobus und Johannes. Jesus nahm sie beiseite und führte sie – und Markus betont erneut, unnötig eigentlich, aber es ist ihm wichtig: »nur sie allein« – auf einen hohen Berg.

Da geschah es, daß er vor ihren Augen *verwandelt* wurde. Plötzlich erstrahlten seine Gewänder in überaus hellem Weiß. Und es erschienen – wiederum vor ihren Augen – Mose und Elija, und beide redeten mit ihm. Nichts wird von dem, was da geredet wurde, mitgeteilt. Vielleicht *sahen* die Jünger ja auch nur, wie Mose und Elija mit Jesus redeten. Vielleicht hörten oder verstanden sie davon nichts. Und während sie dies hörten oder nur sahen, sagt Petrus zu Jesus, und hier gleitet sein Reden ins Unwirkliche, ja Verrückte hinein: »Rabbi, es ist gut, daß wir hier sind. Wir wollen drei Hütten bauen, eine für dich, eine für Mose und eine für Elija.« Petrus wußte nicht, merkt Markus selbst an, was er sagen wollte, und alle drei seien benommen gewesen aus Furcht. Aber es paßt nicht ganz, denn Furcht ist es ja eigentlich nicht, was aus den Worten von Petrus spricht. Offensichtlich liegt in dem, was er sagt, tiefes Wohlgefühl – man will ja doch nicht bleiben, wo man sich fürchtet. Freilich ist zuzugeben, daß solches Gefühl irgendeine Furcht im Hintergrund nicht auszuschließen braucht. Jedenfalls kann da, trotz Markus, nicht nur die bloße Furcht gewesen sein.

Sodann, wie gesagt, dies: zum ersten Mal bei Markus ist hier, in diesem Bericht von der »Verklärung«, wie die Szene in der Überlieferung etwas ungenau heißt, eine diffuse, auch sprachlich nicht mehr genau zu meisternde Situation, während wir doch bisher gar nichts hatten, das irgend ins Mystische ging. Hier aber ohne Zweifel ist so etwas: großer Glanz, hellstes unwirkliches Weiß – kein Bleicher, merkt Markus bieder, aber realistisch an, hätte solches Weiß zustande gebracht –, dann Figuren, *größte* Figuren aus sehr alter Zeit. Und sie reden miteinander – unhörbar, vielleicht, für die anderen, die hier, möglicherweise, nur *sehen*, nur schauend Zeugen dieser die Zeit aufhebenden Entrückung sind.

Dann, irgendwann, denn wir sind hier in zeitlosem Raum, nachdem Petrus so traumhaft geredet hatte – und er erhielt, wie es scheint, auf seinen unwirklichen Vorschlag gar keine Antwort – kam eine Wolke, die ihren Schatten auf sie warf, und aus der Wolke rief eine Stimme (und wir haben sie schon einmal, ganz am Anfang, vernommen): »Das ist mein geliebter Sohn; auf ihn sollt ihr hören.« Und plötzlich, kaum war die Stimme verklungen, sahen sie niemanden mehr – außer Jesus. Und waren wieder in der Zeit.

Während sie mit ihm hinabstiegen, sagte er ihnen, sie sollten von dem, was sie gesehen, keinem erzählen – bis der »Menschensohn« (wieder dieses Wort) – »auferstanden sei von den Toten«. An dieser Äußerung beschäftigte sie nun vor allem – und darüber redeten sie untereinander –, was das denn bedeuten solle: »von den Toten auferstehen«. Sie waren nun wieder ganz ›realistisch‹ geworden – wie sollte so etwas möglich sein?

Schließlich fragten sie ihn (und diese Frage will uns sehr indirekt erscheinen), warum die Schriftgelehrten denn sagten, erst müsse Elija kommen. Damit ist wohl gemeint (Markus verdeutlicht es wieder nicht): bevor der Messias komme. Vielleicht aber suchen sie darin einen Halt. Denn wenn zuerst Elija kommen soll, gibt es doch noch Aufschub für Jesus – vielleicht. Darauf er: »Ja, Elija kommt zuerst und stellt alles wieder her.« Dann fragt er zurück, warum in der Schrift vom Menschensohn gesagt werde, daß er viel leiden müsse und verachtet werde. Und nun wieder – mit dem »ich sage euch« bekräftigt –: »Elija ist schon gekommen, doch sie haben mit ihm gemacht, was sie wollten, wie es in der Schrift steht«. Im Buch der

»Könige« wird in der Tat von der Verfolgung des Propheten durch eine Königin – dies alles lag nun knapp tausend Jahre zurück – berichtet. Meinte Jesus dies? Nicht auszuschließen ist aber auch, dann würden wir ihn eher verstehen, daß er hier an den Täufer dachte – an den Täufer als den wiedergekehrten Elija.

Als sie zu den anderen Jüngern zurückkamen, war eine große Menge um diese versammelt. Und Schriftgelehrte waren da, die mit ihnen stritten. Als die Leute Jesus sahen, liefen sie erregt auf ihn zu und begrüßten ihn. Er fragte sie, warum sie mit den Schriftgelehrten stritten. Da antwortete ihm einer aus der Menge.

Was wir von dem Manne hören, ist aber eigentlich auf diese Frage gar keine Antwort. Der Mann berichtet Jesus von seinem Sohn: er sei besessen, und seine Jünger hätten ihn nicht heilen können. »Sie hatten«, sagte er, »nicht die Kraft dazu.« Es handelte sich in diesem Fall, doch wieder fehlt da, wie gewohnt, eine Erklärung, um einen »stummen und tauben Geist«. Von einem solchen hatten wir bisher ja nicht gehört. Doch wie immer: der Geist überfalle den Jungen von Zeit zu Zeit, werfe ihn zu Boden, Schaum trete vor seinen Mund, er knirsche mit den Zähnen und werde starr.

Jesus klagt über den Unglauben und denkt da wohl an die Jünger, und er klagt ungeduldig und wie Abschied nehmend, als wäre er schon anderswo: »Wie lange muß ich noch bei euch sein und euch ertragen?« Man solle den Jungen zu ihm bringen.

Sobald dies geschah und der Geist Jesus sah, begann er zu schreien, er zerrte den Jungen hin und her, so daß er fiel und sich, während ihm der Schaum vor den Mund trat, auf dem Boden wälzte. Jesus fragt den Vater zunächst, wie ein Arzt unserer Tage gefragt haben würde (dies hatte Jesus bei Markus bisher nie getan): »Wie lange hat er das schon?« Der Vater antwortet: »Schon von Kind auf.« Oft habe der Geist den Jungen ins

Wasser oder ins Feuer geworfen, um ihn umzubringen. Und nun, und jedes Wort ist hier wichtig: »Wenn du kannst, hilf uns! Hab Mitleid mit uns!« Darauf Jesus: »Wenn du kannst? Alles kann, wer glaubt«. Nun aber der Vater. Was er sagt – es ist, in seiner realistischen Genauigkeit, in seiner Wahrheit ein großes Wort: »Ich glaube. Hilf meinem Unglauben!« Denn es heißt doch: ›Ja, gewiß, ich glaube, aber hilf mir, daß ich glaube, denn mein Glaube ist nicht fest!‹

Als Jesus sah, daß die Leute zusammenliefen – aber: waren sie nicht schon zusammengelaufen? –, drohte er dem Geist und befahl ihm (»du stummer und tauber Geist«), den Jungen für immer zu verlassen. Der Geist tat dies auch sogleich, indem er den Jungen hin- und herzerrte und schrie. Schließlich lag der Junge wie tot am Boden, so daß die Leute sagten: »Er ist gestorben.« Jesus aber faßte ihn an der Hand, und der Junge stand auf.

Als die Jünger nachher allein mit ihm zu Hause waren (doch – was heißt hier ›zu Hause‹?), fragten sie ihn, warum es *ihnen* nicht gelungen war, den Geist zu vertreiben. Wie soll man seine Antwort nennen – rätselhaft oder sachlich? Er sagt: »Diese Art kann nur durch Gebet vertrieben werden.« In einigen Handschriften steht noch: »und Fasten«. Jener »stumme und taube Geist« in dem Jungen – zuletzt freilich, als er ihn verließ, schrie er – war also von besonders mächtiger Art. Dann dies: »durch Gebet und Fasten«.

Nun zog Jesus mit den Jüngern durch Galiläa und war wieder einmal bemüht, allein mit ihnen zu sein, denn er wollte sie etwas lehren. Erneut redet er von seinem bevorstehenden Tod und seiner Auferstehung: der »Menschensohn« werde den Menschen ausgeliefert, sie würden ihn töten; drei Tage danach werde er auferstehen. Die Jünger, kommentiert Markus, hätten ihn nicht begriffen. Sie hätten, sagt er, »den Sinn seiner Worte nicht verstanden«, hätten sich aber gescheut (nie hatte er bisher von solcher Scheu berichtet), ihn zu fragen. Ein wenig wundern wir uns hier doch, denn eigentlich ist der Sinn der

Worte doch unzweideutig. Eher würden wir verstehen, wenn uns gesagt würde, sie hätten den ungeheuerlichen Ankündigungen – Tod zunächst und Auferstehung nach drei Tagen – nicht glauben wollen. Andererseits hatten sie doch nun wirklich schon viel Ungeheuerliches mit ihm erlebt und Petrus und Jakobus und Johannes, die Zeugen der Entrückung auf dem Berg waren, noch besonders. Dies jedenfalls wird hier wiederum klar, und Markus betont es auch: sie verstehen nicht, sind nicht auf der Höhe.

Davon zeugt auch die Episode, die nun folgt. Wie sie nach Kafarnaum kamen – wieder ist das Haus, von dem da die Rede ist, wohl das der Brüder Petrus und Andreas –, fragte Jesus die Jünger, worüber sie auf dem Weg gesprochen hätten. Da schwiegen sie. Sie hatten nämlich – und schämten sich jetzt darüber – davon geredet, wer der Größte unter ihnen sei. Da setzte er sich, rief alle zu sich und sagte: »Wer der Erste sein will, soll der Letzte und der Diener von allen sein.« Wieder eines seiner psychologisch kühnen, die normale Sicht umkehrenden Worte: der Erste ist eigentlich der Letzte, derjenige, der sich, gerade weil er der Erste ist, zum Letzten macht. Damit sagt Jesus nicht, daß es keine Rangunterschiede gebe; er sagt aber, daß sie – von denen, die höher stehen – gerade so gesehen und also aufgehoben werden müssen. Der Erste ist eigentlich der Letzte, der, der allen, unter denen er der Erste ist, zu dienen hat.

Es folgt ein wichtiges und schönes Wort, von dem man aber wieder sagen muß, daß es zu der Frage, die Jesus eben beantwortet hat, keine Beziehung hat und also kaum in diesen Zusammenhang gehört. Jesus stellte ein Kind in ihre Mitte, nahm es in die Arme (wieder wird Markus da plötzlich im Konkreten genau) und sagte: »Wer ein Kind um meinetwillen aufnimmt, der nimmt mich auf. Wer aber mich aufnimmt, nimmt auch den auf, der mich gesandt hat«. Sagte er dies übrigens nur den Jüngern? Es wird nicht klar. Sicher aber gilt es nicht nur für sie. Da ist die besondere Bedeutung des Kindes, zunächst, dann die Aufnahme eines Kindes in seinem Namen, die Gleichheit, ja Identität schließlich von Sohn und Vater – oder, um ganz bei seinem Wort zu bleiben, die Gleichheit von ihm und dem, der ihn gesandt hat.

Jünger Johannes sagte Jesus – vielleicht war es noch in diesem Zusammenhang –, es gebe da jemanden, der »Geister« austreibe in seinem Namen. Sie, die Jünger, hätten versucht, ihn daran zu hindern, weil der Mann nicht zu ihnen gehöre. Ob sie, will er wissen, recht daran getan hätten. In der Tat gehört die Frage mittelbar noch halbwegs zu dem törichten Rangstreit unter den Jüngern, wenn sie sich nun auch – und nun sehr berechtigt – auf die Jüngerschaft als solche bezieht. Übrigens zeigt jener fremde Wundertäter, dessen Namen wir nicht erfahren, daß Jesus, auch schon außerhalb des engen Kreises um ihn herum, Anhänger hatte. Jesus antwortet ohne Eifer, realistisch, gelassen. Man solle den Mann nicht hindern. Wer in seinem Namen Wunder tue, könne schwerlich schlecht von ihm reden. Und nun ein markanter Satz – vielleicht war er, was ihm aber keinen Abbruch tut, ein gängiges Sprichwort: »Wer nicht gegen uns ist, der ist für uns.«

Der Satz aber, den Jesus dann hinzusetzt, gehört nun wieder nur indirekt hierher. Wer ihnen, sagt er, nur einen Becher Wasser zu trinken gebe, »weil ihr zu Christus gehört« – »Christus« also nennt er sich hier –, der werde nicht um seinen Lohn kommen. Und wieder bekräftigt er dies mit seiner Formel: »Amen, ich sage euch.« Und weitere Worte noch fügt Markus hier an.

Zunächst. Wer einen »von diesen Kleinen« – wen meint er da? – zum Bösen verführe – und nun folgt wieder etwas wie eine feste Redensart –, für den wäre es besser, »wenn er mit einem Mühlstein um den Hals ins Meer geworfen würde«. Ein kräftiges Wort und ein drastisches Bild gegen die Verführung zum Bösen. Und die »Kleinen« sind vielleicht die Einfältigen oder Geringen. Oder meint Jesus Kinder?

Was jene Sprichwörter oder Redensarten angeht, so kann man – und zwar aus dem Zusammenhang ihrer Verwendung – immer nur vermuten, daß es solche sind. Sicher kann man nie sein, denn für jüdische Sprichwörter und Redensarten aus dieser Zeit haben wir wohl keine andere Quelle als eben die Evangelien. Im Einzelfall wissen wir also nicht oder doch nicht sicher, ob Jesus eine feste Redensart verwendet oder ob er da selbst einen Ausdruck geprägt hat. Zum Beispiel den mit dem Mühlstein hier.

Dann drohende Bilder. Wenn dich deine Hand zum Bösen verführt, hau sie ab – es ist besser, wenn du verstümmelt ins Leben gelangst, als mit zwei Händen in die Hölle, ins nie erlöschende Feuer. Und dasselbe sagt Jesus – und es ist nur eine Bekräftigung – vom Fuß und vom Auge. Das Leben also, das volle Leben, auf der einen Seite, das *nach* dem Tod, und die Hölle, jenes andere Leben danach, das keines ist, auf der anderen. Und das Feuer in der Hölle, das nie erlischt, und der Wurm, der nicht stirbt – der Wurm derer, die dort sind. Hier zitiert Jesus den Jesaja: »Denn der Wurm wird ihnen nicht sterben, und das Feuer in ihnen wird niemals erlöschen.« So steht es da, hart, als Wort von Jesus, bei Markus. Wieder muß man sagen: Sanftheit ist da nirgends.

Schließlich noch: jeder werde mit Feuer gesalzen (was heißt dies aber?). Und dann diese etwas assoziativ angefügte Überlegung, weil es da eben auch um Salz geht: Salz sei etwas Gutes, wenn es aber seine Kraft zum Salzen verliere, wie und womit ihm dann die Kraft wiedergeben? Und diese doppelte Mahnung: »Habt Salz in euch und haltet Frieden untereinander!«

Hart also, sehr hart stehen diese Worte am Ende der Zeit in Galiläa, seiner Heimat, denn nun, definitiv, endet diese Zeit, und Jesus bricht auf nach Judäa, nach Jerusalem. Es ist seine letzte Reise. Sie führt zunächst den Jordan hinunter in Richtung Jericho. Und wieder versammelten sich alsbald viele Menschen um ihn, und er lehrte sie, wie es seine Gewohnheit war.

Und Streitgespräche ergaben sich auch. So kamen die Pharisäer auf ihn zu und fragten, was es mit der Ehescheidung auf sich habe: »Darf ein Mann seine Frau aus der Ehe entlassen?« wollten sie wissen. Darf er sich also, denn dies ist gemeint, von ihr trennen und eine andere heiraten? Die Frage, merkt Markus an, ohne zu sagen, weshalb, sei eine Falle gewesen. Jesus fragte geschickt zurück, indem er anknüpfte an das, was feste Voraussetzung der Fragenden war: »Was hat Mose euch vorgeschrieben?« Die Pharisäer antworteten, Mose habe die Scheidung erlaubt; er habe erlaubt, der Frau eine »Scheidungsurkunde« auszustellen und sie auf diese Weise aus der Ehe zu entlassen. Was Jesus nun vornimmt, ist Relativierung und Präzisierung zugleich. Und wieder zeigt er hier seine Vollmacht – er stellt sich zumindest neben Mose, wenn nicht über ihn. »Ja«, sagt er, »Mose hat euch dies erlaubt. Aber warum? Doch nur wegen der Härte eurer Herzen.« Am Anfang, bei der Schöpfung, sei es so keineswegs gewesen; da habe Gott den Menschen als Mann und als Frau geschaffen. Und nun zitiert er wörtlich aus der Schöpfungsgeschichte, wie sie sich im Buch Genesis (oder 1. Mose) findet: »Darum wird der Mann Vater und Mutter verlassen, und die zwei werden ein Fleisch sein.« Sie sind also, setzt Jesus auslegend hinzu, »nicht mehr zwei, sondern eins«. Und nun dieser Satz: »Was Gott verbunden hat, darf der Mensch nicht scheiden.«

›Sehr hoch‹, wie wir zu sagen pflegen, ›setzt‹ Jesus die Ehe ›an‹ – eine radikale Position. Oder vielmehr: er stellt die Erlaubnis des Mose in den Zusammenhang, in den sie gehört. Diese Erlaubnis ist ein – von ihm gar nicht zurückgenommenes – Zugeständnis an menschliche Schwäche oder, in seinen Worten, an »die Härte der Herzen«. Jesus redet da nicht vom Staat oder von der Ehe als dem Fundament der Gesellschaft, nicht einmal redet er von der Familie. Seine Begründung ist rein theologisch: so, genau so ist es von Gott gewollt. Wenn es anders ist, liegt es an den Menschen, an ihrer Schwäche. Die sieht er also auch und stellt sie in Rechnung. Hier lag ja gewiß die Falle, die ihm die Pharisäer gestellt hatten. Sie kannten seine strenge Auffassung von der Ehe, von der freilich Markus bisher gar nichts gesagt hat, und nun wollten sie ihn in Gegensatz zu Mose bringen. Sie wollten, daß er ihm widerspreche. Dies aber tat er nicht.

Danach, als sie unter sich waren (»zu Hause«, sagt Markus erneut), fragten ihn die Jünger – offensichtlich waren auch sie überrascht – noch einmal zu diesem Punkt. Da verschärfte Jesus noch. Wer sich von seiner Frau trenne und eine andere heirate – auf die Wiederverheiratung, nicht die bloße und an sich mögliche Trennung, kommt es an –, breche die Ehe. Und eine Frau, die sich von ihrem Mann trenne und einen anderen heirate, tue dasselbe.

Nun die kurze Episode mit den Kindern, die zu einem gewichtigen und intellektuell irritierenden Wort führt. Die Leute brachten Kinder zu ihm, damit er ihnen die Hand auflege. Wieder sind die Jünger blind, und wieder verbirgt Markus dies nicht: schroff weisen sie die Leute zurück. Da nun wurde Jesus unwillig. Man solle die Kinder zu ihm lassen: »Menschen wie ihnen gehört das Reich Gottes.« Und deutlicher noch: »Amen, ich sage euch: Wer das Reich Gottes nicht annimmt wie ein Kind, der wird nicht hineinkommen.« Er schloß die Kinder in seine Arme, legte ihnen die Hände auf und segnete sie.

Dann machte er sich wieder auf den Weg. »Auf dem Weg«, auf dem nach Jerusalem, wie auch zuvor schon, geschieht nun noch vieles. Ein Mann – zunächst – lief auf ihn zu, kniete vor ihm nieder und fragte ihn: »Guter Meister, was muß ich tun, um das ewige Leben zu erlangen?« Jesus verweist ihm diese Anrede: »Warum nennst du mich gut? Keiner ist gut außer Gott!« Dann zählt er die Gebote auf, und zwar diese (und in dieser Folge): nicht töten, nicht die Ehe brechen, nicht stehlen, nicht falsch aussagen, keinen Raub begehen, Vater und Mutter ehren. Dies alles, antwortete der Mann, habe er immer befolgt, von Jugend auf. Da sah Jesus ihn an – aufmerksam. Der Mann kniete ja vor ihm, und jetzt erst, denken wir uns, während Jesus redete, sah er zu ihm auf. Und nun, bei Markus, ein kurzer überraschender Satz: »er liebte ihn«. Von der Begegnung mit diesem Manne berichten Matthäus und Lukas auch – aber dieses schöne Detail findet sich bei ihnen nicht. Oder vielmehr, denn was Markus geschrieben hatte, kannten sie ja: sie lassen es weg. Warum? Schien ihnen das Sätzchen unwichtig oder mißverständlich? Gewiß ist es unwichtig für das Gemeinte, uns gefällt es aber, weil Persönliches in ihm aufscheint: da ist augenblickliche Sympathie – ganz buchstäblich, es geschah ja wirklich in *einem* Augenblick. Wir stellen uns den – wohl eher jüngeren – Mann (Markus sagt über sein Alter nichts) in schöner, nicht aber prunkender Gewandung vor. Jesus also sah ihn an, sah ihn nun erst richtig und sagte ihm: »Eines fehlt dir noch: verkaufe, was du hast, gib das Geld den Armen, und du wirst einen bleibenden Schatz im Himmel haben. Dann komme wieder und folge mir!« Da wurde der Mann traurig und entfernte sich. Er hatte, sagt Markus (und es ist seine Begründung), ein großes Vermögen. Wir kennen das Gleichnis als das vom »reichen Jüngling« – aber von einem »Jüngling« redet nur Matthäus, auch Lukas sagt, nicht anders als Markus, zum Alter des Mannes nichts.

Jesus sagte zu den Jüngern: »Wie schwer ist es für Menschen, die viel besitzen, in das Reich Gottes zu kommen!« Da waren die Jünger bestürzt. Aber Jesus wiederholte, was er gesagt hatte, und dabei hören wir zum ersten Mal diese Anrede: »Liebe Kinder«, sagte er. Nun ein berühmt gewordenes Bild, und dies war nun sicher ein Sprichwort: »Eher geht ein Kamel durch ein Nadelöhr, als daß ein Reicher in das Reich Gottes kommt.« Ein »Kamel«, sagt man, bezeichnete hier ein sehr dickes Seil. Als die Jünger sich weiter wunderten, ja erschraken, sah Jesus sie an und sagte: »Für Menschen ist es unmöglich, nicht aber für Gott, denn für Gott« – vielleicht war dies wieder ein Sprichwort – »ist alles möglich.«

Da nun greift Petrus ein und tut es wieder als Sprecher der übrigen. »Du weißt«, sagt er, »wir haben alles verlassen und sind dir nachgefolgt.« Darauf antwortet Jesus (und er antwortet wieder mit seiner Formel »Amen, ich sage euch«): »Jeder, der um meinetwillen und um des Evangeliums willen Haus oder Brüder, Schwestern, Mutter, Vater, Kinder oder Äcker verlassen hat, wird das Hundertfache dafür empfangen. Er wird jetzt, in dieser Zeit, Häuser, Brüder, Schwestern, Mütter, Kinder und Äcker erhalten, und in der kommenden Welt das ewige Leben.« Sehr nahe Menschen also werden hier aufgezählt – nicht übrigens Ehefrauen und Ehemänner – und, als Exempel für Sachen, die das Herz ebenfalls binden, Grundbesitz. Und dann der doppelte Ausgleich – ein Ersatz für das Aufgegebene durch die Gemeinschaft, in die man eintritt, schon »in dieser Zeit« und der Lohn in der kommenden, der zeitlosen Zeit.

Und nun ein Satz, der eigentlich nur mittelbar in diesen Zusammenhang gehört. Er ist aber wichtig für sich selbst. Vielleicht dürfen wir überhaupt solche Sätze, wie sie uns ja bei Markus immer wieder begegnen, Sätze, die nur so, in bloß ungefähr passenden Zusammenhang eingefügt sind, für besonders wichtig halten. Wichtig auf jeden Fall für den Evangelisten. Und, zweite Überlegung: vielleicht sind gerade diese Sätze denen besonders nahe, die Jesus tatsächlich gesagt hat, denn offenbar lagen sie fest in der Tradition vor, konnten also nicht einfach weggelassen, sondern mußten irgendwo eingefügt werden. Hier dieser Satz: »Viele, die jetzt die Ersten sind, werden dann die Letzten sein, und die Letzten werden die Ersten sein.«

Jesus ging nun, auf dem Weg, ein Stück weit voraus – alleine. Die Leute, die auch auf dem Weg waren oder die, an denen er vorüberging, wunderten sich über ihn – Markus sagt nicht, warum sie dies taten, und die Jünger, die in einiger Entfernung hinter ihm hergingen, hatten (dies bedarf nun keiner Erklärung) Angst. Da versammelte er sie erneut um sich. Und wieder – und er tut es nun schon zum dritten Mal – kündigte er ihnen an, was mit ihm geschehen werde: der »Menschensohn« werde in Jerusalem den Hohenpriestern und den Schriftgelehrten ausgeliefert; diese würden ihn zum Tod verurteilen und ihn den Heiden, den Römern also, übergeben; man werde ihn verspotten, anspucken, geißeln und töten; nach drei Tagen aber werde er wieder auferstehen.

Jakobus und Johannes, die beiden Brüder, traten da an ihn heran. Er möge ihnen eine Bitte erfüllen. Sie ist eigentümlich, denn beide wollen vor den übrigen bevorzugt sein und, so drücken sie sich aus, »in seinem Reich« rechts und links neben ihm sitzen. Jesus antwortet milde. Und ganz logisch, möchte man sagen, ist seine Antwort, wie Markus sie uns gibt, nicht. »Ihr wißt nicht, um was ihr bittet«, sagt er. Dann richtet er an sie die Frage, ob sie den Kelch trinken können, den er zu trinken habe, oder ob sie bereit seien, die Taufe auf sich zu nehmen, mit der er getauft werde. Sie bejahen es, ohne zu zögern. Nun aber sagt Jesus: »Ihr werdet den Kelch trinken, den ich trinke, und die Taufe, mit der ich getauft werde, werdet auch ihr empfangen.« Den Platz zu seiner Rechten und Linken jedoch habe er nicht zu vergeben: »Dort werden die sitzen, für die diese Plätze bestimmt sind.« Die Übernahme oder die Annahme des Leidens – hier mit Kelch und Taufe bildlich bezeichnet – reicht also (man hatte eben dies, nach der Frage, die Jesus gestellt hatte, erwartet) nicht aus. Jene Übernahme hat gar nichts mit irgendeinem Rang zu tun. Übrigens zeigt rein menschlich gesehen die exzessive gemeinsame Bitte der beiden Brüder, wie eng sie zusammenhielten.

Die zehn anderen sind nun aber über die beiden verärgert. Da rief Jesus alle zu sich – wieder: sie waren also nicht ständig um ihn herum – und erklärt erneut, denn er hatte dies ja schon gesagt, wie er sich das Herrschen unter ihnen denkt: »Wer bei euch groß sein will, der soll euer Diener sein.« Auch er, »der Menschensohn« (wieder nennt er sich so), sei nicht gekommen, um sich dienen zu lassen, sondern um zu dienen. Und nun folgt ein offensichtlich wichtiger Satz, weil er sich auf ihn selbst bezieht: der »Menschensohn« sei gekommen, um »sein Leben hinzugeben als Lösegeld für viele«. »Lösegeld« also oder einfach »Erlösung« und dann »für viele«. Durch sein Leiden, durch seinen Tod bringt er Erlösung für viele. Für viele, nicht also: für alle. Oder meint »viele« hier doch »alle«? So war es gerade die abwegige Bitte der beiden Zebedäus-Söhne, die zu dieser wichtigen Aussage, dem Kern der Jesus-Theologie, führte.

Nun erreichen sie die Stadt Jericho, wohl die älteste des ganzen Landes: sehr alt war sie schon zu Davids Zeiten. Aber darum geht es jetzt nicht. Jesus verläßt sie auch sogleich wieder, zieht mit großer Menschenmenge aus ihr hinaus. Da nun, schon wieder vor ihren Toren, heilt er einen Blinden. Und zum ersten Mal erfahren wir hier den Namen des Geheilten: Bartimäus hieß er und war der Sohn des Timäus. Er stand dort vor der Mauer und schrie laut, als er hörte, daß es Jesus war, der vorüberging: »Sohn Davids, Jesus, hab Erbarmen mit mir!« Zum ersten Mal hören wir diesen Titel hier – die Anknüpfung an den großen König, der Israel vereinigt hatte und rund tausend Jahre vor Jesus lebte. In der Erinnerung war er aber noch überaus gegenwärtig und ist es bis heute (ein großer Name – Daud – ist er übrigens auch für den Islam). Die Leute wurden ärgerlich, als der Blinde so laut schrie – was uns wundert, denn warum sollte der Mann aus solchem Anlaß nicht auf sich aufmerksam machen? Sie befahlen ihm zu schweigen. Da aber schrie er noch lauter. Jesus blieb stehen und sagte: »Ruft ihn her!« Als die Leute dies hörten, machten sie dem Blinden Mut, was zeigt, daß es doch nur Scheu gewesen war, die sie veranlaßt hatte, ihn zu tadeln. Bartimäus sprang auf, warf seinen Mantel von sich (plötzlich nennt uns Markus solch ein Detail) und lief auf Jesus zu. Der fragte ihn nur: »Was soll ich für dich tun?« In der Antwort des Bartimäus hören wir nun auch zum ersten Mal die originale Anrede, mit der also Jesus in *seiner* Sprache angeredet wurde (oft jedenfalls, wenn auch vielleicht nicht immer): sie lautete »Rabbuní«, was mit »Meister« oder »Lehrer« wiederzugeben ist; diese Anrede ist freundlicher und verehrender zugleich als das sachliche bloße »Rabbi«. Bartimäus sagt: »Rabbuní, ich möchte wieder sehen können.« Und Jesus antwortet ihm: »Geh! Dein Glaube hat dir geholfen.« Womit er klarstellt, was zumindest eine der unabdingbaren Voraussetzungen war. Bartimäus konnte also wieder sehen. Und nun folgte er Jesus auf seinem Weg nach Jerusalem. Leider hören wir, so sehr es uns interessieren würde, nichts mehr von ihm. Schön ist ja sein kurzes Wort, das man auch in einem anderen, übertragenen Sinne nehmen möchte: »Ich will sehen«. Wollen wir dies, im geistigen Sinn, nicht alle?

Kurz vor Jerusalem, bei den Dörfern Betfage und Betanien, macht Jesus noch einmal Halt. Zwei der Jünger (wir wissen nicht, weil Markus nicht sagt, welche es waren) schickt er nach Betanien, das vor ihnen liegt, nur knapp sieben Kilometer von der Stadt entfernt. Die Anweisung ist eigentümlich. Im Dorf würden sie einen jungen Esel angebunden finden. Sie sollen ihn losbinden und zu ihm bringen. Und wenn jemand sie frage »Was macht ihr da?«, sollen sie nur sagen: »Der Herr braucht ihn; er läßt ihn bald zurückbringen.« Sie gehen ins Dorf, finden den Esel, binden ihn los, werden tatsächlich gefragt, warum sie dies tun, sie geben die Antwort, und man läßt sie gewähren. Es ist, als wäre bei ganz Unbeteiligten und nur zufällig Anwesenden ein geheimes – ihnen selbst nicht bewußtes – Wissen, eine Ahnung von dem, was hier geschieht. Eine ähnliche Situation wird sich, wir werden es sehen, bald wiederholen. Der Esel also wird zu Jesus gebracht, auf seinen Rücken legen einige der Jünger ihre Gewänder, und er setzte sich darauf. So zog er vom Ölberg herkommend in Jerusalem ein. Und die Leute, die da standen und herbeieilten, breiteten auf seinem Weg ihre Kleider aus und Zweige, die sie rasch von Bäumen und Büschen abgerissen hatten. Und die, die vor ihm her gingen oder ihm folgten, riefen: »Hosanna! Er sei gesegnet! Er kommt im Namen des Herrn!« Der Ruf »Hosanna!« hieß »Bring Hilfe!« – eine später liturgische Formel (sie war es aber wohl damals schon). Und der, der da kommt »im Namen des Herrn« – es könnte, wörtlich, den meinen, der im Namen des Herrn, also Gottes, kommt, aber auch, andere Möglichkeit, den Herrn selbst! Denn es ist ja doch der Herr, kein anderer, der kommt. Und wieder hier der Bezug auf König David, die sogleich gegenwärtige Erinnerung an ihn: »Gepriesen sei das Reich, das nun kommt, das Reich unseres Vaters David! Hosanna in den Höhen!«

Vom Ölberg zog Jesus gleich zum Tempel und ging hinein. Nachdem er alles gesehen hatte, kehrte er mit den Jüngern nach Betanien zurück. »Nachdem er alles gesehen hatte« – man darf daraus schließen, daß er den Tempel bisher nicht gesehen hatte. Oder war er bei der Taufe im Jordan, mit der Markus beginnt, nach ihr oder vor ihr schon einmal in Jerusalem?

Am nächsten Tag geht er erneut in die Stadt. Auf dem Weg hatte er Hunger. Zum ersten Mal hören wir hier von dergleichen. Von weitem sah er einen Feigenbaum. Er trug Blätter, und Jesus hoffte, Früchte zu finden, er fand aber nur Blätter. Und Markus sagt uns auch den einfachen Grund, weshalb Jesus keine Feigen fand. Wir sind überrascht in der Tat, und man hat über diese seltsame Episode auch nicht wenig gespottet: »Es war nicht die Zeit der Feigen.« Da sagte Jesus – es ist sehr merkwürdig – zu dem Baum: »Nie mehr, bis in alle Ewigkeit, soll jemand Frucht von dir essen!« Es ist wie eine Verfluchung. Und seine Jünger, betont Markus eigens, hörten es. Es ist, als wollte Markus sagen: seltsam, aber es war so.

Als Jesus zum Tempel kam, ging er alsbald hinein und begann, alle, die dort Handel trieben, kauften und verkauften, hinauszutreiben. Die Tische der Geldwechsler und die Stände der Taubenhändler stieß er um. Nichts, das nicht in ihn hineingehöre, solle im Tempel sein. Und zornig bezieht er sich auf das Wort der Schrift: »Mein Haus soll ein Haus des Gebets sein – für alle Völker.« Und setzt hinzu: »Ihr habt aus ihm eine Räuberhöhle gemacht.« In diesem aggressiven Vorgehen ist nun doch, vermutet der unbefangene Betrachter, ein Fall schwerer Unruhestiftung. Hier muß es doch Ärger gegeben haben! Und zwar so, daß er auch schon die römische Besatzungsmacht – jede Besatzung will ja zunächst einmal Ruhe – interessieren mußte. Die Hohenpriester und Schriftgelehrten, natürlich, hörten bald von dem Vorfall oder waren gar dessen Zeugen und suchten wieder (aber sie waren ja, nach allem, was Markus schon gesagt hatte, längst dazu entschlossen) nach einer Möglichkeit, ihn umzubringen. Sie hatten nämlich, sagt uns Markus, Angst vor ihm, weil von dem, was er sagte, so viele beeindruckt waren. Am Abend zog Jesus mit den Jüngern wieder aus der Stadt hinaus.

Als sie am folgenden Morgen an dem Feigenbaum vorbeikamen, den Jesus am Vortag verflucht hatte, sahen sie, daß er verdorrt war. Da sagte Petrus zu Jesus: »Sieh doch, Rabbi, der Feigenbaum, den du verflucht hast, ist verdorrt!« Wieder hat man den Eindruck, daß Markus hier ein Wort einrückt, das ihm vorlag und wichtig war, das aber nur ungefähr an diese Stelle paßt. Jesus sagte: »Ihr müßt an Gott glauben!« Und nun dieser Satz: »Wenn jemand zu diesem Berg sagt: ›Heb dich weg und wirf dich ins Meer!‹ und wenn er in seinem Herzen nicht daran zweifelt, sondern glaubt, daß dies wirklich geschieht, dann wird es auch geschehen.« Und er bekräftigt dies mit seinem Amen-Wort: »Amen, ich sage euch«. Und wieder: »Alles, worum ihr betet und bittet – ihr müßt nur glauben, daß ihr es schon erhalten habt, dann werdet ihr es auch erhalten!«

Und wieder folgt ein Satz, der nur indirekt in diesen Zusammenhang gehört. Wenn man bete und einem anderen etwas vorzuwerfen habe, dann solle man ihm vergeben, damit man ebenfalls Vergebung erlange. Dies heißt nun aber auch: man soll nicht beten, solange man einen Groll gegen jemanden hat. Dann entspricht der Satz ja der Bitte im »Vater unser«, das sich bei Markus übrigens gar nicht findet: »Vergib uns unsere Schuld, wie auch wir vergeben unseren Schuldigern!«

Die Geschichte geht nun weiter, und man muß sagen, daß sich jetzt – und einige Seiten zuvor schon – Markus deutlich steigert. Er wird nun einfach besser. Freilich geht es jetzt auch nicht mehr, wie vorher, während der Zeit in Galiläa, um Aneinanderreihung von Begebenheiten, Taten und Worten, sondern da ist nun, in der Wirklichkeit selbst, eine auf ihr Ende zulaufende Geschichte. »Geschichte« nennen wir ja beides: das Erzählte selbst und das, worauf es sich bezieht, also die eigentliche Geschichte, wenn das Erzählte nicht erfunden ist und einen direkten, abbildenden Bezug zur Wirklichkeit hat. Hier zum Beispiel hat Markus – als feste Vorgabe in der Wirklichkeit – eine Geschichte. Und es ist, möchte man gerne hinzufügen, die wichtigste, die wir kennen. Übrigens hat man das ganze Markus-Evangelium eine »Passionserzählung mit ausführlicher Einleitung« genannt. Abwegig ist dies sicher nicht.

Wieder kommen sie also nach Jerusalem, und wieder sind sie im Tempel. Gleich stürzen da seine Gegner auf ihn zu, Vertreter jener drei Gruppen, die gegen ihn waren: die Hohenpriester, die Schriftgelehrten und die Ältesten des Volkes. »Mit welchem Recht tust du dies alles? Wer hat dir das Recht, die Vollmacht dazu gegeben?« So fragen sie ihn entrüstet. Und die Frage weist auf den Ärger hin, den Jesus ausgelöst hatte. Hier nun wird Jesus äußerst bestimmt, kämpferisch und beinahe aggressiv. Wieder erscheint da der Polemiker. »Zuerst«, sagt er, »will ich euch etwas fragen. Antwortet mir! Dann werde ich euch sagen, mit welchem Recht ich dies tue.« Und er fragt sie nach Johannes. »Kam seine Taufe vom Himmel oder von den Menschen?« Markus schildert, indem er sich in die Gedanken der Gegner hineinversetzt, die Schwierigkeit, in die sie diese Frage bringen mußte. Er läßt sie untereinander reden. Sagen wir ihm, sie sei vom Himmel, wird er uns fragen, warum wir Johannes nicht geglaubt haben. Sagen wir ihm, sie sei pures Menschenwerk gewesen, eine Sache eben nur des Johannes, so bekommen wir Schwierigkeiten mit den Leuten, denn die glauben alle, daß er wirklich ein Prophet war. Schließlich sagten sie: »Wir wissen es nicht.« Die Antwort von Jesus ist sehr kurz: »Dann sage auch ich euch nicht, mit welchem Recht ich tue, was ich tue.«

Von nun an verhält sich Jesus in keiner Weise mehr vorsichtig oder gar diplomatisch. Es ist, als ob er selbst dem Ende zudrängte, als wollte er es provozieren. Und eigentlich ist es ja so. Er weiß, was es mit dieser Reise nach Jerusalem auf sich hat. So jedenfalls berichtet Markus die Geschichte. Er hat ja festgehalten, daß Jesus sein Ende und dann auch seinen Neubeginn dreimal sehr genau vorausgesagt hat.

Auch das nun folgende, ganz und gar unwirkliche und gerade darum so packende Gleichnis von den »bösen Winzern«, als welches es im Gedächtnis blieb, gehört in diesen Zusammenhang. »Provokation« will man dies nicht geradezu nennen, aber weit von ihr entfernt ist dies alles nicht. Das ominöse Gleichnis legt Jesus direkt vor seinen Gegnern dar.

Ein Mann baut einen Weinberg an. Er sichert ihn rundherum mit einem Zaun, hebt auch eine Vertiefung für die Kelter aus und errichtet schließlich einen Turm, der der Sicht in die Ferne, also wohl wieder der Sicherheit des Weinbergs und seiner Winzer dient. Danach verpachtet der Mann das Anwesen an mehrere Winzer und reist in ein anderes Land. Als die Zeit der Ernte gekommen war und er seinen Anteil haben wollte, schickte er zu den Winzern einen Knecht. Die aber verprügelten ihn und schickten ihn mit leeren Händen weg. Danach schickte er einen zweiten Knecht, dem es nicht anders erging. Den dritten, den er schickte, brachten sie um. Die folgenden wurden entweder verprügelt oder umgebracht. Schließlich blieb ihm nur noch sein einziger, sein geliebter Sohn. Den schickte er zuletzt, weil er dachte: vor meinem Sohn werden sie Achtung haben. Was aber geschieht? Die Winzer sagen sich: »Der ist der Erbe. Den wollen wir töten, dann gehört sein Erbe uns.« Sie töteten ihn und warfen seinen Leichnam aus dem Weinberg hinaus. »Was wird nun«, fragt Jesus, »der Besitzer tun?« Eine klassische rhetorische Frage, und die Antwort gibt er, dem entsprechend, selbst: »Er wird die Winzer töten und den Weinberg anderen geben.«

Und nun fragt er sie nach einer Stelle aus den Psalmen und will nur wissen, ob sie sie im Kopf haben: »Der Stein, den die Bauleute verworfen haben – er ist zum Eckstein geworden.« Ein danach berühmtes und einfaches Bild. Jesus also fand es in den Psalmen (Psalm 118). Was die Reaktion der Gegner betrifft, erfahren wir, daß sie ihn daraufhin am liebsten gleich an Ort und Stelle hätten verhaften lassen. Sie hatten begriffen, daß er mit dem Gleichnis gerade sie gemeint hatte. Sie fürchteten aber, sagt Markus, die Menge. Sie ließen ihn also einfach stehen und gingen weg.

Und alsbald wieder eine Auseinandersetzung. Einige Pharisäer und einige der Anhänger des Herodes Antipas (man hatte sie wohl eigens ausgewählt) wurden zu Jesus geschickt, um ihm eine Frage zu stellen. Es sollte wieder eine Falle sein. Sie wollten von ihm wissen, ob es erlaubt sei, dem Kaiser die geforderte Steuer zu zahlen. Und sie stellten die Frage, nachdem sie Jesus zunächst – sehr erkennbar unaufrichtig – geschmeichelt hatten. Dabei sagen sie, es ist bemerkenswert, genau das Richtige: »Meister, wir wissen, daß du immer die Wahrheit sagst und dabei auf niemanden Rücksicht nimmst, denn du siehst nicht auf die Person, sondern zeigst wirklich den Weg Gottes.« Es ist natürlich, auch gerade erzählerisch, geschickt, daß Markus eben diejenigen, die gegen ihn waren und ihn umbringen wollten, genau das in seinen Augen Zutreffende über ihn sagen läßt. Freilich – wenn die Männer nun aber eben dies, ihre Frage einleitend, gesagt haben? Jesus geht auf diesen Ton nicht ein. »Er durchschaute«, sagt Markus, »ihre Heuchelei.« Sehr direkt fragt Jesus zurück: »Warum stellt ihr mir eine Falle?« Dann bittet er, ihm ein bestimmtes Münzstück, einen Denar, herbeizuschaffen. Nachdem man es ihm gebracht hatte, fragte er: »Wer ist auf der Münze? Wer ist auf ihr abgebildet, und auf wen bezieht sich die Inschrift?« Sie sagten – konnten ja gar nichts anderes sagen: der Kaiser, und ihn meinte die Inschrift. Da gab Jesus seine berühmte Antwort: »Gebt also dem Kaiser, was dem Kaiser zusteht, und Gott, was Gott zusteht!« Was Jesus sagt und auch das eigentlich unnötige Herbeischaffen der Münze, des »Zinsgroschens«, zeigen, daß die Antwort nicht schwer war, daß jeder Vernünftige auf sie hätte kommen können. Die Männer (dies erfahren wir noch) waren sehr erstaunt über ihn, also doch wohl wegen der Geschicktheit der Antwort. Aufs einfachste hatte er die Frage geklärt und die Falle gemieden. Und wie spielerisch nimmt Jesus hier die Münze als einen Beweis, spielerisch – denn ein Beweis ist die Beschaffenheit der Münze, was auf ihr steht und wer auf ihr abgebildet ist, ja wirklich nicht. Was Jesus meint, ist klar: wenn ihr Gott gebt, was ihr Gott geben sollt, dann dürft ihr auch dem Kaiser geben, was er von euch will. Er trennt die beiden Bereiche, indem er feststellt, das eine hat mit dem anderen nichts oder nur ganz mittelbar zu tun. Diese Trennung ist wichtig – bis heute: da ist, auf der einen Seite, die Welt der Menschen, zu der auch das Politische gehört, und da ist, auf der anderen, jene andere Welt, zu der die Menschen auch gehören, diejenige Gottes. Bei Johannes (18,36) sagt Jesus zu Pilatus: »Mein Reich ist nicht von dieser Welt.« Darum geht es. Sein Reich ist in der menschlichen Welt der Menschen, aber so, daß es ein ganz anderes ist. Übrigens ist, was jenen Denar angeht, oft die Rede vom »Gleichnis vom Zinsgroschen«, aber ein Gleichnis, wir haben es gesehen, ist die knappe Antwort, die Jesus gibt, im strengen Sinne nicht.

Dann kommen die Sadduzäer zu ihm, von denen bisher noch nicht die Rede war. Die Sadduzäer sind Angehörige priesterlicher und vornehmer Familien, die offenbar durch eine gewisse aristokratische Abgeschlossenheit gekennzeichnet waren, im übrigen aber nicht leicht greifbar sind. Wieder versäumt es Markus, uns etwas über sie zu sagen, das wenigstens über die pure Nennung ihres Namens hinausgeht. Jedenfalls leugneten sie (dies immerhin teilt Markus mit, und es ist ja theologisch bemerkenswert) die Auferstehung. »Sie behaupteten«, sagt Markus, »es gebe keine Auferstehung.« Eine Falle stellten die Sadduzäer Jesus eigentlich nicht, so wie dies die Pharisäer und die Herodes-Anhänger zuvor getan hatten, denn auf deren etwas perfide Frage wären beide Antworten – ›es ist erlaubt‹ oder ›es ist nicht erlaubt‹ – schwierig gewesen: man hätte Jesus im einen Fall sagen können: ›du stellst dich gegen Gott‹ oder dann, im anderen, ›gegen den Kaiser‹. Und der Kaiser war ja für die Römer, die Besatzungsmacht, auch ein Gott. Die Silber-Denare jener Zeit trugen ein Bild des Kaisers Tiberius und die Aufschrift: »Tiberius, Caesar, des göttlichen Augustus Sohn, Augustus«. »Caesar Augustus« also nannte sich Tiberius, der ebenfalls göttliche Sohn des göttlichen Augustus, unter dessen Herrschaft Jesus geboren wurde.

Die Frage der Sadduzäer ist beinahe witzig. Mose, sagen sie einleitend, habe geboten, daß ein Mann, dessen verheirateter Bruder gestorben sei und der eine kinderlose Witwe hinterlassen habe, diese Frau heiraten solle, um ihr so wenigstens Nachkommen zu verschaffen. Daran anknüpfend erzählen sie eine Geschichte. Es hätten einmal sieben Brüder gelebt. Der erste habe geheiratet und sei, bevor ein Kind geboren wurde, gestorben. Da habe der zweite Bruder, wie Mose es geboten habe, die Frau geheiratet, sei jedoch ebenfalls ohne Nachkommen gestorben, und so sei es weitergegangen bis zum siebten Bruder, und zuletzt, nachdem der gestorben sei, sei auch die Frau gestorben. Und nun die durchtriebene, durchaus aber nicht unsinnige Frage der Sadduzäer: wessen Frau werde sie bei der Auferstehung sein? Die Sadduzäer, da sie ja an Auferstehung nicht glaubten, wollten durch das witzig gekünstelte Beispiel zeigen, zu welch unsinnigen Konsequenzen sie führen würde. Übrigens wird, wer jüdische Witze kennt, sich durch die Geschichte an einige von ihnen erinnert fühlen – da sind Analogien. Jesus geht auf diesen Ton wiederum nicht ein. Er antwortet unbeirrt ernst.

Beinahe möchte man sagen, wenn es nicht unangemessen wäre, er folge da einer guten und alten rhetorischen Regel, die besagt, daß man auf Witziges, das der Gegner vorbringt, ernst und auf Ernstes, das er sagt, besonders wenn es pathetisch ist, witzig antworten soll. Jesus sagt: »Ihr irrt euch. Ihr kennt nicht die Schrift, und die Macht Gottes kennt ihr auch nicht.« Wenn die Gestorbenen wieder auferstehen, sagt er, seien sie wie die Engel – körperlich zwar, aber ohne Geschlechtlichkeit. Er drückt es so aus: »sie werden nicht mehr heiraten«. Die Geschichte, die die Sadduzäer erzählten, geht schon von daher ins Leere. Freilich gab es für sie, wie wir an anderer Stelle hören, auch keine Engel (Apostelgeschichte 23,8).

Dann ein Argument für die Auferstehung selbst. Eines, könnte man sagen, nach der Art der Schriftgelehrten. Jesus erinnert sie an die Schrift. Und die Sadduzäer schenkten eigentlich, so scheint es, nur *dieser* Glauben, genauer: der Torá, den fünf Büchern Mose, die später auch als »Pentateuch« bezeichnet wurden, was auf die fünf Buchrollen anspielt (pénte griechisch »fünf«), aus denen insgesamt die Torá, »das Gesetz«, besteht. Darin unterschieden sich die Sadduzäer von den Pharisäern, die sich nicht nur auf die Torá, sondern auch auf die mündliche Tradition beriefen. Jesus packt die Sadduzäer also dort, wo sie sich besonders stark fühlten.

Er erinnert sie an eine der großen Stellen, wo es um die Stimme aus dem brennenden Dornbusch geht, mit der Gott plötzlich und ganz unmittelbar und zum ersten Mal zu Mose redete: »Gott rief ihm aus dem Dornbusch zu: Mose, Mose!« (Exodus oder Mose 2,3). Und Mose verhüllte sein Gesicht, weil er »sich fürchtete, Gott anzuschauen«. Jesus erinnert die Sadduzäer an das, was Gott danach zu Mose gesagt hat: »Ich bin der Gott deines Vaters, der Gott Abrahams, der Gott Isaaks und der Gott Jakobs.« Es ist ein starkes Argument, denn wären die drei Genannten – damals, zu Moses Zeiten, waren sie ja lange schon gestorben – einfach längst und für immer vergangene Tote, dann wäre Gott, nimmt man seine Worte ernst, ein Gott von Toten. Er ist aber, sagt Jesus, »ein Gott von Lebenden«. Und setzt hinzu: »Ihr irrt euch sehr.« Stark ist das Argument jedenfalls für diejenigen, für welche die Torá ist, was dieser Name sagt: »das Gesetz« – das Gesetz Gottes.

Ein Schriftgelehrter hatte zugehört und gefunden, daß Jesus treffend geantwortet hatte. Da trat er auf ihn zu und fragte ihn: »Welches Gebot ist von allen das erste und wichtigste?« Da nennt Jesus den Satz, der für fromme Juden bis heute der wichtigste ist. Für jenen Schriftgelehrten kann also, was Jesus antwortete, nicht überraschend gewesen sein. Jedenfalls nicht fürs erste. Der Satz ist eine Aussage, die in eine Aufforderung gekleidet ist. Er ist also nicht eben nur eine Aussage: »Höre, Israel, der Herr, unser Gott, ist der einzige Herr.« Und, was Jesus hinzufügt, steht ebenfalls, wie diese Aufforderungs-Aussage, schon bei Mose: »Darum sollst du den Herrn, deinen Gott, lieben mit ganzem Herzen und ganzer Seele, mit all deinen Gedanken und all deiner Kraft.« Dann ein wichtiger zweiter Satz, aber auch da zitiert Jesus nur wieder den Mose: »Du sollst deinen Nächsten lieben wie dich selbst.« Und Jesus setzt hinzu: »Kein anderes Gebot ist größer als diese beiden.« Freilich stehen die beiden Gebote, die Jesus hier unmittelbar zusammenbringt, ohne – es ist wichtig – eine Hierarchie zwischen ihnen auszumachen, bei Mose so nicht nebeneinander. Bei ihm stehen sie an ganz verschiedenen Stellen (Deuteronomium oder 5. Mose 6,4 und Levitikus oder 3. Mose, 19,18). Jesus bringt in seiner Antwort auf die Frage des unbekannten und mit ihm sympathisierenden Schriftgelehrten die Gottesliebe und die Nächstenliebe als gleichwertig zusammen.

Achten wir auch darauf, was hier alles an Vermögen im Menschen, die an der Liebe beteiligt sein können, genannt wird: das Herz, die Seele, die Gedanken, der Verstand also – bemerkenswert, daß auch der Verstand, auch hier oder gerade hier, bei der Liebe, nicht fehlt – und die Kraft. Alles im Menschen also muß an dieser Liebe partizipieren. Die Reaktion dieses Schriftgelehrten ist nun überaus zustimmend und freundlich: »Sehr gut, Meister!« Und er fügt hinzu, was Jesus gar nicht gesagt hatte, was aber doch im Gesagten enthalten war: diese beiden Gebote, präzisiert der Gelehrte, sind »weit mehr als alle Brandopfer und alle Opfer!« Die ›Einstellung‹, wie wir sagen würden, ist also wichtiger als das, was wir rituell oder liturgisch tun. Dem stimmt nun wieder Jesus zu: »Du bist nicht fern vom Reich Gottes.« Was doch wohl heißt, daß dieses Reich schon da ist, so jedenfalls, daß man ihm jetzt schon nahestehen kann oder fern.

Danach, teilt Markus noch mit, wagte es keiner mehr, an Jesus eine Frage zu richten. Es überrascht gerade an dieser Stelle ein wenig, denn bei diesem Gespräch war doch nur gegenseitige Zustimmung, und jener Schriftgelehrte wollte Jesus gar nicht in eine Falle locken. Ganz im Gegenteil. Übrigens zeigt das Gespräch auch, daß Markus die Schriftgelehrten nicht insgesamt ablehnt. Hier führt er uns einen vor, der Jesus offen, freundlich beeindruckt, bewundernd fast entgegentritt, ähnlich dem Pharisäer Nikodemus, im Johannes-Evangelium, der in der Nacht heimlich bei Jesus erscheint. Markus, leider, nennt uns keinen Namen. Warum, zum Beispiel, nennt er uns den Namen des Bartimäus, des Blinden vor den Toren Jerichos, nicht aber den dieses bemerkenswerten Mannes?

Es folgt eine Überlegung, ja eine Beweisführung, die Jesus gegen die Schriftgelehrten richtet und die sich auf den Messias bezieht. Das war an einer anderen Stelle, nämlich im Tempel selbst, als Jesus dort lehrte. Nur indirekt weist er da auch einen der Titel, die ihm gegeben werden, zurück. Denn direkt redet er hier gar nicht über sich selbst, sondern vom erwarteten Messias, den die Schriftgelehrten »Sohn Davids« zu nennen pflegten. Dagegen nun Jesus: David habe doch selbst, bei einer Gelegenheit, »vom Heiligen Geist erfüllt«, gesagt: »Der Herr sprach zu meinem Herrn: Setze dich mir zur Rechten, und ich lege dir deine Feinde unter die Füße« (so im Psalm 110). Also: »Der Herr sprach zu meinem Herrn ...« An dieser Stelle nenne doch David den Messias, der kommen soll, seinen »Herrn«. Wie könne der Messias dann, fragt Jesus, Davids Sohn sein? Der Sohn von jemandem – das ist doch nicht dessen Herr, und David nenne den Messias hier seinen Herrn.

Jesus redet nun zu einer großen Menschenmenge, die ihm, wie Markus eigens betont (er hatte dies noch nie so gesagt), »mit Freude« zuhörte. In dieser Rede warnt er die Menschen vor den Schriftgelehrten. Bis ins Äußere hinein kritisiert er diese Männer hart: eitel gingen sie in langen Gewändern umher, gerne wollten sie überall gegrüßt werden und wollten in der Synagoge die vordersten Plätze und bei den Festmählern, zu denen sie geladen würden, die Ehrenplätze, und, schlimmer noch, die Witwen brächten sie um ihre Häuser, scheinheilig verrichteten sie lange Gebete – umso härter werde das Urteil sein, das sie erwarte. Dieses Bild von den Schriftgelehrten, kann man nur sagen, ist sehr negativ: selbstgefällige Sucht nach Anerkennung in der Welt, Handeln gegen die Bedürftigen, Scheinheiligkeit.

Nun eine kleine Szene, die unter dem Wort vom »Scherflein der armen Witwe« im Gedächtnis blieb: Jesus saß im Vorhof des Tempels und beobachtete, wie die Leute Geld in den Opferkasten warfen. Es kamen viele Reiche und gaben viel. Offenbar spielte sich dies so ab, daß da ein Priester stand, dem das Geld gegeben wurde. Er überprüfte die Münzen, die man ihm reichte, und warf sie in den Kasten. Nun kam die arme Witwe und reichte zwei kleine Münzen. Da rief Jesus seine Jünger zu sich (wiederum: sie waren also nicht immer um ihn) und sagte, diese Witwe habe mehr in den Kasten gegeben als alle anderen. Die anderen hätten ja nur von ihrem Überfluß gegeben, diese arme Frau aber alles, was sie besessen habe. Kein Kommentar sonst – weder von Jesus noch von Markus. Aber der Sinn der Feststellung ist ja unzweideutig: man gibt umso mehr, je weniger übrigbleibt von dem, was man überhaupt hat; auf die absolute Menge kommt es nicht an. Und noch etwas gehört zur selbstverständlichen Voraussetzung: daß nämlich überhaupt gegeben wird, freiwillig und großzügig, ist offensichtlich nicht nur für die jüdische Tradition, sondern auch für Jesus wichtig. Es gehört, auch für ihn, dazu.

Einer der Jünger sagte ihm, als er, bei dieser oder einer anderen Gelegenheit, den Tempel verließ: »Meister, sieh, was für Steine und was für Bauten!« Da nun, sehr abrupt, kündigt Jesus mit zwei knappen Sätzen die Zerstörung des Tempels an: »Kein Stein wird auf dem anderen bleiben. Alles wird niedergerissen.«

Der alte, der erste Tempel, der des Königs Salomo, den dieser nach den Vorgaben seines Vaters David errichtet hatte, war durch die Babylonier, durch Nebukadnezzar, im sechsten Jahrhundert zerstört worden. Danach gab es, nach der Rückkehr aus der Gefangenschaft, den neuen Tempel, den des Serubbabel, auch noch im sechsten Jahrhundert errichtet, der sich, wie es scheint, an die Bauweise und die Abmessungen des alten Tempels hielt. Einen starken Umbau nahm Herodes der Große (oder, wie gesagt, der Ältere) vor – das war in den Jahren 19 bis 9 vor der Geburt von Jesus. Darüber schreibt wieder ziemlich genau der Historiker Flavius Josephus. Offenbar wurde auch bei diesem Umbau am alten Grundriß des Salomo festgehalten. Da war vor allem ein langgestrecktes Rechteck mit drei Räumen: dem Eingang, dem Hauptraum und dem leicht angehobenen Bezirk des Allerheiligsten. Herodes hat den Bau aber insgesamt erhöht und zu diesem erhöhten Bau einen Oberstock geschaffen. Auch kamen eine große Vorhalle und Korridore hinzu. So also fand Jesus den Tempel vor. Dieser Tempel, Stolz der Juden in Jerusalem und draußen in der Welt, wurde im Jahr 70 von den Truppen des Titus, Sohn des Kaisers Vespasian und später selbst Kaiser, zerstört. Die wenigen Reste, die da vielleicht übrigblieben, wurden im Jahr 135, nach einem jüdischen Aufstand, dem des Barkochba, ganz zerstört und nun wirklich »dem Boden gleichgemacht«. Es ist dies – »soli aequare« – der schon im Lateinischen übliche und sehr sprechende Ausdruck für solche Gesamtzerstörung. Von diesem großen Tempel des Herodes ist ja in der Tat denn nur noch der Platz, eben der Tempelplatz, erhalten, der auf unterirdischen Fundamenten angelegt ist. Er heißt jetzt – und nun auch schon seit langem – Haram esch-scherif. In seiner Mitte steht, auch schon lange, der muslimische Felsendom.

Da Jesus bei Markus die Zerstörung des Tempels voraussagt und man auf anderem Wege weiß, daß er im Jahr 70 tatsächlich zerstört wurde durch die Römer, setzt man voraus, daß Markus nicht vor 70 geschrieben hat. Sein Evangelium, heißt es etwa, »steht in zeitlichem Zusammenhang mit der Zerstörung Jerusalems und ist deshalb um das Jahr 70 n. Chr. verfaßt« worden. Wie zwingend, möchte man da fragen, ist aber eigentlich dieser Schluß? Wie zwingend ist jenes »deshalb«? Bei Markus, dies ist die einfache Überlegung, sagt Jesus die Zerstörung des Tempels voraus, und im Jahr 70 wurde er tatsächlich zerstört – also hat Markus nicht früher geschrieben. Als somit Markus Jesus jene Voraussage machen ließ – da war sie, wenn es so war, schon erfüllt. Und die Leser und Hörer des Markus wußten dies. Warum aber (nur eine Frage) soll Jesus die Zerstörung des Tempels nicht vorausgesagt haben? Warum soll er, was er sagte, nicht gesagt haben, *bevor* er zerstört wurde? Und kann Markus, allein deshalb, unmöglich schon vorher geschrieben haben?

Jesus sitzt auf dem Ölberg, dem Tempel also gegenüber. Da

fragten ihn die vier Jünger, die mit ihm waren (es waren die beiden Brüderpaare Petrus und Andreas, Jakobus und Johannes), wann dies alles denn geschehen würde und an welchen Zeichen man werde erkennen können, daß das Ende bevorstehe.

Als Antwort kommen harte Stellen, die erschrecken. Die nach Distanzierung klingende Auskunft des Kommentars, es seien in der »Rede über die Endzeit verschiedene Überlieferungen zusammengewachsen«, hilft uns über das Erschrecken oder das Erstaunen nicht hinweg; sie bringt uns auch dem Verständnis nicht näher. Zunächst, bei Markus, antwortet Jesus gar nicht auf die Frage. Sie sollen darauf achten, sagt er, daß niemand sie irreführe. Viele nämlich würden in seinem Namen auftreten, und viele würden durch sie irregeführt. Dann aber antwortet er doch: es werde Kriege, Erdbeben und Hungersnöte geben. Brüder würden sich untereinander dem Tod ausliefern, Väter ihre Kinder, und Kinder würden sich auflehnen gegen die Eltern. Dies sei aber erst der Anfang der Wehen – er sieht dies wie eine Geburt. Darauf sollten sich die Jünger einstellen, daß man sie um seinetwillen mißhandle: vor Gerichte würden sie gebracht, vor Königen und Statthaltern müßten sie aussagen. Sie sollten sich aber keine Sorgen darüber machen, was sie dann zu sagen hätten: »Denn nicht ihr werdet reden, sondern der Heilige Geist.« Man werde sie hassen, alle, heißt es gar, würden sie hassen, wegen ihm, um seines Namens willen: »Wer aber bis zum Ende standhaft bleibt, der wird gerettet.«

Der Höhepunkt der Not werde erreicht sein, wenn ein Greuel, so drückt er sich aus, dort stehen werde, wo er nicht hingehöre. »Der Leser begreife«, steht da nur. Jesus denkt da gewiß, ohne es auszusprechen, an den Tempel – wenn nämlich dort, im Allerheiligsten, ein Altar stehe für einen griechischen Gott oder den Kaiser. Dann sollten die Bewohner von Judäa in die Berge fliehen – sogleich, ohne jeden Verzug und ohne noch vorher irgendetwas anderes zu machen. Und dann: »Weh den Frauen, die in jenen Tagen schwanger sind oder ein Kind stillen. Betet darum, daß dies alles nicht im Winter eintritt!« Eine Not werde es geben, wie es noch nie eine gegeben habe und auch nie wieder eine geben werde. Und wenn der Herr diese Zeit nicht abkürzen würde, dies werde er aber tun, würde niemand gerettet. Er habe diese Zeit der großen Not verkürzt – »um seiner Auserwählten willen«. Manch falscher Messias werde dann auftreten und viele falsche Propheten. Sie würden auch Wunder vollbringen, um die Auserwählten irrezuführen. »Ihr aber, seht euch vor! Ich habe euch alles vorausgesagt.«

Dann aber, nach der großen Not, werde sich die Sonne verfinstern, Sterne würden vom Himmel fallen. Dann werde man den Menschensohn auf den Wolken kommen sehen – »mit großer Macht und Herrlichkeit«. Die Engel werde er dann aussenden, damit sie ihm aus allen vier Richtungen der Winde die Auserwählten zuführten.

Nun kommt Jesus auf den Feigenbaum zurück. Wenn seine Zweige saftig würden, erkenne man, daß der Sommer nahe ist. So sollen auch sie erkennen, daß das Ende da ist, wenn dies alles geschieht. Dann sagt Jesus und bekräftigt es wieder mit »Amen, ich sage euch« etwas sehr Eindeutiges, das schwierig für uns ist, weil wir ja wissen, daß es nicht so kam: »Diese Generation wird nicht vergehen, bis das alles eintrifft.« Zu Lebzeiten also noch der damals Lebenden werde dies kommen. Niemand aber, setzte er noch hinzu, wisse den Tag und die Stunde genau: die Engel nicht und nicht einmal der Sohn – nur der Vater wisse es.

Wir können uns nicht aussuchen, was Jesus gesagt hat. Wir müssen seine Worte nehmen, wie sie dastehen. Und so, sehr genau so, stehen sie da – an dieser Stelle.

Wachsam sollen sie bleiben, ermahnt er die Jünger noch: »Denn ihr wißt nicht, wann die Zeit da ist.« Und er sagt es wieder in einem Gleichnis: ein Mann geht auf Reisen; die Verantwortung für sein Haus hat er seinen Dienern übertragen; jedem war eine Aufgabe zugewiesen, und besonders dem Türhüter befahl er, wachsam zu sein. Wachsamkeit also. Denn der

Hausherr soll sie, wenn er plötzlich zurückkehrt, nicht schlafend antreffen. Und Jesus weitet die Mahnung aus, als richte sie sich überhaupt an jeden: »Was ich aber *euch* sage, sage ich *allen*: Seid wachsam!« Wirksam stellt Markus dieses an alle gerichtete Wort ans Ende, denn wirklich: nun endet etwas, oder etwas beginnt: die eigentliche, die engere Leidensgeschichte. Und es geht nun alles sehr schnell.

Jetzt nämlich treten, zwei Tage vor dem Paschafest, die Hohenpriester und die Schriftgelehrten eigens mit dem Ziel zusammen, Jesus umzubringen.

Was ist das Paschafest? Wieder kommt es bei Markus so heraus, als müßte jeder es wissen. Die Herkunft des Wortes – im Hebräischen »pesach« – ist nicht geklärt. Das nächtliche oder abendliche Fest, für welches ein Tier geschlachtet wurde, ist jedenfalls sehr alt. Früh wurde das Fest mit dem Auszug des Volkes Israel aus Ägypten unter Mose, mit der Rettung also dieses Volkes, verbunden. Das Fest wurde (und blieb dies für die frommen Juden bis heute) eine Erinnerungsfeier an diesen Auszug. Und wichtig ist bei diesem wichtigsten Fest die Gemeinschaft beim Mahl. Das gebratene Opfer-Tier wurde, zusammen mit ungesäuertem Brot und bitteren Kräutern, gegessen. Und auch Wein wurde bei diesem liturgischen Mahl, bei dem zudem aus der Schrift gelesen wurde, getrunken. Mit dem Pascha-Fest hatte sich nun aber ein anderes Fest, das der »Ungesäuerten Brote«, »Mazzot«, verbunden. So folgten der Nacht des Pascha-Mahls weitere Festtage, Tage der Wallfahrt, an denen somit viele Menschen zusammenkamen. Auch Markus redet ja, so wenig er sonst auch sagt, von zwei Festen: »zwei Tage vor dem Pascha und dem Fest der ungesäuerten Brote«. »Pascha« kann im engeren Sinn das abendliche Mahl bezeichnen, das Mahl zur Erinnerung an die Rettung oder Verschonung der Israeliten, denn das Wort meinte ursprünglich »Verschonung«, oder dann, wie hier bei Markus, in einem weiteren Sinne das ganze jüdische Frühlingsfest.

Die Hohenpriester und die Schriftgelehrten also wollen Jesus töten. Eines aber ist ihnen klar, und darin sind sie sich ebenfalls einig: »Nicht auf das Fest!« Denn sie fürchten einen Aufruhr im Volk.

Kurz danach war Jesus wieder in Betanien im Haus eines uns sonst unbekannten Mannes, den man »Simon den Aussätzigen« nannte. Markus nennt ihn hier zum ersten Mal und teilt über ihn nichts weiteres mit. Auch Matthäus und Lukas sagen uns nicht mehr als er, und bei Johannes kommt er gar nicht vor. Vielleicht hatte Jesus den Mann von seinem Aussatz geheilt. Wichtig in dieser Erzählung ist nun freilich auch nicht dieser Gastgeber, sondern eine Frau. Plötzlich, während man bei Tisch war, trat sie herein. Wir stellen sie uns – warum eigentlich? – jung vor. So ist unsere Phantasie. Und die Szene, die folgt, geht denn auch ins Erotische. Markus aber redet nur einfach von »einer Frau«. Sie kam also von außen, gehörte nicht zu denen, die hier versammelt waren. Sie brachte ein Gefäß aus Alabaster, das kostbares Öl, Nardenöl, enthielt (die Narde ist ein aromatisches Gewächs, dessen Blüten und Wurzelstock man schon seit langem für ein Parfüm verwendete). Die Frau zerbrach das Gefäß (anders war es nicht zu öffnen), näherte sich Jesus und goß ihm das Öl über das Haar. Hat sie dabei etwas gesagt? Markus teilt uns nichts mit. Dies aber sagt er, daß einige der Anwesenden unwillig wurden. Hätte man nicht, fragen sie, dieses Öl um mehr als dreihundert Denare verkaufen und mit dem erlösten Geld den Armen helfen können? Sie machen der Frau laute Vorwürfe. Jesus aber wendet sich gegen die, die kritisieren. Ein gutes Werk habe die Frau an ihm getan. Arme, sagt er, hätten sie ja jederzeit um sich, um ihnen Gutes zu tun – »mich aber habt ihr nicht allezeit«. Sie habe getan, was zu tun war, was sie tun *mußte*, denn sie habe schon im voraus seinen Leib für das Begräbnis gesalbt. Und nun ein schöner, gewaltiger Satz, der etwas wie ein Muster werden sollte für Ähnliches: »Amen, ich sage euch: wo immer auf der Welt das Evangelium verkündigt wird, wird man sich auch an sie erinnern und von dem berichten, was sie getan hat.«

Wer war diese Frau? Johannes erzählt die Geschichte anders als Markus. Da ist der Gastgeber – ebenfalls in Betanien – ein Mann namens Lazarus: es ist der, den Jesus vom Tod auferweckt hat (von diesem Mann wiederum berichtet Markus nichts), und bei Johannes ist es Maria, die Schwester des Lazarus, die Jesus salbt: Maria von Betanien. Sie salbt seine Füße und trocknet sie danach mit ihren Haaren. Das Erotische ist hier deutlicher als bei Markus. Noch deutlicher ist es aber bei Lukas. Bei ihm ist die Frau – davon weiß nun wieder Markus nichts – eine in der Stadt gar nicht unbekannte »Sünderin«. Daraus machte die Tradition dann gleich »die große Sünderin«, »magna peccatrix«, obwohl »groß« bei Lukas gar nicht steht. Wieder die Phantasie! Dann aber und vor allem hat eine frühe Tradition diese Frau, die Salberin, mit Maria aus Mágdala (oder Maria Magdalena oder einfach Magdalena) gleichgesetzt, wofür nun, außer dieser Tradition selbst, gar nichts spricht. Von den Evangelien her ist diese Gleichsetzung nicht zu begründen. Maria von Mágdala war eine der treuesten der Frauen, die Jesus und den Zwölfen folgten. Wir werden ihr noch zweimal an wichtigster Stelle begegnen. Daß Maria Magdalena zunächst eine Sünderin war oder dann, genauer, eben diejenige Sünderin, die in Betanien bei dem Gastgeber Simon plötzlich erscheint, ist, wie gesagt, eine alte Tradition, von der sich aber in den Evangelien nichts findet. Bei Markus ist, wer hier plötzlich erscheint, nur eben eine Frau, keinesfalls die Magdalenerin. Nennen wir sie also einfach »die Salberin«. Mehr in der Tat erfahren wir von ihr nicht. Markus berichtet nur eben, daß sie zu jenem Essen kam, daß sie Jesus salbte, daß er ihr zugestimmt und jenes schöne Wort über sie gesprochen hat. Die Unbekannte bleibt unbekannt – für immer. Sie blieb aber, wie Jesus gesagt hatte, im Gedächtnis.

Einer der Jünger, Judas Iskariot, ging nun, ganz kurz vor

dem Pascha-Fest, vielleicht nun erst oder seit längerem schon dazu entschlossen, zu den Hohenpriestern. Er sei bereit, sagte er ihnen, Jesus auszuliefern. Sie freuten sich sehr darüber und versprachen ihm, ihn dafür zu belohnen – mit Geld. »Ausliefern«: das konnte hier nur heißen, daß Judas ihnen eine günstige Gelegenheit nennen wollte, ihn zu fassen, denn schwer war es ja nicht, Jesus festzunehmen. Nur eben – dies zu vermeiden freilich, war schwerer – wollten die Hohenpriester keinen Aufruhr. So unauffällig wie möglich sollte die Festnahme vor sich gehen. Trotzdem wird nicht ganz klar, weshalb eigentlich Judas hierzu nötig war. Wäre es nicht auch ohne ihn gegangen? Vor allem aber (und wichtiger) wird nicht deutlich, welches Motiv Judas hatte und überhaupt haben konnte. Markus sagt dazu gar nichts. Pure Geldgier kann es doch schwerlich gewesen sein. Man kann über den Mann, über den auch die anderen Evangelien nicht viel mehr sagen, nur rätseln. Bald wurde er – und er ist dies bis heute – der Verräter schlechthin. Er wurde zu einem Typ: »er ist ein Judas« konnte und kann man über irgendeinen anderen schweren Verräter sagen.

Sein Ende kommt hinzu: er tötete sich selbst, nachdem ihn, schon kurz nach seiner Tat, etwas wie Reue gepackt hatte. »Selbstmord«, wie unsere Sprache es nennt; das schonendere »Suizid« sagt lateinisch genau dasselbe, und »Freitod« paßt auch in diesem Fall sicher nicht. Jemand hat gesagt, der Selbstmord sei doch eigentlich das einzige ernsthafte Problem der praktischen Philosophie. Es läßt sich vertreten, denn – was gibt es an großen, schwer oder kaum noch zu tragenden Lebensschwierigkeiten, wenn diese Möglichkeit jederzeit offensteht, wenn Selbstmord also kein Problem ist? Und eben so war es, *beinahe* so war es, wie es scheint, in der Welt des heidnischen Altertums. Ob man nun eintritt in die Welt oder aus ihr hinausgeht – was ist da für ein Unterschied? Groß jedenfalls ist er nicht. Vor allem nicht unter der Voraussetzung, daß man ohnehin einmal hinausgehen muß. Problemlosigkeit also des Selbstmords – mit Sicherheit jedenfalls dann, wenn die Lebensumstände unerträglich geworden sind. Das Christentum jedoch, hierin dem Judentum folgend, macht den Selbstmord zum Problem, indem es ihn verbietet. Es schlägt diese Türe zu. Zudem – daher darf und muß hier davon geredet werden – verbindet das Christentum ihn mit dieser äußerst negativen Figur, der negativsten überhaupt. Übrigens berichtet Markus vom Ende des Judas nichts. Entweder wußte er nichts davon (es ist eher unwahrscheinlich), oder er hielt es (es ist weit wahrscheinlicher) in diesem Zusammenhang für unerheblich. Judas war ja nun, nachdem Jesus gefangen war, einfach aus dem Spiel. Aber auch bei Markus findet sich das harte Jesus-Wort über ihn: »Der Menschensohn muß zwar seinen Weg gehen, wie die Schrift über ihn sagt. Doch wehe dem, durch den der Menschensohn verraten wird. Es wäre besser für ihn, er wäre nie geboren worden.« Es ist ja nicht leicht zu verstehen; da ist ein wirklicher Abgrund: einerseits mußte Jesus sterben, Gott wollte es; andererseits mußten Menschen schuldig werden an seinem Tod – zum Beispiel Judas.

Unheimlich klingt uns schon sein Zuname »Iskariot« oder »Ischariot«. Eigentlich aber ist in diesem Namen nur ein Hinweis auf den Ort, im südlichen Judäa, aus dem der Mann stammte: Keriot. Er war also auch kein Galiläer. Seine Aufgabe war es, die Geldbörse zu verwalten, was zeigt, nebenbei, daß da unter den Jesus-Jüngern eine besondere gemeinschaftliche Lebensform war, in der immerhin Geld, vielleicht gar alles Geld, das hier war, *zusammengelegt* wurde. Offenbar (aber Markus sagt davon nichts) verwaltete Judas das ihm übertragene Geld nicht korrekt. Jesus ließ ihn noch an seinem letzten Mahl – es war das Paschamahl – teilnehmen. Da kündigte er selbst den Verrat dieses Jüngers an.

Immer wieder haben wir festgestellt, daß Markus sich nicht scheut, Negatives im Verhalten der Jünger hervorzuheben. Solche Hinweise haben wir als indirekte Belege für seine Glaubwürdigkeit überhaupt genommen. Hier nun ist die Figur des Judas eigentlich der Höhepunkt: ein Jünger, zum allerengsten Kreis der Zwölf gehörend, der so vieles gesehen und erlebt hatte, wird zum Verräter, trägt bei, ganz bewußt, zum Tod des Herrn.

Am ersten Tag des Festes der ungesäuerten Brote, am Tag, an dem man das Paschalamm schlachtete, fragten die Jünger, wo sie das Mahl vorbereiten sollten. Da schickte Jesus zwei Jünger voraus in die Stadt. Dort würden sie einen Mann treffen, der einen Wasserkrug trage. Solche Krüge, sagt man uns, hätten meist oder fast immer Frauen getragen, darum sei ein Mann mit einem Wasserkrug ziemlich auffällig gewesen. Wir nehmen es gerne zur Kenntnis. Solche Erklärungen aber auf der reinen Wirklichkeits- und Möglichkeitsebene haben etwas Schiefes. Denn so gehen sie nun einmal nicht auf – nicht einmal in diesem sehr unwichtigen Fall. Die Jünger, sagt Jesus, sollten dem Mann folgen, bis er in ein Haus hineingehe, dann sollten sie ihm sagen: »Der Meister läßt dich fragen: wo ist der Raum, in dem ich mit meinen Jüngern das Paschalamm essen kann?« Er werde ihnen dann einen Raum im Obergeschoß zeigen, der sei für das Festmahl schon hergerichtet. Dort sollten sie das weitere vorbereiten. Die Jünger fanden alles so vor, wie Jesus es ihnen gesagt hatte.

Und am Abend kam Jesus mit den anderen Jüngern. Als sie nun bei Tisch waren und aßen, kündigte er den Verrat an: einer von denen, die hier mit ihm äßen, werde ihn verraten. Da wurden sie traurig. Einer nach dem anderen fragte ihn: »Doch nicht etwa ich?« Keine Empörung also über die Frage, sondern etwas wie Unsicherheit, ein hilfloses, die eigene Schwäche eingestehendes »Wer weiß?«

Danach geschieht etwas wie eine liturgische Handlung. Jesus nahm das Brot, sprach ein Dankgebet, brach das Brot, reichte die Stücke den Jüngern und sagte: »Nehmt, das ist mein Leib.« Vier einfache, sich wie von selbst ergebende Handlungen und eine Aufforderung – »Nehmt!« –, dann ein Satz, der wie eine Begründung ist: »mein Leib«. Danach nahm er den mit Wein gefüllten Kelch, sprach wieder ein Dankgebet und reichte ihn den Jüngern. Die Jünger tranken daraus. Und er sagte: »Dies ist mein Blut, das Blut des Bundes, das für viele vergossen wird.« Wieder also vier Handlungen und der erläuternde Satz. Dieser enthält aber nun eine weitere Aussage: »das Blut, das für viele vergossen wird«. Und am Ende, alles abschließend, noch dieses mit seinem Vollmachts-Amen bekräftigte Wort: »Von der Frucht des Weinstocks werde ich nicht mehr trinken bis zu dem Tag, an dem ich wieder davon trinken werde im Reiche Gottes.«

Wir wollen die beiden Sätze mit dem »ist« – »ist mein Leib«, »ist mein Blut« – nicht kommentieren. Dies alles – eine Zeremonie möchte man es nicht nennen – macht, schon wegen der Schwere des Augenblicks, einen Eindruck von Feierlichkeit, beinahe von Liturgie. Man muß daraus schließen, daß ein Mahl dieser Art längst schon begangen wurde, als Markus dies schrieb. Und es ist, als wollte er hier an seine Gründung erinnern. Und dann umgekehrt: Erinnerung als bewußte Vergegenwärtigung. Sie ist eben die Absicht dieses Mahls als Feier und als Liturgie. »Dies tut zu meinem Gedächtnis«, fügt Jesus bei Lukas noch hinzu, und dieser Zusatz findet sich auch schon in dem ersten Brief des Paulus an die Korinther, der im Jahr 53 oder 54 geschrieben wurde, also fast zwanzig Jahre, bevor Markus schrieb. Erinnerung also und Wiederholung. So wird das »letzte Abendmahl« – zum allerersten. Es soll gleichsam wiederhergestellt werden bei *jeder* Wiederholung. Und dieses letzte Mahl, das Jesus zu sich nahm, war innerhalb eines hohen jüdischen Fests, es war selbst schon liturgisch: das Pascha-Mahl. Dieses Mahl aber wurde mit den Worten, die Jesus hier sprach, den beiden »ist«-Worten, etwas anderes und Neues. Und eines wollen wir auch noch festhalten, denn es geht aus dem Satz, mit dem Jesus die Handlung beschließt, hervor: Wein wird auch im Reich Gottes getrunken.

Dem Mahl folgte noch ein Lobgesang, ein Hymnus. Dann zogen sie zum Ölberg hinaus. Und Judas war schon nicht mehr dabei. Oder er entfernte sich jetzt. Auf dem Weg sagte Jesus zu den Jüngern: »Ihr werdet alle Anstoß nehmen an mir und zu Fall kommen.« Und da zitiert er aus der Schrift, aus dem Propheten Sacharja, und es ist, wie es bei Markus steht, eine Begründung für den »Anstoß«, den die Jünger nehmen werden: »denn in der Schrift steht: ›Ich werde den Hirten erschlagen, dann werden sich die Schafe zerstreuen‹« (so also bei Sacharja, 13,7).

Und dann noch dieser Satz: »Nach meiner Auferstehung werde ich euch vorausgehen nach Galiläa.« Merkwürdig, anrührend auch, daß Jesus hier Galiläa nennt, die Heimat, und also voraussetzt, dorthin würden die Jünger zurückkehren – nachher.

An dieser Stelle nun der heftige Protest des Petrus. Er werde, sagte er, keinesfalls an ihm Anstoß nehmen, auch wenn alle übrigen dies tun sollten – er nicht. Da sagte ihm Jesus: »Noch heute nacht, ehe der Hahn zweimal kräht, wirst du mich dreimal verleugnen.« Und wieder beteuerte Petrus lebhaft: »Und wenn ich mit dir sterben müßte – ich werde dich nie verleugnen.« Und die anderen Jünger sagten dies auch.

Nun gelangten sie zu einem »Grundstück«, das Getsemani hieß (andere Übersetzungen reden von einem »Landgut« oder einem »Garten«). Getsemani oder auch Gethsemane – der Name bedeutet schlicht »Ölpresse«. Dort war also oder war früher einmal, und der Name blieb, wie es oft der Fall ist, auch wenn er längst nicht mehr stimmte, erhalten, eine Ölpresse. Jesus bittet die Jünger, sich niederzulassen. Er wolle ein Stück weitergehen, um zu beten. Aber drei von ihnen, die allernächsten, nimmt er mit: Petrus, Jakobus und Johannes. Und wie er sich mit ihnen entfernt, überwältigt ihn die Angst. »Betrübt ist meine Seele zu Tode«, sagt er den dreien, was erhaben klingen mag, aber doch einfach meint: »Ich habe Angst vor dem Sterben.« Er fordert sie auf, nicht einzuschlafen.

Einige Schritte entfernt er sich, wirft sich zur Erde und betet. Die Entfernung also zuerst, mit den dreien zusammen, von den übrigen Jüngern, die Entfernung danach auch noch von den dreien. Die Szene, sagt ein Kommentar, sei »grandios komponiert«. Wenn es aber einfach so war? Und es könnte ja doch so gewesen sein! Was hätte Markus, der Schreiber, dann »komponiert«?

Wer hat, was Jesus hier betete, gehört? Die Jünger schliefen ja. Markus aber sagt, er habe gebetet, der Becher möge an ihm vorübergehen. Der ›Becher‹ also oder der ›Kelch‹ des Todes und – genauer – der dieses Todes. Wir hören hier die Anrede an den Vater, genau wie Jesus sie gesprochen hat: »Abba«, sagt er, was einfach »Vater« heißt – eine kindliche Nebenform zum normalen Wort. Er sagt: »Abba, alles ist dir möglich! Führ diesen Becher an mir vorüber! Doch nicht, was ich will, sondern, was du willst!« Und er kehrte erregt, stellen wir uns vor, zu den dreien zurück und findet sie schlafend.

Da redet er Petrus an: »Du schläfst, Simon? Konntest du nicht eine Stunde wachen?« ›Simon‹ nennt Jesus ihn hier zum ersten und einzigen Mal!

Markus läßt ihn noch hinzufügen, was nicht ganz in diesen Zusammenhang zu gehören scheint: »Wacht und betet, daß ihr nicht in Versuchung kommt! Der Geist ist willig, aber das Fleisch ist schwach.« Es ist ja doch nur so, daß die Jünger sich gegen den Schlaf nicht wehren können, daß sie nicht stark genug sind, ihm weiter zu widerstehen. Um irgendeine Versuchung kann es hier, in dieser Situation, doch nicht gehen. Sicher aber hat Jesus diese Sätze gesprochen, wenn auch wohl nicht gerade hier. Und man wird doch ganz unabhängig von der Stelle, in der sie erscheinen, sagen müssen, wie genau und wie einfach auch wieder diese Beschreibung ist: der willige

Geist, von dem her, wenn er *alleine* wäre, es ohne weiteres ginge, aber das »Fleisch« – was hier das dem Geist Entgegenstehende zusammenfaßt – ist stärker. Es ist stärker als der Geist, eben weil es schwächer ist in dem, worauf es ankommt.

Noch einmal entfernte sich Jesus und betete wieder und mit denselben Worten. Und als er zurückkam, schliefen Petrus, Jakobus und Johannes noch immer. Das heißt, sie waren schläfrig und wußten nicht, was sie ihm antworten sollten. Seltsam ist dies ja schon. Mußte ihnen nicht klar sein, nach allem, was geschehen war, in welcher Gefahr Jesus jetzt war? Und sie selbst doch eigentlich auch. Mußten sie nicht wissen, was nun unmittelbar bevorstand? Seine Angst hätte doch auch sie erfassen müssen! Sie aber sind wie in traumhafter Lähmung.

Jesus ist nun wirklich unter den Menschen ganz allein. Bei Lukas erscheint ihm ein Engel, der ihn stärkte. Nicht so bei Markus, der von solcher Tröstung nichts weiß. Da ist nun jetzt schon der leidende Gottessohn, der leidende Gott, von dem jemand (und einer, der sich als Gegner versteht) gesagt hat, dies sei »die vielleicht größte Idee des Christentums«. Aber – ist dies eine Idee, eine Vorstellung, ein Gedanke? Es ist doch, wie wir es hier finden, einfach da – als Tatsache der Überlieferung. Was daran ist »Idee«? Es ist, was in der Aufforderung des Pilatus an die Menge so gesagt wird: »Seht den Menschen!«, »Ecce homo!« Dies sagt dieser Römer bei Johannes, nicht bei Markus.

Als Jesus zum dritten Mal kommt, ist es zu spät. Da wird er schroff; kein sanfter Abschied: »Ihr schlaft noch immer? Genug! Die Stunde ist da. Nun wird der Menschensohn in die Hände der Sünder gegeben. Steht auf! Der, der mich ausliefert, ist da.«

Und in diesem Augenblick, »während er noch redete«, sagt Markus hier nun geschickt die Dramatik betonend, erscheint Judas und mit ihm ein Haufen Leute, die Schwerter und Stöcke mit sich führten. Die hatten die Hohenpriester, die Schriftgelehrten und die Ältesten des Volks herbefohlen. Wieder also diese drei Gruppen, von denen wir immer wieder hörten. Judas aber hatte mit den Leuten verabredet: »Der, den ich küssen werde, der ist es.« Und nun trat er auf Jesus zu, grüßte ihn – »Rabbi!« sagte er – und küßte ihn. Als »Judaskuß« ging dieser falsche Kuß in die Geschichte und die Sprachen ein.

Einer der Umstehenden – war es Petrus? – wurde nun zornig, zog sein Schwert und schlug auf den Knecht des Hohenpriesters ein und hieb ihm ein Ohr ab. Daß es Petrus war, weiß Johannes und nur er (oder, denn nur dies ist völlig unzweifelhaft: nur *er* sagt es). Jesus sagt bei Markus zu diesem Schwertstreich nichts, während er ihn bei Matthäus, Lukas und Johannes ausdrücklich zurückweist. Offensichtlich war es ihnen wichtig, gerade dies dem Text des Markus hinzuzufügen. Und bei ihnen heilt Jesus gar noch das Ohr jenes Hohenpriester-Knechts, dessen Namen wieder nur Johannes nennt («der Name des Knechts war aber Malchus«).

Bei Markus sagt Jesus denen, die ihn festnehmen, nur noch dies: »Ihr fangt mich wie einen Räuber mit Schwertern und Stöcken. Täglich war ich bei euch im Tempel, habe dort gelehrt, und gefaßt habt ihr mich dort nicht. Aber die Schriften sollten erfüllt werden.« In diesem Augenblick verließen ihn alle Jünger. Sie flohen.

Markus aber (und nur er) berichtet noch von einem Jüngling, der im Unterschied zu den übrigen nicht floh, sondern Jesus folgte. Nur ein Leintuch, über den sonst nackten Leib geworfen, habe er angehabt. An diesem Tuch nun hätten die Knechte der Hohenpriester ihn gefaßt: da sei er nackt, das Tuch zurücklassend, geflohen. Wer war dieser rätselhafte und, wie es scheint, mutige Jüngling? Und warum berichtet Markus, ohne einen Namen zu nennen von ihm? Vielleicht, möchte man sagen, sprechen auch solche ganz unerheblichen und gar nicht einzuordnenden Details für die Verläßlichkeit des Berichts. Jedenfalls: Matthäus, Lukas und Johannes erwähnen den Jüngling nicht mehr.

Ist aber da nicht ein Widerspruch im Verhalten der Hohenpriester, der Schriftgelehrten und der Ältesten des Volkes? Sie wollten ja, hatten sie einmütig gesagt, Jesus »nicht auf das Fest« verhaften. Eben dies tun sie nun doch, und wieder erklärt uns Markus den Widerspruch nicht.

Sogleich, noch an dem Abend, führte man Jesus zum Hohenpriester. Petrus – auch er macht da, wie jener unbekannte Jüngling, eine freilich nicht großartige Ausnahme – folgte der Gruppe von ferne, unauffällig. Er folgte ihr bis in den Hof des Hohenpriesters hinein. Dort saß er, wiederum unauffällig und ängstlich, müssen wir annehmen, am Feuer zusammen mit den Dienern und wärmte sich.

Diesmal war da, im Hause des Hohenpriesters eigens zusammengerufen, eine offizielle Versammlung. Es trat in dieser Nacht der »Hohe Rat« zusammen, das »Synédrion«, wie sein griechischer Name war (hebräisch hieß er »Sanhedrín«). Wer gehörte dazu? Wieder jene drei Gruppen: erstens also die Hohenpriester – da war zunächst der jeweils amtierende, dann die früheren Hohenpriester, insofern sie noch lebten; zweitens die »Ältesten des Volkes«, die Häupter wohl der vornehmen Familien; drittens die Schriftgelehrten; insgesamt einundsiebzig Männer. Der amtierende Hohepriester war damals – und er war dies fast zwei Jahrzehnte hindurch – Josephus Kajaphas oder auch Kaiphas (Markus nennt diesen Namen nicht; er findet sich aber bei Matthäus und bei Johannes); Kajaphas war der Schwiegersohn des besonders angesehenen und mächtigen Hohenpriesters Hannas, den die Römer Ananus nannten und der um diese Zeit noch lebte; bei Johannes wird Jesus zunächst zu Hannas gebracht, dann erst zu Kajaphas.

Kajaphas führte die Verhandlung. Oder vielmehr: er schaltete sich zuletzt und entscheidend in sie ein. Zunächst wurden Zeugen gesucht, die gegen Jesus aussagen sollten. Aber die, die sich meldeten, sagten Falsches und widersprachen sich auch. Sie waren nicht zu gebrauchen. Was uns indirekt zeigt, daß da doch, auch sogar in der Schilderung des Markus und von ihm so gemeint, eine ernsthafte Gerichtsverhandlung war. Daß die genannten drei Gruppen, die Anführer der Juden also insgesamt, gegen ihn waren, hatte Jesus ja mehrfach gesagt. Voreingenommen war die Versammlung also auf jeden Fall. Schließlich erhob sich der Hohepriester, begab sich in die Mitte und fragte Jesus, warum er schweige, denn Jesus antwortete auf die Anschuldigungen nicht. Dann fragte ihn Kajaphas selbst: »Bist du der Messias, der Sohn des Hochgelobten?« So – orientalisch blumig – drückte er sich aus (Jesus redete in den überlieferten Worten so nie). Jesus sagt nur: »Ich bin es«, was auch einfach mit »ja« wiederzugeben wäre. Und er fügte hinzu: »Und ihr werdet den Menschensohn zur Rechten der Macht sitzen und mit den Wolken kommen sehen.« Da zerriß Kajaphas sein Gewand und rief: »Was brauchen wir noch Zeugen? Ihr alle habt die Gotteslästerung gehört. Was ist eure Meinung?« Und das Urteil war einstimmig: »Er ist schuldig, er muß sterben.«

Da spuckten ihn einige an und schlugen ihn, nachdem sie sein Gesicht bedeckt hatten. »Zeig uns«, höhnten sie, »daß du ein Prophet bist! Sag uns, wer dich geschlagen hat!« Auch die Diener, merkt Markus eigens an (und es ist nicht klar, was er damit sagen will), schlugen ihn ins Gesicht. Vielleicht meint er: besonders die Diener. Man kann ja daran zweifeln, daß die vornehmen Männer sich so verhielten. Dergleichen pflegen solche Männer anderen zu überlassen; aber Vornehmheit muß, wie man weiß, dafür auch kein definitiver Hinderungsgrund sein. Von jetzt ab jedenfalls ist Jesus nur noch der Geschlagene, der Verachtete, der Schmerzensmann.

Noch immer saß Petrus unten im Hof am Feuer. Eine der Mägde des Hohenpriesters trat da auf ihn zu, sah ihn an und sagte ihm, er sei doch auch bei diesem Jesus gewesen. Er aber sagte, er wisse nicht, wovon sie rede und ging in den Vorhof hinaus. Als ihn die Magd kurz danach wieder sah, sagte sie zu den anderen, die da herumstanden, und auf Petrus zeigend:

»Der da gehört auch zu denen.« Da bestritt er es wieder. Wenig später aber sagten dieselben Leute, sich wieder an ihn wendend, er gehöre doch wirklich zu den Jesus-Leuten, schließlich (sie hatten ihn ja reden hören) sei er doch auch ein Galiläer. Da fluchte er sogar und schwor, er kenne diesen Menschen nicht. Und gleich darauf krähte zum zweiten Mal der Hahn. Da erst erinnerte sich Petrus, daß ihm Jesus gesagt hatte, er werde ihn, ehe der Hahn zweimal krähe, dreimal verleugnen. Da weinte er – weil er sich schämte wegen seiner Schwäche und wegen seiner Angst.

Noch in der Frühe des Tags, dessen Ankunft der Hahn gemeldet hatte, faßte der »Hohe Rat« den förmlichen Beschluß, Jesus – als einen von ihnen bereits Verurteilten – dem römischen Statthalter Pilatus, dem Vertreter also der Besatzungsmacht, zu übergeben, damit der ihn definitiv verurteile und zu Tode bringe.

Halten wir hier inne. Es gibt nämlich gewichtige Stimmen, die sagen, diese ganze Verhandlung im »Synédrion«, wie Markus sie berichte, mit dem Todesurteil also am Ende, habe nicht stattgefunden, denn sie habe *so* gar nicht stattfinden *können*: die Verfahrensvorschriften seien ganz anders gewesen als hier geschildert; auch sei eine solche Verhandlung immer tagsüber gewesen, nie habe sie nachts sein können; zudem sei das »Synédrion« stets in einem Saal des Tempelbezirks, der sogenannten Quadersteinhalle, zusammengetreten und nicht, wie Markus angibt, im Privathaus des amtierenden Hohenpriesters; auch sei es kaum möglich gewesen, während der Festtage zu Gericht zu sitzen; höchst unsicher sei auch, ob es dem »Synédrion« überhaupt zustand, ein Todesurteil zu fällen; wenn es ihm aber zustand, dann sei die nachfolgende Überstellung an Pilatus nicht einsichtig; schließlich sei (und es gibt noch weitere Gründe) Jesus ja durch Kreuzigung, also auf römische, nicht aber auf jüdische Weise zu Tode gekommen – die jüdische Hinrichtung war die Steinigung.

Wir sind, sollte man sich klarmachen, vor einer wichtigen Frage. Es geht hier, neben anderem, um den Anteil, um die Schuld der Juden, die ihrer Anführer vor allem, aber auch um die des Volkes selbst, am Tod von Jesus. Und obwohl ja doch nur allenfalls die *damaligen* Juden schuld oder mit schuld sein konnten, wurde es den späteren immer wieder mit den schlimmsten Folgen vorgehalten.

Schon der Blick eines ungelehrten, aber aufmerksamen Lesers stößt in den Berichten der Evangelien auf die Tendenz, die Juden, ihre Anführer insbesondere, zu belasten, entsprechend dann aber den römischen Statthalter, den Präfekten Pilatus, zu entlasten. Wenn es nur nach ihm gegangen wäre, so kommt es heraus, wäre Jesus nicht verurteilt worden: »Ich finde keine Schuld an ihm.« Dies sagt Pilatus bei Lukas und bei Johannes auch; bei Markus sagt er es nicht, verhält sich aber so. Pilatus fühlte sich, so scheint es, folgt man den Evangelien, durch die Juden unter Druck gesetzt und war zu schwach, sich ihnen zu widersetzen. »Ihr sollt wissen«, sagt er bei Johannes zu den Juden, »daß ich keinen Grund finde, ihn zu verurteilen.«

Dies ist nun aber schon deshalb schwierig, weil es keineswegs zu der Vorstellung paßt, die man nicht ohne Grund mit einem römischen Befehlshaber, dem Statthalter des Kaisers in Rom, verbindet, und weil zudem alles, was man von Pilatus weiß (man weiß einiges von ihm), dem ebenfalls ganz und gar nicht entspricht. Zeitgenössische Quellen, der Historiker Flavius Josephus und der Schriftsteller Philon, geben von ihm ein durchaus anderes und sehr ungünstiges Bild. Da hören wir von Räubereien, von Bestechlichkeit und Grausamkeit, von Gewaltakten, nichts aber von irgendeiner Rücksicht auf die Empfindlichkeit der Juden. Das Bild, das die Evangelien von Pilatus geben – und dieses Bild wird ja, bis hin zu Johannes, immer positiver – entspricht dem nicht. Es ist günstiger, und Matthäus bringt dramatisch auch noch seine Frau ins Spiel. Noch während der Verhandlung habe sie einen Diener zu ihm geschickt mit der Aufforderung: »Laß die Hände von diesem Mann, er ist unschuldig. Ich hatte seinetwegen heute nacht einen schrecklichen Traum.«

Andererseits ist es nun aber auch keine Kleinigkeit, den Evangelien zu unterstellen, sie hätten, nur um die Juden zu belasten, eine jüdische Gerichtsverhandlung quasi erfunden. Und dieser Vorwurf müßte sich besonders gegen Markus richten, einfach weil er der erste war und die übrigen ihm, auch hierin, wenn es so war, nur *gefolgt* wären.

Es ist kein Zweifel, daß in den Evangelien eine gewisse antijüdische Tendenz ist. Eine entsprechende Stimmung muß unter den sehr frühen Christen geherrscht haben. Die Evangelien lassen sie erkennen. Daß man von ›Antisemitismus‹ da nicht reden darf, ist ebenso klar. Es ist Antijudaismus, denn es ging ausschließlich, unter diesen besonderen Juden, die diese Christen waren, um Religion. Für die Heidenchristen gilt dies aber auch, und bei ihnen kam, möglicherweise, noch darüber Hinausgehendes dazu. Daß andererseits Antijudaismus durch die Jahrhunderte hindurch zu den Grundlagen und Antrieben des Antisemitismus gehörte, ist ebenso klar. Zu der Zeit, als die Evangelien geschrieben wurden, also in den Jahren zwischen 70 und 100, war die Trennung der Christen von der Synagoge schon erfolgt, sie lag aber noch nicht lange zurück, so daß sie noch virulent war. Die Zurückweisung der Christen durch die Juden, ihre Trennung von der Synagoge schmerzten noch. Zudem sprach von der *neuen* Situation her – und Markus schrieb möglicherweise in Rom – einiges dafür, die Römer, hier also ihren Vertreter, den Präfekten Pontius Pilatus, zu entlasten: die Christen hatten sich nun nicht mehr vor den Juden, sondern vor den Römern zu rechtfertigen, und dies war für sie schwierig, schwieriger als für die Juden.

Dies alles ist überaus heikel, und jeder Aussage muß hier immer gleich ein ›andererseits‹ folgen. Die Kritik in den Evangelien an den Anführern der Juden und auch an der Volksmenge ist unüberhörbar. Aber sie ist doch eher indirekt. Und die eigentlich harten Worte über Israel und Jerusalem, dies darf und muß man auch sagen, finden sich nicht in den Evangelien, sondern an gar nicht wenigen Stellen der jüdischen Bibel, dem von uns, den Christen, sogenannten »Alten Testament« – etwa bei dem Propheten Hesekiel (oder Ezechiel) oder zuvor schon im Deuteronomium (5. Mose).

Vergessen wir umgekehrt aber auch das Wort von Jesus am Jakobsbrunnen zu der Samariterin nicht, das nur Johannes überliefert (4,22). Jesus war da in Samarien in der Nähe des Berges Garizim, auf dem die Samariter Gott verehrten. Da sagt er: »Glaube mir, Frau, die Stunde kommt, zu der ihr weder auf diesem Berg noch in Jerusalem den Vater anbeten werdet. Ihr betet an, was ihr nicht kennt, wir beten an, was wir kennen, denn das Heil kommt von den Juden.« Ist dies nicht sehr deutlich? Ist dies antijüdisch? Jesus hatte die Frau um Wasser gebeten, und die Frau antwortete ihm da sogleich: »Wie kannst du als Jude mich, eine Samariterin, um Wasser bitten?« Johannes erläutert (und Juden hätte er dies wahrlich nicht sagen müssen): »Die Juden verkehren nämlich nicht mit den Samaritern.« Jesus also hat mit der Frau geredet, worüber sich auch die Jünger, als sie zu ihm zurückkamen, wunderten, denn zunächst war er allein mit ihr.

Man wird schließlich auch sagen müssen, daß die Verurteilung von Jesus keinesfalls gegen den Willen der Anführer der Juden geschah. Diese hatten gewiß sehr viel gegen ihn. Insofern ist an dem Eingreifen des Kajaphas im »Synédrion«, wie Markus es schildert, und an der einstimmigen Verurteilung, gewiß ein historischer Kern. Dem entspricht auch genau, was der jüdische Historiker Flavius Josephus über Jesus schrieb: »obgleich ihn Pilatus auf Betreiben der Vornehmsten unseres Volkes zum Kreuzestod verurteilte, wurden ihm seine früheren Anhänger doch nicht untreu ...«.

Keinesfalls unwahrscheinlich ist auch, daß es eine Art von

Verhör, außerhalb des »Synédrions«, etwa durch den Hohepriester gegeben hat. Mußte man sich nicht ein abschließendes und gleichsam offizielles Bild von dem Mann machen, den man der Besatzungsmacht übergeben wollte? Übrigens ist ja die Schilderung der Verhandlung vor dem »Synédrion«, wie sie sich bei Markus findet, keinesfalls gehässig. Selbst sie läßt erkennen, daß da, was die Aussagen der Zeugen anging, etwas wie Bemühung um Objektivität war. Und daß Jesus im Volk der Juden selbst viele Anhänger hatte, daß er dort, zum Teil zumindest, verehrt und geliebt wurde, bezeugen ja – direkt und indirekt – die Evangelien selbst. Auch sie sagen oder suggerieren keineswegs pauschal: ›Die Juden waren schuld.‹ Trotz des »Kreuzige ihn!« der Menge. Ein starkes indirektes Zeugnis dafür ist zum Beispiel der Hinweis, schon bei Markus, auf die Furcht jener drei führenden Gruppen vor dem Volk: »Ja nicht auf das Fest ...«

Wichtig ist aber, unabhängig von dem allen, dann doch dies: Jesus ist durch die Römer, konkret: durch den Mann Pontius Pilatus, verurteilt worden. Er ist es, der ihn, aus welchem Motiv auch immer, umbringen ließ. So sagt es ja auch der große oder größte römische Historiker Cornelius Tacitus, der weder ein Freund der Juden noch der Christen war, um das Jahr 100 in seinen »Annalen« (Kap. 44), und zwar im Zusammenhang mit der Verfolgung der Christen durch Nero: »die Bezeichnung ›Christen‹«, erläutert er da seinen römischen Lesern, was voraussetzt, daß zumindest nicht alle unter ihnen dies wußten, »hat als Urheber einen gewissen Christus, der, unter Kaiser Tiberius, durch den Prokurator Pontius Pilatus hingerichtet worden war ...«, »auctor nominis eius Christus, Tiberio imperitante, per procuratorem Pontium Pilatum supplicio affectus erat«. Übrigens zeigt die Bemerkung, daß Tacitus nur ungenau und vom Hörensagen informiert war, denn offensichtlich wußte er nicht, daß »Christus« nicht der Name, sondern der Titel von Jesus war. Und »Urheber« der Bezeichnung

›Christen‹ ist Jesus ja auch nicht. Sie geht nur auf ihn, auf seinen Titel, zurück. Abgesehen davon meint Tacitus, was doch wohl kaum stimmen kann, die Christen seien »wegen ihrer Schandtaten« beim Volk verhaßt gewesen: »per flagitia invisos«. Deshalb habe sie Nero leicht zu den am Brand Roms Schuldigen erklären können. ›Wegen der Schandtaten, die ihnen unterstellt wurden‹ – dies wäre noch angegangen. Offensichtlich ist es auch die Voraussetzung des Tacitus, daß diese Schandtaten tatsächlich vorlagen. Und daß es sich insgesamt bei dem, was die Christen glaubten und trieben, um einen »scheußlichen Aberglauben« und um ein »Übel« handelte – dies konnte oder mußte einem hochkultivierten Römer wie Tacitus unvermeidlich so erscheinen. Er sagt es mit prunkender Knappheit und spürbarem Ekel: »nachdem nun dieser scheußliche Aberglaube zunächst unterdrückt worden war, brach er erneut hervor, nicht nur in Judäa, woher dieses Übel gekommen war, sondern auch in Rom, wo von überall her alles Scheußliche und Widerliche zusammenfließt und zelebriert wird«.

Im Jahr 381 wurde auf dem Konzil zu Konstantinopel ein »Glaubensbekenntnis« beschlossen, das »Symbolum Constantinopolitanum«, das bis heute gilt. In diesem »Credo« (es ist keineswegs das erste) steht nun gar nichts von den Juden und ihren Anführern. Da steht – als einziger Name – neben Maria nur der des römischen Präfekten: »... er wurde gekreuzigt für uns unter Pontius Pilatus, er hat gelitten und wurde begraben ...« Aber schon in einem weit früheren Text dieser Art, dem des Hippolytus Romanus, zwischen 215 und 217 geschrieben, heißt es: »und er wurde unter Pontius Pilatus gekreuzigt und starb und wurde begraben«, »et crucifixus sub Pontio Pilato et mortuus est et sepultus«. Schon hier also nichts mehr von den Juden. Ein Rest von Pilatus-Entlastung ist da allenfalls noch in dem »unter«, denn eigentlich müßte es heißen, wie bei Cornelius Tacitus: »durch Pontius Pilatus«.

Es gibt ja in unseren Sprachen die alte Wendung »ich bin da

hineingekommen wie Pilatus ins Credo«, um zu sagen ›ich habe damit eigentlich gar nichts zu tun‹. Im Grunde aber ist diese Wendung ganz unberechtigt, denn Pilatus gehört ins Credo hinein – als feste historische Angabe. Gerade diese liegt ja in diesem Namen: er markiert den genauen Ort in der Geschichte, an dem Jesus gelebt und gelitten hat und gestorben ist. Und dieser Name zeigt auf Rom, auf das Zentrum jener Welt – geboren wurde Jesus unter dem Kaiser Augustus, gestorben ist er unter Kaiser Tiberius unter und durch Pontius Pilatus, Statthalter des Kaisers in der römischen Provinz Judäa.

Pilatus nun also, sobald er ihn sieht, stellt Jesus diese Frage: »Bist du der König der Juden?« Und Jesus antwortet ohne Umschweife: »Du sagst es.« Gewiß ist diese Antwort, wie sie dasteht, nimmt man sie für sich, zweideutig: das sagst *du*, nicht *ich*. Hier aber entspricht die Antwort doch wiederum einfach einem »ja«. Es ist eine politische Frage, die Pilatus stellt. Nur eine solche konnte ihn, den Römer, noch dazu in dieser Situation, in der er vor einer präzisen und ihm amtlich zugewiesenen Aufgabe stand, interessieren. Nun aber war Jesus ganz sicher nicht in diesem politischen Sinne »König der Juden«. So verstand er sich keineswegs. Warum erläutert er dies in seiner Antwort nicht? Etwa im Sinne dessen, was er den Pharisäern und den Anhängern des Herodes zum »Zinsgroschen« so schlagend gesagt hatte?

Die Hohenpriester, die auch hier dabei sind, klagen nun Jesus vielfältig an. Leider redet Markus nur wieder von »vielen Anklagen«. Auf diese Anklagen antwortet Jesus nicht. Auch nicht, als Pilatus ihn eigens dazu aufforderte, so daß Pilatus sich sehr zu Recht wunderte.

Und nun, ohne Übergang, die Episode mit Barabbas. Dieser Mann, von dem noch nicht die Rede war und der, es ist eigentümlich, mit vollem Namen ebenfalls Jesus, nämlich Jesus Barabbas, hieß, saß mit anderen zusammen im Gefängnis. Er hatte bei einem Aufstand, der gescheitert war, einen Mord begangen. Also ein politischer Mörder. Nun gab es, sagt Markus, den Brauch, daß Pilatus jedes Jahr zum Fest einen Gefangenen freigab. Ganz verläßlich scheint aber der Brauch nicht gewesen zu sein, denn die Volksmenge zog nun, berichtet er, zu Pilatus, um ihn zu bitten, wieder einen Gefangenen freizulassen. Da nun fragte Pilatus die Menge, ob er – und in dieser Bezeichnung lag gewiß Ironie – den »König der Juden« freilassen sollte. Pilatus hatte nämlich gemerkt, fügt Markus hinzu, daß die Hohenpriester ihm Jesus »aus Neid« ausgeliefert hatten. Neid, vermuten wir, meinte Markus, wegen des Erfolgs von Jesus bei den Leuten, wegen seiner Taten. Wirklich: da gab es viel Anlaß zum Neid. Pilatus konnte dies alles nur kopfschüttelnd von außen sehen: ›Wieder so ein Spinner‹, sagte er sich wohl, ›immer diese lästigen jüdischen Quisquilien! Offenbar macht dieser Mann es aber besser als die, die ihn mir hergebracht haben!‹

Nun hätten, sagt Markus, die Hohenpriester das Volk aufgewiegelt. Es sollte die Freilassung des Barabbas verlangen. Als Pilatus dies hörte, fragte er die Menge zurück, was er dann mit dem Mann machen solle, »den ihr« (wieder die Ironie) »den König der Juden nennt«. Da schrien sie: »Kreuzige ihn!« Und noch immer zögernd fragte er: »Was für ein Verbrechen hat er denn begangen?« Da kam, noch lauter als zuvor, nur wieder die wilde Antwort: »Kreuzige ihn!« Nun ließ Pilatus, so kommt es bei Markus heraus, keineswegs überzeugt, sondern eher entnervt, und vor allem, dies sagt Markus, »um die Menge zufriedenzustellen«, den Barabbas frei und gab den Befehl, Jesus zu geißeln und zu kreuzigen. Die Geißelung ist also schon Teil der Strafe.

Erneut wird Jesus nun – und (es ist wichtig) weit heftiger noch als zuvor von den Juden – von den römischen Soldaten verspottet und gequält. Sie führen ihn in den Palast, ins Prätorium, hinein und rufen alle zusammen, »die ganze Kohorte«, sagt Markus (dies wären immerhin 400 bis 600 Mann). Sie ziehen ihm die Kleider vom Leib, legen ihm einen Purpurmantel um und drücken ihm eine aus Dornen rasch geflochtene Krone aufs Haupt. Dann grüßen sie ihn und huldigen ihm höhnisch: »Heil dir, du König der Juden!« Sie schlagen ihn mit einem Stock auf den Kopf und spucken ihn an.

Danach nahmen sie ihm den Purpurmantel ab und legten ihm die eigenen Kleider wieder an. Und führten ihn sogleich, um ihn zu kreuzigen, aus der Stadt hinaus, an einen Ort, der »Golgota« hieß, was etwas wie »Schädelstätte« oder »Schädelhöhe« meinte. Einen Mann, der gerade von seinem Acker kam, zwangen sie, das Kreuz zu tragen. Sie taten dies wohl, weil Jesus schon zu schwach dazu war. Der Mann hieß Simon von Zyrene. Markus nennt hier zu seiner Identifizierung nicht, wie wir dies sonst bei ihm finden, dessen Vater, sondern seine Söhne, nämlich Rufus und Alexander. So kam dieser Mann, von dem wir sonst nichts wissen (ebensowenig wie von Rufus und Alexander), – zufällig, denn er kam eben gerade vorbei – in die Geschichte hinein. Das Detail zeigt auch Roheit und dann einfach dies, daß da eine harte Besatzungsmacht war, die einen zufällig Vorübergehenden, der von seiner Arbeit kam, zu solchem Dienst zwingen konnte.

Sie wollten Jesus Wein geben, mit Myrrhen gewürzt, um ihn ein wenig zu betäuben. Er nahm ihn aber nicht. Dann kreuzigten sie ihn. Vorher hatten sie ihm die Kleider weggenommen, denn nun losten sie um die einzelnen Stücke und verteilten sie. Dies war in der dritten Stunde, also, von Sonnenaufgang an gerechnet, ungefähr um neun Uhr. Und ein Schild, wohl am Kreuz selbst angebracht, nannte seine Schuld, den Grund also seiner Verurteilung: »Der König der Juden«. Mit ihm wurden, rechts und links, zwei Räuber gekreuzigt.

Diejenigen, die vorübergingen, verspotteten ihn und sagten: »Das ist also der, der den Tempel niederreißen und in drei Tagen wieder aufbauen wollte. Rette dich doch selbst und steig herab vom Kreuz!« Auch die Hohenpriester und die Schriftgelehrten spotteten: »Andere hat er gerettet, aber sich selbst kann er nicht retten! Nun, Messias, König Israels, steig herab, damit wir es sehen und glauben!« Und sogar die beiden mit ihm Gekreuzigten verhöhnten ihn (so auch bei Matthäus; bei Lukas tut dies nur einer von ihnen).

Und in der sechsten Stunde war eine Sonnenfinsternis, die bis zur neunten Stunde dauerte, von Mittag also bis drei Uhr. Dann schrie Jesus mit sehr lauter Stimme: »Eloï, Eloï, lema sabachtani?« Markus übersetzt: »Mein Gott, mein Gott, warum hast du mich verlassen?« Dies ist der Beginn des 22. Psalms. Einige, die dabeistanden, die es hörten, offenbar aber nur undeutlich, obwohl Jesus ja laut geschrieen hatte, sagten: »Er ruft den Elija!« Und jemand lief und führte auf einem Rohr einen mit Essig getränkten Schwamm an seinen Mund und sagte: »Wir wollen sehen, ob Elija kommt und ihn herabnimmt.« Jesus aber schrie laut und starb.

Da zerriß der Vorhang des Tempels. Was ja auch bedeutete, daß der Zugang zum Heiligen nun unverhüllt offen war. Und der römische Centurio, der Jesus, als er starb, gegenüberstand, sagte: »Dieser Mensch war wirklich Gottes Sohn!« Er ist der erste Heide, der dies sagt, und er vertritt als solcher – so meint es Markus gewiß – schon alle.

Etwas entfernt standen auch einige Frauen. Unter ihnen waren Maria aus Mágdala oder eben Magdalena, dann Maria, die Mutter des jüngeren Jakobus, der einer der Zwölf war (sie war auch die Mutter von Joses, eines Bruders dieses Jakobus, und wird hier zum ersten Mal genannt), schließlich eine Frau namens Salome, die bisher ebenfalls noch nicht vorkam (vielleicht war sie die Mutter der beiden Zebedäus-Söhne, weil Matthäus, ohne Salome zu nennen, von der anwesenden Mutter dieser Söhne spricht). Maria, die Mutter von Jesus, fehlt hier also, oder sie wird, was aber auch wieder überraschend wäre, von Markus nicht eigens genannt, denn er sagt ja, daß noch viele andere Frauen dabei waren. Sie alle seien von Galiläa, wo sie ihm schon nachgefolgt seien und ihm gedient hätten, mit ihm nach Jerusalem hinaufgezogen. Wieder wird man hier – plötzliche Nennung von Namen, die bisher gar nicht vorkamen – von schriftstellerischem Geschick oder auch nur von Sorgfalt nicht reden wollen.

»Dann kreuzigten sie ihn.« Das ist alles, was Markus über den unausdenkbaren Vorgang sagt. Es ist an Beschreibung nichts. Ob Jesus durch Stricke oder durch Nägel am Kreuz befestigt wurde, wissen wir nicht. Das eine oder das andere, sagt man, war möglich. Was eine Kreuzigung aber war, wußten damals die Leser und die, denen es vorgelesen wurde. Nichts mußte da irgendjemandem ›ausgemalt‹ werden. Die trocken mitgeteilte Überraschung des Pilatus über den ›schnellen‹ Tod, von der wir gleich hören, ist ja beredt genug und zeigt, daß der Todeskampf im normalen Fall viel länger war als die sechs Stunden, die Jesus brauchte, um zu sterben.

Erinnern wir nur an ein Detail dieser barbarischen römischen Form des offiziellen Tötens (sie war besonders bei Sklaven üblich): das Zerschlagen der Beine, ein Gnadenakt in der Tat, denn es führte dazu, daß der Körper heruntersackte und der Tod durch Ersticken alsbald eintrat. Darüber berichtet nur Johannes: da »Rüsttag« war und die Körper während des Sabbats nicht am Kreuz bleiben konnten, baten die Juden den Pilatus, den Gekreuzigten die Beine zerschlagen zu lassen, damit sie sterben würden und ihre Leichen abgenommen werden konnten. So geschah es denn auch mit den beiden Räubern. Bei Jesus aber stellten die Soldaten fest, daß er schon tot war. Da stieß einer von ihnen, um sicher zu gehen, mit der Lanze in seine Seite: »und sogleich floß Blut und Wasser heraus«. Was bewies, daß er tatsächlich tot war.

Zurück aber zu Markus: trockener, unbeteiligter, pauschaler als er kann man hier nicht sein. Und übrigens gehen die anderen, Matthäus, Lukas und Johannes, ja kaum weiter. Es ist von hier aus ein langer Weg, sagen wir zum Isenheimer Altar. Doch alles, was man sich – ›realistisch‹, muß man sagen – hier auch ausdenken mag, hat als Vorgabe diesen kurzen Satz, diese vier Wörter: »Dann kreuzigten sie ihn.«

Jesus starb an einem sogenannten »Rüsttag«, an einem Tag vor dem Sabbat, einem Freitag. Als es Abend wurde, ging ein vornehmer Mann, ein Ratsherr, Josef von Arimathäa, zu Pilatus und bat ihn um den Leichnam. Dieser Mann »wartete auch«, sagt Markus, »auf das Reich Gottes«. Wieder ein Beispiel, bei Markus, für einen Juden, noch dazu einen hochgestellten, der *für* Jesus war. Und Markus setzt hinzu, Josef habe es »gewagt«, um den Leichnam zu bitten, was doch wohl meint, daß zu dieser Bitte Mut gehörte. Pilatus war aber nicht ungehalten. Er war nur überrascht zu hören, daß Jesus schon gestorben war. Er ließ den Centurio kommen, immerhin, und fragte ihn danach, um sich zu vergewissern. Dann überließ er Josef den Leichnam.

Und Josef kaufte ein Leinentuch, nahm Jesus vom Kreuz, wickelte ihn in das Tuch und legte ihn in ein großes Grab, das in einen Felsen gehauen und gewiß für ihn selbst vorgesehen war. Vor den Eingang ließ er einen Stein wälzen. Und die beiden Marien (Salome fehlt dieses Mal), Maria, also, aus Mágdala und Maria, die Mutter des Joses und des jüngeren Jakobus, beobachteten dies alles genau. Denn sie wollten wissen, wohin der Leichnam gelegt wurde.

Als der Sabbat vorüber war, am sehr frühen Sonntagmorgen, machten sich drei Frauen auf den Weg zum Grab. Wieder sind es die beiden Marien, die Magdalenerin also und die Mutter von Joses und Jakobus, und als dritte Salome. Die Frauen hatten, offenbar auch schon an diesem frühen Morgen, wohlriechende Öle gekauft und wollten Jesus salben, wie es Sitte war. Halten wir zunächst fest, daß sie sich jetzt erst, nachdem der Sabbat abgelaufen war, zum Grab begaben. Die Sabbatruhe wurde eingehalten, auch von ihnen und auch in dieser Lage. Sie erreichten das Grab, als eben die Sonne aufging. Gerade hatten sie sich besorgt gefragt, wer ihnen wohl den Stein vor dem Eingang wegwälzen würde. Da stellten sie, als sie eintrafen, fest, daß er schon weggewälzt war. Es war, setzt Markus hinzu, ein sehr großer Stein. Sie gingen ins Grab hinein.

Da sahen sie auf der rechten Seite einen jungen Mann – sitzend und in ein weißes Gewand gekleidet. Sie erschraken sehr. Er aber sagte: »Erschreckt nicht! Ihr sucht Jesus aus Nazaret, den Gekreuzigten. Er ist auferstanden; er ist nicht hier. Seht, da ist die Stelle, wo man ihn hingelegt hat. Nun aber geht und sagt es allen Jüngern, vor allem dem Petrus: er geht euch voraus nach Galiläa; dort werdet ihr ihn sehen, wie er es euch gesagt hat.« Da flohen sie. Sie waren erschrocken, entsetzt, obwohl doch Jesus eben dies, woran der junge Mann erinnerte, angekündigt hatte. Und aus Angst sagten sie niemandem etwas von dem, was sie gesehen und gehört hatten.

An dieser Stelle endet Markus. Was ihm noch folgt, eine knappe halbe Seite, ist ein Anhang, der viel später, wohl erst im zweiten Jahrhundert, hinzugefügt wurde. In den ältesten Abschriften fehlt er. Und daß dieser Anhang zunächst nicht dabei war, daß es ein nachträglicher Anhang ist – diesen Eindruck hat jeder aufmerksame Leser sogleich. Übrigens könnte von der Schrift des Markus auch etwas verlorengegangen sein, denn dieses Ende, muß man sagen, *ohne* den Anhang also – die Angst der Frauen – ist merkwürdig und als Ende kaum überzeugend. Es wird uns ja vor allem auch nicht gesagt, weshalb die Frauen, entgegen der Anweisung des jungen Mannes, niemandem etwas erzählt haben sollen. Ihre Angst allein, denn diesen Grund nennt uns Markus, kann dies doch nicht verhindert haben. Zum letzten Mal müssen wir Markus hier kritisieren – mit diesem knappen und wenig abschließenden Nebensatz »denn sie fürchteten sich« hört er auf! Also: *wenn* er wirklich hier aufgehört hat, wenn von dem, was er hinterließ, nicht doch etwas verlorenging.

Schon Matthäus hat Markus hier korrigiert. Bei ihm heißt es: »Sie verließen das Grab und eilten voll Furcht und großer Freude zu seinen Jüngern, um ihnen die Botschaft zu verkünden.« Furcht also *und* Freude, denn Freude, ungeheure Freude konnte da doch nicht fehlen! Und das Unerhörte, das sie erfahren hatten, mußten sie doch weitergeben! Anders wäre es doch, rein psychologisch, gar nicht gegangen!

In einer alten lateinischen Handschrift findet sich statt des Anhangs dieser Zusatz: »Und sie berichteten alles, was ihnen aufgetragen war, dem Kreis um Petrus.« Also! Und dann heißt es noch, und das ist wieder so ein Satz, dem man gleich ansieht, daß er später hinzukam: »Danach sandte Jesus selbst, durch sie, vom Osten bis in den Westen, die heilige und unvergängliche Botschaft vom ewigen Heil. Amen.« So priesterlich pathetisch hat Markus nie geredet.

Der junge Mann im Grab war ohne Zweifel ein Bote, ein Engel: darauf deutet allein sein weißes Gewand. Daß er auf der *rechten* Seite saß, ist sicher ebenfalls Zeichen, und daß er *sitzend* redete auch – es zeigt seine entrückte Autorität. Auch bei Matthäus sitzt da der Engel, wieder in einem sehr hellen Gewand, aber bei ihm sitzt er auf dem weggewälzten Stein. Bei Lukas, wie auch bei Johannes, sind es zwei Engel, ebenfalls »in blitzenden Kleidern«, die hinzutreten.

Was aber nun die Frauen angeht, die am Grab erscheinen, so sind es bei Matthäus nicht drei, wie bei Markus, sondern nur zwei: Magdalena und jene andere Maria. Bei Lukas sind es hingegen eine ganze Reihe von Frauen, nämlich (genauer sagt er es nicht): »die Frauen, die mit Jesus aus Galiläa gekommen waren«. Immer sind da aber, es ist bemerkenswert, fürs erste jedenfalls, nur Frauen.

Und *eine* fehlt unter diesen Frauen nie: Maria Magdalena. Bei Johannes ist es gar sie ganz allein, die zum Grabe kommt. Und bei ihm ist sie die erste oder, so muß man hier sagen: sie ist *der* erste, der erste Mensch, der den Auferstandenen sieht und nun gar *redet* mit ihm. Denn sonst, in den anderen Berichten, finden wir ja nur, zunächst, das leere Grab. Sie aber redet mit ihm – an seinem Grab.

Als sie, indem sie sich, ganz alleine also, nähert, den Stein schon weggewalzt sieht, erschrickt sie und läuft rasch zur Stadt zurück. Sie meldet es Petrus und einem anderen Jünger, dem, von dem es im Johannes-Evangelium immer nur heißt, daß ihn Jesus liebte. Und nun laufen beide, Petrus und jener andere, zusammen mit Magdalena zum Grab. Und finden es leer. Petrus, obwohl er als zweiter ankommt, geht, mutiger als der andere, als erster hinein: er sieht die leeren Tücher. Dann geht auch der andere Jünger hinein: »er sah und glaubte«, sagt Johannes nur – einer der gewaltigen Sätze. Und wie sehr beneiden wir, unvermeidlich, diesen Mann, der das Ungeheuerliche *sah*! Dann kehrten die beiden Jünger in die Stadt zurück.

Magdalena aber bleibt am Grab. Sie betritt es nicht. Und während sie weinend vor ihm steht, erscheinen zwei Engel. Sie nimmt sie aber als solche nicht wahr: es sind, für sie, einfach zwei Männer. Sie reden sie an: »Frau, warum weinst du?« Da sagt sie: »Man hat meinen Herrn weggenommen, und ich weiß nicht, wohin man ihn gelegt hat.« Und indem sie dies sagt, wendet sie sich um – war da irgendein Geräusch? – und … sieht Jesus. Aber sie erkennt ihn nicht. Und hier nun bei Johannes dieser verrückt einfache Satz: »sie sah Jesus, wußte aber nicht, daß es Jesus war«. Sie hält ihn für den Gärtner. Und jetzt die anrührendste, die poetischste Stelle in den Evangelien überhaupt. Magdalena fragt den vermeintlichen Gärtner, wo er den Leichnam hingebracht habe. Da sagt Jesus nur ihren Namen und sagt ihn in der für sie gewohnten aramäischen Form (so, ganz genau, steht er bei Johannes da). »Mariám«, sagt er zu ihr. Worauf sie ihn augenblicklich erkennt. Auch sie antwortet mit dem Minimum, der üblichen Anrede, und wieder ist diese, wie bei Jesus zuvor, aramäisch im Text. Sie sagt: »Rabbuní«, und Johannes übersetzt: »Das heißt ›Meister‹.« Da ist also zunächst das rätselhafte Nicht-Erkennen dessen, den sie doch unter Tränen sucht, dann das durch den bloßen Namen bewirkte Erkennen, das sich auch wieder nur in der gewöhnlichen Anrede zeigt.

Danach folgt das große, auch wieder rätselhafte »Rühr mich nicht an!« oder auch (so nämlich kann es auch übersetzt werden, und es wäre etwas anderes) »Halte mich nicht fest!«. Abwehrende Gebärden in jedem Falle des wieder Erstandenen, aber Entrückten.

Solche Stellen, wirklich, gibt es bei Markus nicht! In dem kurzen Anhang zu seinem Bericht heißt es ebenfalls, Magdalena habe als erster Mensch den Erstandenen gesehen. Und hier erfahren wir auch, was Lukas wußte und wohl von ihm her in den Anhang kam (denn es steht nur bei ihm), daß Jesus ihr vormals sieben böse Geister ausgetrieben hatte, daß sie also, in unseren Worten, eine Geisteskranke gewesen war.

Die drei Frauen, die, bei Markus, wie er endet, zum Grab ziehen, bezeugen nur zwei Dinge, daß das Grab leer war und die Rede des Engels, des weiß gewandeten jungen Manns, der in dem Grab saß. Wir haben bei Markus, muß man sich klarmachen, überhaupt keine Erscheinung des Auferstandenen selbst. Da ist nur – aber es ist ja nicht wenig – die Auskunft des Engels.

Nur wieder in dem hinzugefügten Anhang ist von drei Erscheinungen die Rede: Jesus erscheint da, wie gesagt, der Magdalena, dann zwei Jüngern, als sie »unterwegs waren und aufs Land gehen wollten« (das ist, wie Lukas berichtet, was auf dem Weg von Jerusalem nach Emmaus, dann in diesem Dorf selbst, bei Tisch, geschah), dann erschien er als die Elf zum Essen beisammen waren. Da tadelte er ihre Verstocktheit und ihren fehlenden Glauben. Auch noch also im Anhang Kritik an den Jüngern! Dann sendet er sie in die Welt hinaus: »Verkündet das Evangelium allen Geschöpfen!« Und: »Wer glaubt und sich taufen läßt, der wird gerettet; wer aber nicht glaubt, der wird verdammt werden.« Und er redet von den Zeichen, die diejenigen vollbringen werden, die »zum Glauben kommen«: »sie werden Dämonen austreiben in seinem Namen, sie werden neue Sprachen sprechen, Schlangen und tödliches Gift werden ihnen nichts anhaben, und die Kranken, denen sie die Hände auflegen, werden gesund«. Nachdem Jesus – »der Herr«, heißt es nun – ihnen dies gesagt hatte, »wurde er in den Himmel aufgenommen und setzte sich zur Rechten Gottes«. Auch die Himmelfahrt ist hier eingefügt. Und der Herr half den Jüngern. Er bekräftigte ihre Predigt durch Wunder, Zeichen seiner Anwesenheit: Zeichen, die er geschehen ließ und also durch ihn geschahen.

Etwas summarisch, muß man sagen, will uns dieser Anhang, bei aller ›Abrundung‹, die er ohne Zweifel bringt, erscheinen. Und daß es nicht mehr Markus ist, der hier redet, ist wirklich alsbald klar. Wir kennen ja nun seinen ›Stil‹.

Bemerkenswert zunächst der Hinweis auf die Schlangen und ihr Gift, weil dergleichen bisher fehlte – vielleicht ist da eine Anspielung auf das, was Paulus auf der Insel Malta erfuhr, wo ihm der Biß einer Schlange nichts antat und die Leute dort meinten, er sei ein Gott (darüber berichtet auch wieder Lukas in der »Apostelgeschichte«, die er zusätzlich zu seinem Evangelium schrieb, Kapitel 28). Sodann die »neuen Sprachen«, die sie, die Jünger, sprechen würden. Da geht es um das Ausgreifen der Verkündigung weit über die jüdische Welt hinaus, das ja, als der Anhang hinzukam und schon als Markus schrieb, längst breit geschehen war, und darum, daß alles daran liegt, den Menschen jeweils in *ihrer* Sprache entgegenzugehen, und daß eben dies möglich ist, daß also alles, was hier wichtig ist, in *jeder* Sprache gesagt werden kann. Das Evangelium bindet sich nicht (darin unterscheidet es sich vom Judentum und erst recht vom Islam) an eine bestimmte Sprache. Die Briefe des Paulus und die vier Evangelien sind ja bereits in einer Sprache geschrieben, die *nicht* die von Jesus und seinen Jüngern und seiner Umgebung war.

Es ist kein Zweifel: die Berichte über das leere Grab und dann – es ist ja nicht dasselbe – die Auferstehung sind in Einzelheiten, die nicht unerheblich sind, verschieden. Übrigens kommt noch der Bericht des ebenfalls alten, aber nicht zum »Neuen Testament« gehörenden »Petrus-Evangeliums« hinzu. Dieses schildert die Auferstehung direkt und gleichsam als Vorgang, was die vier anderen, die allein ins »Testament«, also in den Kanon, aufgenommen wurden, keineswegs tun. In diesen beginnt immer alles mit dem leeren Grab.

Reicht diese Verschiedenheit in Einzelheiten schon aus, um an der Auferstehung überhaupt zu zweifeln? Oder umgekehrt, denn dies ist doch die eigentliche Frage: müßte man den Berichten über die Auferstehung *eher* vertrauen, wenn sie in allen Einzelheiten gleich wären? Wäre ein Skeptiker, ein Zweifler dann eher bereit, ihnen zu glauben?

Einer von diesen ist ja schon im Evangelium, nämlich bei Johannes. Es ist der »ungläubige« oder besser, denn darum ging es bei ihm, der *zweifelnde* Thomas. »Ungläubig« war er ja eigentlich nicht, aber er zweifelte. Er ist das Urbild all derer, die hier zweifeln und es genau wissen wollen. Und wer wäre hier nicht – fürs erste und vielleicht ›irgendwo‹ immer – ein Zweifler? So ist dieser Heilige *unser* Heiliger. Thomas aber, der Jünger, den man »den Zwilling« nannte, hatte es hierin gut. Er wollte, da er nicht dabei war, als Jesus den anderen erschien, keineswegs glauben, daß der Tod Jesus nicht festgehalten, sondern daß er auferstanden war – solange nicht, sagte er, bis er seine Wunden berührt habe. Den anderen Jüngern also, die gesehen hatten, wollte er *nicht* glauben. Da erschien Jesus erneut, und er, Thomas, der diesmal dabei war, durfte die Wunden berühren. Genauer: er *hätte* sie berühren dürfen, denn als ihm Jesus gesagt hatte »Streck deinen Finger aus – hier sind meine Hände! Streck deine aus und leg sie in meine Seite!«, da sagte Thomas nur noch, denn nun hatte er verstanden: »Mein Herr und mein Gott!« Danach sagte Jesus zu ihm, und gewiß liegt darin ein Tadel und ein Hinweis, der über den Zweifler hinausgeht und sich, unvermeidlich, auch noch an uns richtet: »Du glaubst, weil du mich gesehen hast. Selig sind die, die nicht sehen und doch glauben.«

Gibt es aber nicht, unabhängig von diesen Berichten, an denen man ja vielfältig zweifeln kann, einen weit stärkeren Grund, an der Auferstehung zu zweifeln? Zuerst und zuletzt ist da doch, was und wie auch immer hier berichtet wird, dies: wie sollte ein Toter zu den Lebenden zurückkehren, sich ihnen als *lebend* zeigen? Wo gab oder gibt es denn das? Hier liegt der eigentliche Anstoß, die Zumutung – für jeden, der schon einmal einen Toten, noch dazu einen, den er zuvor gut kannte und mit dem er viel geredet hat, in seiner regungslosen Stummheit erlebt hat.

Für das leere Grab findet sich die schlichteste Erklärung auch wieder schon im Evangelium. Matthäus berichtet, einige der Soldaten, die am Grab gewacht hatten, seien in die Stadt gegangen und hätten dort den Hohenpriestern vom Vorgefallenen berichtet. Da nun hätten diese beschlossen, die Soldaten zu bestechen und zwar »mit viel Geld«; sie sollten sagen, seine Jünger seien bei Nacht, als sie schliefen und also nichts gemerkt hätten, gekommen und hätten den Leichnam gestohlen. Auf diese Bestechung seien die Soldaten eingegangen, und so, schließt Matthäus, sei »das Gerücht unter den Juden bis heute verbreitet«.

Hier mag man sich ja schon fragen, weshalb denn die römischen Soldaten ausgerechnet zu den Hohenpriestern und nicht, jedenfalls zunächst, zu ihren Vorgesetzten gegangen sein sollen. Freilich: es ist zwar merkwürdig, ganz auszuschließen ist es aber nicht. Sodann muß man fragen, ob es nicht eben die Aufgabe von Wachsoldaten ist, zumindest wechselweise, zu wachen. Aber auch hier wieder: sie könnten tatsächlich doch alle geschlafen haben, so wie wir dies, vom Mittelalter an, auf vielen Darstellungen finden. Schließlich muß man auch fragen, ob die

Bestechung der Soldaten durch die Hohenpriester nötig war für die Entstehung eines solchen Gerüchts. Dieses Gerücht oder diese Meinung mußte doch, wie die Dinge waren, ohnehin aufkommen. Und unbezweifelbar ist ja eigentlich nur, denn sonst hätte er nicht davon geredet, daß Matthäus ein solches Gerücht vorgefunden hat und es auf diese Weise seinen Lesern, die es gewiß auch kannten, *erklärte*. Es bleibt dabei: die Entfernung der Leiche ist die simpelste, plausibelste und nächstliegende Erklärung – ein Betrug also der Anhänger von Jesus.

Plausibel ist sie aber nur fürs erste. Denn: wie wahrscheinlich ist es andererseits, psychologisch, daß eine Lügen-Inszenierung die Grundlage der großen Bewegung sein soll, die schon zu Lebzeiten von Jesus anhob, nun aber, nach Tod und Auferstehung, *wirklich* begann und sich bald mit der Bezeichnung verband, die von dem Titel »Christus« abgeleitet war? In der heute türkischen Stadt Antakya, damals Antiochia, der prächtigen Hauptstadt jener Zeit von Syrien, habe man, so wieder Lukas in der »Apostelgeschichte« (11. Kapitel), »die Jünger zum ersten Mal ›Christen‹ genannt«. Das war also unter den Heiden und *außerhalb* des jüdischen Gebiets. Aus den ›Jüngern‹, den ›Anhängern‹ wurden nun ›Christen‹. Ist es möglich, müssen wir da doch fragen, daß Menschen ihr Leben ganz und gar verändern, daß sie Dinge tun, die sie zuvor nie getan hätten, daß sie bereit sind zu leiden, daß sie sich gar töten lassen für etwas, das sie selbst inszeniert haben und also selbst als Betrug durchschauen?

Eine andere Überlegung ist diese: ist es denkbar, daß ein solcher doch sehr einfacher Betrug auf Dauer hätte verborgen werden können? Daß man also den Anhängern, deren Zahl sich in den vierzig Jahren, bevor Markus zu schreiben begann, ganz außerordentlich vermehrt haben muß, die Auferstehung von Jesus betrügerisch mit einem so simplen Mittel hätte vormachen können? Hätte da nicht irgendeiner, besonders auch einer von den Gegnern, auf das, was *wirklich* geschehen war, kommen müssen? Und das Gerücht – dies jedenfalls ist sicher – war ja da. In anderen Worten: brauchen wir nicht einfach, materiell und psychologisch, zur Erklärung dessen, was alsbald geschah, die Voraussetzung, daß diese Menschen an die Auferstehung von Jesus tatsächlich *glaubten*?

In seinem ersten Brief an die Korinther schreibt Paulus (das war rund fünfzehn Jahre vor Markus): »Wenn aber verkündigt wird, daß Christus von den Toten auferweckt wurde, wie können dann einige von euch sagen: eine Auferstehung der Toten gibt es nicht? Wenn es keine Auferstehung der Toten gibt, wurde auch Christus nicht auferweckt. Wurde aber Christus nicht auferweckt, dann ist unsere Verkündigung leer und euer Glaube sinnlos.« Und dann noch dies: »Wenn wir die Hoffnung nur für *dieses* Leben auf Christus gesetzt haben, sind wir die elendesten unter allen Menschen. Nun aber *wurde* Christus von den Toten auferweckt ...« Wie sollte dieser Mann, denn nur darum geht es jetzt, an der Auferstehung von Jesus, den er fast immer nur »Christus« nennt, gezweifelt haben? Übrigens argumentiert Paulus – es ist merkwürdig, jedenfalls überraschend – umgekehrt; er sagt nicht: wenn Christus nicht auferstanden ist, dann gibt es keine Auferstehung, sondern: wenn es keine Auferstehung gibt, dann ist auch Christus nicht auferstanden. Und dann dieser andere Gedanke: Christ sein lohnt sich nicht, wenn es eine Auferstehung nicht gibt. Er sagt es ja noch radikaler und drastischer gleich danach: »Wenn Tote nicht auferweckt werden, dann laßt uns essen und trinken, denn morgen sind wir tot.«

Sodann muß man sich *dies* klarmachen – einfach weil es von der Situation her, wie sie sein mußte, anders gar nicht sein *konnte* – : als Markus sein Evangelium schrieb (und er war, wer immer er war, der erste, von dem wir wissen, daß er in dieser Form über Jesus schrieb), da waren überall, bei den Christen ohnehin (und für diese vor allem schrieb er ja), die Geschichten um Jesus und seine Worte, wie sie sich danach und sicher nur zum Teil in den Evangelien finden, sehr bekannt. Überall waren da doch unter den Christen Predigt, Unterweisung, Erzählung, Gespräch. Aber auch unter den vielen, die ihnen nur nahestanden, die irgend mit ihnen zu tun hatten, war vieles von dem bekannt, wovon die Christen, die ja zu *bekehren* suchten, berichteten, erzählten. Kann dies überhaupt anders gewesen sein?

Markus also schrieb in eine starke Tradition hinein. Da konnte es nur darum gehen, das schon gut und weithin Bekannte ordnend zusammenzustellen. Und gewiß waren oder mußten dabei auch einige Unterschiede im Überlieferten sein, wie wir sie, zum Beispiel, in den Berichten über die Auferstehung finden. Wenn es aber so war – und wie sollte es anders gewesen sein? –, dann war es doch eigentlich kaum mehr möglich, Neues zu bringen oder nun gar zu ›erfinden‹ – etwa das leere Grab. Denn manche sagen, Markus habe eben dies, das leere Grab, erfunden, und die übrigen drei hätten es von ihm übernommen. Nicht also die Auferstehung selbst habe er erfunden, sondern dieses erzählerische Motiv: den weggewälzten Stein, als die Frauen kamen, und das leere Grab.

Freilich, wieder und wieder läuft es darauf hinaus: auszuschließen, ganz und gar von der Hand zu weisen ist es nicht. Ganz ausschließen kann man hier kaum etwas. Man kann nur sagen: *wahrscheinlich* ist eine solche Erfindung nicht. Man muß wohl gar sagen: sie ist unwahrscheinlich. Denn eben: Markus, wie auch die übrigen, schrieben nicht für Menschen, denen von Jesus gar nichts oder nur weniges bekannt war. Zumindest schrieben sie auch für solche, die schon sehr viel von ihm wußten. Vieles, beinahe alles, lag da in vielfältig kursierenden, leicht verschiedenen Erzählungen schon seit langem vor.

Markus also war bereits *gebunden*. Oder genauer: er wäre es *gewesen*, wenn er hätte ›erfinden‹ *wollen*. Hätte er unter diesen Umständen mit einem Gedanken, einer ›Erfindung‹ kommen können wie der mit den drei Frauen vor dem leeren Grab?

Brechen wir ab, denn wir haben ja nun (und nur dies wollten wir) den Markus *gelesen*. Und dann ist es offensichtlich: mit Überlegungen und Fragen dieser Art, die auf das Mögliche und das Wahrscheinliche zielen, kommen wir nicht weiter. Es sind rationale Fragen, die wir an diese Texte richten, mit denen wir sie *bedrängen*. Texte kann man aber nicht bedrängen, weder rational noch sonst – sie sagen, wenn man sie wieder und wieder liest, hat man sie einmal genau genug gelesen, nur wieder und wieder dasselbe. Es ist die Unmenschlichkeit, wenn man will, von Geschriebenem. Wenn der, der geschrieben hat, verschwunden ist, können wir ihn nicht mehr fragen: ›Was hast du da sagen wollen? Wie wolltest du, daß wir dich verstehen?‹ Und übrigens könnte es sein, daß auch der es nicht mehr weiß oder daß er sich täuscht! Wir haben, im besten Fall, denn bei sehr alten Schriften können wir nicht einmal hierin sicher sein, nur noch den Wortlaut, den der, der es schrieb oder diktierte, hinterließ.

Bei *literarischen* Texten ist es, so betrachtet, nicht anders. Aber diese Texte haben (und besonders wenn es große literarische Texte sind), ihre suggestive und immer wieder neue Offenheit. Gar noch dem Autor selbst ist diese Offenheit überlegen, denn voraussehen konnte er sie, wie sie sich *nach* ihm ergeben würde oder tatsächlich ergab, keineswegs. Ganz anders bei Texten wie diesen, die nicht oder kaum literarisch sind – und der des Markus ist dies ja noch weniger als es die der drei anderen sind. Da kommen wir, sooft wir sie auch lesen, von einem bestimmten Punkt an nicht weiter.

Allerdings: sinnvoll sind solche Fragen, solche Überlegungen – sie können nicht ausdauernd genug sein. Und jede Zeit hat da ihre besonderen Fragen, Fragen, die sie besonders *interessieren*. Und neue Erkenntnisse – und auch Infragestellungen können Erkenntnisse sein – kommen gewiß ebenfalls hinzu. Trotzdem: über eine unvermeidliche Schwelle, die *überschritten* werden müßte, kommt man nicht hinaus.

Warum müßte sie überschritten werden? Nun, von dem her zumindest, was der Wortlaut des Markus *will*. Wir müßten diesem Mann, der uns ganz unbekannt und zudem ja auch in seinem Stil, der Art seines Schreibens, ungreifbar ist, *glauben* können. Zum Glauben gehören, sagt Thomas von Aquin – es ist sehr einfach und auch sehr formal – zwei Dinge: »etwas, das geglaubt wird, und jemand, *dem* man glaubt«, »aliquid et alicui credere«. *Einen* also, dem man glaubt, *zusätzlich* zum Inhalt, dem (vielleicht) Geglaubten, braucht man auch. Warum aber sollen wir dem Markus (und den drei anderen, die uns ja auch ganz unbekannt sind, und dann, zuvor schon, dem Paulus) *glauben*?

Das »etwas«, den Inhalt, kennen wir nun. Von ihm ist bei Markus alles, fast alles schon da. Außer Maria, der Mutter, die bei ihm am äußersten Rande ist und zudem als verständnislos erscheint. Und es fehlt, wir sagten es, das Gebet des Herrn, das »Vater unser«, diese so einfache wie vollständige und schön geordnete Liste. Denn eine Liste sind diese sieben Bitten auch. Und viele Reden und Gleichnisse fehlen ebenfalls; es fehlt die »Bergpredigt«, die bei Matthäus im fünften, sechsten und siebten Kapitel steht. Man weiß ja, daß Matthäus und Lukas, zusätzlich zu Markus, eine weitere »Quelle«, eine Sammlung von Jesus-Worten, hatten, die sie in ihre Texte hineingearbeitet haben. Diese angenommene »Quelle« zeigt sich in dem, worin beide, unabhängig von Markus, übereinstimmen.

Markus also führt, wie Matthäus und Lukas und auch Johannes, an die Schwelle, die überschritten werden müßte, dicht *heran*. Er führt aber nicht, wie auch die drei anderen nicht, über sie hinweg. Sie können es nicht. Etwas muß da noch hinzukommen. Es gibt, wie die Dinge sind, wenn wir uns nur rational, mit Fragen und Überlegungen, an diese Texte halten, keine Sicherheit. Und rasch kommt der Punkt, an dem man beide, Fragen und Überlegungen, abbrechen, *vorläufig* abbrechen, und sich *entscheiden* muß. Denn es ist, wie wir eingangs sagten: Gleichgültigkeit geht nicht. Man *muß* sich entscheiden – so oder so. Und tatsächlich *hat* man ja meist schon entschieden – ›irgendwo‹. Dann muß man sich *bewußt* entscheiden.

Was ist zu entscheiden? Eigentlich nur dies: wer ist – für mich – dieser Mensch? Ist er für mich – und nun, unvermeidbar, diese Ungeheuerlichkeit – der Sohn Gottes? Der heidnische, hier aber doch schon christliche Centurio sagte (oder, genauer, Markus läßt ihn dies sagen): »Wahrhaftig, dieser Mensch ist Gottes Sohn gewesen«, »Vere hic homo Filius Dei erat«. Aber *er* stand dem Sterbenden gegenüber. Lukas übrigens läßt ihn etwas anderes sagen: »Als der Hauptmann sah, was geschehen war, pries er Gott und sagte: Das war wirklich ein gerechter Mensch.« Es ist nicht dasselbe.

Und eigentlich sind da zwei Fragen. Erstens: gibt es einen Gott? Gibt es denjenigen, der, wie der erste Satz der Bibel sagt, »Himmel und Erde geschaffen hat« und dessen Name lautet: »Ich-bin-da«? Denn diesen Namen, wenn wir dem zweiten Buch Mose, dem Buch »Exodus«, glauben, gibt er sich selbst. Es ist der, den er Mose, der ihn danach gefragt hatte, nennt: »Ich bin der ›Ich-bin-da‹.« Gewaltig ist der Name, muß man sagen, auch wenn man neutral bleibt, der da aus dem brennenden Dornbusch, der sich aber nicht verzehrte, kam. Er sagt wenig zugleich und sehr viel.

Zweitens dann: war dieser Jesus sein »Sohn«? Und dieser Ausdruck ist ziemlich wörtlich zu nehmen. Er ist nicht nur ein Bild, nicht nur eine Metapher für große Gottesnähe. Dann gälte er auch, sagen wir, für Franz von Assisi oder überhaupt für viele stark ›religiöse‹ Menschen. Nein, um bloße und große Gottesnähe geht es da nicht. Nicht nur.

Auf die entscheidende Frage, die Jesus an seine Jünger richtete: »Ihr aber, was sagt ihr, wer ich bin?«, sagt bei Matthäus Petrus (und er ist eben dadurch, durch diese Antwort, enorm herausgehoben): »Du bist der Messias, der Sohn des lebendigen Gottes.« Darauf nun Jesus: »Selig bist du, Simon Barjona, denn nicht Fleisch und Blut haben dir dies offenbart, sondern mein Vater im Himmel.« Petrus also hat es vom Vater. Woher soll es *uns* kommen?

Zwei Fragen also – an uns, an jeden. Und beide sind bei Markus, als *Aussagen*, schon in seinem allerersten Satz: »Anfang des Evangeliums von Jesus Christus, dem Sohn Gottes«.

Vielleicht aber darf man uns nicht überfordern. Vielleicht muß man auf diese Fragen nicht geradeaus und ohne zu zögern oder zu zweifeln ›ja‹ sagen können. Vielleicht reicht als Antwort schon eine Frage. Die Frage an uns selbst, an jeden: stelle ich mir diese Fragen? Stelle ich sie mir *wirklich*? Sind dies Fragen – für *mich*?

Dank

Für Hinweise und Korrekturen danke ich herzlich Msgr Dr. Alwin Renker in Freiburg, meinem Freiburger Kollegen und Freund Gottfried Schramm und meinen alten Freunden Professor Jörg Baur in Göttingen und Oberkirchenrat Dr. Roland Tompert in Stuttgart.
Im Blick auf den Verlag danke ich Brigitte Landes und Rainer Weiss.

Hans-Martin Gauger

Der Autor

Hans-Martin Gauger, geb. 1935, aufgewachsen in Bad Saulgau. Er lebt als Emeritus für Romanische Sprachwissenschaft in Freiburg i. Br. Er ist Mitglied der Deutschen Akademie für Sprache und Dichtung. Er schreibt u. a. für die Zeitschriften *Merkur* und *Neue Rundschau.*

Bücher u. a.: *Der Autor und sein Stil*, 12 Essays, Stuttgart 1988; *Über Sprache und Stil*, München 1995; *Was wir sagen, was wir reden. Glossen zur Sprache*, München 2004.

GINO.– Regarde tout ce qui nous reste !

LULU.– J'en ai marre !

GINO.– Dire que je croyais que ça te ferait sauter de joie… mince ! Faut vraiment s'attendre à tout, Jésus-Marie !

LULU.– Je crois que t'a été trop loin dans la connerie.

GINO.– Voilà comment la vie nous récompense ! J'en ai marre d'être un assisté, d'assister à ma propre chute, chaque putain de matin devant la glace. Et quand j'ai une initiative et que je fais tout pour que ça change…

LULU.– Et moi, t'as pensé à moi ? À chaque fois que t'as voulu des choses nouvelles, on a été dans la merde. T'as toujours voulu que les choses d'autour ressemblent à ce que t'as dans ta tête mais tu sais même plus réellement ce que t'as dans la tienne. C'est tout fouillis.

GINO.– C'est pas fouillis du tout dans ma tête.

LULU.– Ha non ?

GINO.– Je sais très bien.

LULU.– Ha bon ! C'est quoi, ta dernière trouvaille ?

GINO.– Être heureux.

LULU.– Être heureux !

Elle éclate de rire.

GINO.– Justement. Pourquoi tu ris ?

LULU.– Parce que c'est drôle.

GINO.– T'as pas le droit de rire de ça.

LULU.– Ça, c'est encore plus drôle.

GINO.– Je sais bien ce que tu penses.

LULU.– Ha, bien !

GINO.– Je le sais trop. Que je suis nul. Que je pue la fainéantise, que je suis un raté. Je te connais, va ! Je sais ce que tu penses ! Moi, je pensais que tu serais heureuse avec tout ce fric.

LULU.– Excuse-moi. C'est de ma faute. Je croyais pas que c'était comme ça, l'amour. Quand j'étais une môme et que je voyais les couples s'embrasser, je me disais que l'amour était une chose tranquille, calme et belle. Comme une grande rivière qui coule sans se poser de questions. Sans problèmes, excuse-moi, je me suis trompée.

GINO.– Tout ça, c'est des chansons!

LULU.– Des chansons! Mais j'arrête pas de chanter. C'est vrai, t'as raison. Je chante, je chante en nettoyant la baignoire, tes cheveux et tes poils tout collés parce que Gino rince pas, le rebord des chiottes où t'as pissé à côté parce que Gino est encore dans les nuages, que je passe la serpillière et que j'inonde de Javel. Dans les épluchures de patates. Dans le mouillé des gants Mapa pour décoller les assiettes, frotter le graillon. Je chante comme un petit grillon. Quand j'essore le linge, le nez dans tes chaussettes et tes slips. Quand je sers les clients de la cantine, quand je sens leurs yeux tout ronds sur mon cul pour trois francs six sous que tu prends à moitié pour jouer un canasson bidon que t'as vu arriver en rêve. Je chante. Quand je prends le vélo, qu'est vendu pour faire les courses, quand je te fais à bouffer et que t'as l'air de t'en foutre, quand tu regardes le foot. Quand tu gueules, quand tu glandes, quand tu me baises pas. Je chante. Je chante. Ça, c'est sûr, je chante. Non, mais je rêve ou quoi. Tu voulais tout à l'heure juste une petite putain de raison pour te quitter, hé bien, tu vois que j'en ai aucune. Je vais te quitter, Gino, pour rien. Rien du tout. Juste pour rien. Rien.

GINO.– Me quitte pas, je vais me refaire tout nouveau. Je te ferai plus chier, même, tiens, je ferai des efforts. Mais ne me quitte pas, mon amour, sinon qu'est-ce que je vais faire sans toi? Je te le demande. Je vais faire des efforts, je te dis. Je me lèverai tôt. Je rincerai la baignoire et je me laverai les cheveux tous les trois jours. Je me mettrai même de l'huile de rose dans les cheveux comme t'aimes. Je descendrai les poubelles et je ferai les courses, je boirai plus de pinard entre les repas et très peu en mangeant. Je vais faire un petit régime, perdre un peu de ventre. Tu peux même jeter mon fute troué, mais me quitte pas, même les bottes, si tu veux, tu vois, je fais des efforts. Plus de fumette, ni canette, ni télévision, plus rien. D'abord, à la télé c'est toujours pareil. D'abord, on a plus de télé, j'oubliais... je me raserai tous les matins. Je te raconterai des histoires avant que tu t'endormes comme au début, tu te souviens?... Je te caresserai longtemps avant de te faire l'amour, mais mon amour, ne me quitte pas. Je roterai plus à table et je péterai plus au lit, au début, ça te faisait sourire. Je te dirai tout ce qui me

passera par la tête, on aura même un môme, si tu veux, je t'aime. Voilà, c'est dit.
Silence.
Qu'est-ce que tu veux que je te dise d'autre ? Dis-moi ce que tu veux que je te dise… et merde ! Tu fais chier ! Tu veux pas comprendre. Tire-toi ! Allez ! Fous-moi le camp où tu veux, de l'air, hou là là, qu'est-ce que j'ai encore fait bon Dieu ? Tiens, prends le fric ! T'aimes ça ! Mets-le-toi où tu veux !
Elle s'en va en ayant pris l'argent.
Mon amour, mon bébé, ma petite chérie, ma poule, mon petit lapin, mon ange que j'aime et tout, me quitte pas, sinon qu'est-ce que je vais faire sans toi ? C'est juste que j'en ai marre d'avoir mal. Même plus une tune !

Muso est là, dans un coin, qui traîne.

MUSO.– Alors, ça se passe bien ?

GINO.– Quoi ?

MUSO.– Le voyage !

GINO.– Quel voyage ?

MUSO.– Ton voyage de noces !

GINO.– Vous le faites exprès ?

MUSO.– Quoi ? Je demande, c'est tout.

GINO.– Je demande, c'est tout ! On vous a jamais dit que vous posiez trop de questions. On vous l'a jamais dit ? C'est pas possible ! Vous arrivez toujours comme un poil sur le beurre. On vous attend pas, vous êtes pas quelqu'un qu'on attend, vous ?

MUSO.– Non, non… sauf quand on m'attend… vous m'attendiez pas, là ?

GINO.– On vous oublie et vous arrivez là comme un zombie. Le voyage se passe bien ? Une véritable hôtesse de l'air. Tu commences à me gonfler sévère, toi !

MUSO.– Je m'informe… c'est tout, je vais pas te déranger longtemps. C'est juste pour mon information personnelle. C'est juste que je viens de rencontrer une petite. C'est pas possible, tu peux pas savoir. Une beauté comme rare, toute à fleur de peau.

GINO.– Ha oui ?

MUSO.– Jolie comme un cœur. Bulle, elle s'appelle. Là, je crois que c'est bon. J'ai le cœur qui fait des bonds. Bonté divine, c'est peut-être bien mon ange qu'est tombé.

GINO.– Comme une bonne poire juteuse qu'on peut croquer à pleines dents.

MUSO.– Elle a un petit corps tout chaud qui tremblote comme si on étranglait un pigeon. Elle tremblotait de partout, tu peux pas comprendre ce que je dis, tout est là.

GINO.– Je connais.

MUSO.– Ha non ! Tu peux pas savoir.

GINO.– Non, non !

MUSO.– À un moment, tu vois, elle s'est collée tout dedans l'épaule et je me suis senti grand, vachement grand. Ça s'est tout ouvert là-dedans. J'osais plus bouger pour pas casser l'instant, tu comprends.

GINO.– Oui.

MUSO.– Je suis pas venu pour ça. Tu connais le coin ?

GINO.– Un peu, comme ça.

MUSO.– Moi, pas du tout. Tu connaîtrais pas des fois un petit hôtel tranquille pas trop cher où je pourrais l'emmener ?

GINO.– Non, ça, je vois pas.

MUSO.– Parce qu'elle m'a demandé de l'emmener quelque part… et je connais rien par ici.

GINO.– Je vois pas.

MUSO.– Dommage !

GINO.– Dommage.

MUSO.– J'ai pas de chance avec toi !

GINO.– Non.

MUSO.– Bon.

GINO.– Bon. Attends deux secondes. Je connais peut-être une place pas loin d'ici.

MUSO.– Oui !

GINO.– Un petit hôtel près d'un lac, pas loin du tout. Hôtel Miramar je crois que ça s'appelle.

MUSO.– Tu me sauves !

GINO.– Derrière l'hôtel, y a une voie ferrée et on entend les trains.

MUSO.– Ça me dérange pas… pour ce qu'on a à faire, de récupérer tout le temps perdu. Je te laisse l'ami. Elle m'attend dans ma voiture et je lui ai mis une grosse couverture dessus pour pas qu'elle ait froid. Je l'ai à peine laissée qu'elle dormait déjà.

GINO.– Alors, va vite !

MUSO.– Y a rien de plus beau qu'une femme qui dort !

GINO.– Rien de plus beau. Je vais te faire un petit plan pour que tu trouves l'hôtel.

Il sort un crayon à bille.

GINO.– T'aurais pas un bout de papier ?

MUSO.– Je vais voir… non, non. Je m'excuse.

GINO.– Moi, je m'en fous. C'est pour toi.

MUSO.– Fais-moi le plan sur la main. Dedans. De toute façon, c'est déjà écrit ce qui se passe, dans ma main.

GINO.– Oui.

Il écrit le plan.

MUSO.– Merci, c'est vraiment gentil, ouais ! Ben c'est pas tout ça. Faut que j'y aille. Elle m'attend en rêvant de moi. Tu te rends compte ?

GINO.– Oui, oui.

MUSO.– Ha, je vois que tu y es pas du tout. C'est l'amour, c'est marqué dessus. Y a des signes qui trompent pas. Faut voir, quand on se dit tout ce qu'on a sur le cœur tout de suite, et la bouche toute brûlante, c'est une preuve, ça. Non ? la bouche toute brûlante.

GINO.– Je sais pas… peut-être.

MUSO.– Tu comprends rien et c'est normal, de tout ce que je dis. Allez, adieu.

GINO.– C'est ça, adieu !
Muso sort.
Combien de fois j'ai rêvé d'elle ? Hein, combien de fois ? Zéro, je crois bien… ou bien peut-être une fois mais c'était pas vraiment elle, juste un mélange, oui, c'est ça, un mélange. D'abord je rêve même plus, c'est toujours tout noir au matin. Je rêve peut-être d'elle dans le noir.
Oui, sûr. Mais j'oublie tout. Tout.
Tu t'es arrêté deux secondes pour te regarder, pas pour faire le beau mais pour te regarder vraiment, en entier je veux dire. T'es plus que moins que rien. Ma petite Lulu. Je t'appelle même plus Lulu. Tu sais, je serais déjà mort si t'étais pas là. Quel est le chemin le plus long, d'aller tout contre toi comme avant, ou monter là-haut ? Ça, vraiment, je ne sais plus. Tu sais, l'autre jour après avoir perdu aux courses, j'ai pensé à toi comme jamais. Et je suis monté tout en haut d'un immeuble pour voir d'en haut toute la ville d'autour. J'arrêtais pas de penser à toi et je te regardais, tu venais tout dedans mes yeux me gêner. Je me suis mis tout sur le rebord et le monde entier, là en bas à mes pieds, est devenu tout flou. Un petit bac à sable tout trouble pour jouer. Je me suis demandé combien de distance y avait d'en haut à en bas pour aller dans le petit bac à sable.
Est-ce que je tomberai côté pile ou côté face, je me suis dit ce genre de chieries.
Je me dis qu'il faut absolument que je meure avant toi. Je pourrai pas te perdre, Lulu. Ça m'est déjà arrivé une fois ça, avec quelqu'un que j'aimais plus que tout au monde. Je m'étais dit que si je la perdais, que je pourrais plus vivre après ça. Plus jamais. Que je me laisserais mourir. Je pensais à elle chaque putain de petit instant.
J'ai survécu lentement comme une larve et si t'avais pas été là, Lulu, je crois que je me serais écrasé doucement comme une merde.
Et puis un jour je me suis entendu rire, rire aux éclats. Je me suis surpris me regardant moi-même rire. Vivre. J'ai oublié, je me suis oublié et je trouve ça parfois dégueulasse. Tu le sais bien, Lulu, que c'est dégueulasse.
Nom de Dieu, si je pouvais te dire tout ce qu'il y a là-dedans, et te dire combien je t'aime, tu comprendrais pas. Ça non, tu comprendrais pas. C'est dégueulasse d'oublier les gens qu'on aime. C'est trop dégueulasse.

Muso revient tout agité. Gino est tout bouleversé.

MUSO.– Quelle galère ! Désolé, tu vas pas y croire. Putain, le parking il est tout vide. Y a plus que ma bagnole en plein milieu, comme un gros bouton sur le nez. Tu vas pas me croire, mais cette chiotte ne veut pas démarrer. Tu parles d'une couille. J'ai l'air malin !

GINO.– T'aurais pas vu ma femme, des fois ?

MUSO.– Pas le moins du monde.

GINO.– Ha bon !

MUSO.– Tu la cherches ?

GINO.– Non, non.

MUSO.– Tiens ! une petite canette qui me restait dans la caisse !

GINO.– Merci. Faut que je me mouille tout ça. J'ai la gorge toute sèche et serrée.

MUSO.– Fais, fais !

GINO.– T'aurais pas vu Lulu ?

MUSO.– Qui ?

GINO.– Lulu.

MUSO.– C'est qui ?

GINO.– Ma femme.

MUSO.– Non, je t'ai déjà dit non.

GINO.– Oui, mais on sait jamais au cas où ça te revienne.

MUSO.– T'es dans les nuages toi ?

GINO.– Non, non, je suis bien sur terre, vraiment sur terre.

MUSO.– C'est pas beau la vie. Regarde-moi, y a encore quelques heures, j'avais plus rien que ma carcasse à déplacer et là, putain, je me sens tout léger, même si ma voiture veut pas démarrer. C'est pas grave, ça. L'amour, faut dire ce qui est ! y a pas mieux. C'est pas beau, ça ?

GINO.– Si, si ! Très très beau… je vais aller voir où elle est…

MUSO.– Ouais, c'est ça, va te dégourdir les yeux.

GINO.– Oui.

MUSO.– Hé !

GINO.– Quoi ?

MUSO.– Il est bien, ce petit hôtel ?

GINO.– Drôle !

MUSO.– Ha bon !

GINO.– Oui, juste drôle. J'y vais.

MUSO.– Tu l'embrasseras pour moi.

GINO.– Promis.

MUSO.– Hé ?

GINO.– Hum ?

MUSO.– Rien.

GINO.– …

MUSO.– Rien.
Gino s'en va lentement.
Je suis sûr que c'est des petits cons qu'ont dû farfouiller dans le moteur changer un fil, peut-être l'allumage, la tête de Delco ou les bougies… putain, pourvu qu'ils m'aient pas sifflé toute la coco. Petite Bulle, hou là là, petite bulle. C'est trop, ce qui m'arrive, je suis amoureux, ha, je le sens, ça me fait des gargouillis dans le ventre. *(Il regarde sa main.)*
Petit hôtel Miramar chambre 53. Pourquoi il m'a marqué ça ! Route de Souilly, étang de miel. Y a des trains qui passent.
Arrive Bulle, emmitouflée dans une grosse couverture, elle s'est mis un gros trait de rouge à lèvres autour des lèvres et tout autour des yeux, un gros trait noir, elle a l'air d'une folle.
Pourquoi t'as fait ça ?

BULLE.– Quoi ?

MUSO.– Tes yeux, ta bouche, comme une chouette !

BULLE.– Je sais pas.

MUSO.– De te mettre ça sur la gueule.

BULLE.– Je sais pas.

MUSO.– Mais pourquoi ?

BULLE.– Je m'amuse.

MUSO.– Tu t'amuses avec ça, mais pourquoi ?

BULLE.– Pourquoi ? Pourquoi ? J'ai eu un coup de flip, un coup de sang à la tête, je me suis réveillée et t'étais pas là et j'ai eu mal. Je sais pas ce qui m'a pris mais j'ai cru que tu m'avais laissée tomber.

MUSO.– Dans ma voiture !

BULLE.– J'ai pas pensé à ça.

MUSO.– T'as pas pensé à ça… dans ma voiture !

BULLE.– Non !

MUSO.– J'étais juste là. J'allais venir.

BULLE.– Embrasse-moi !
Ils s'embrassent.
Si un jour je partais, tu m'en voudrais pas, dis ?

MUSO.– Pourquoi tu dis ça ?

BULLE.– Comme ça. Faut pas m'en vouloir, j'ai juste peur…

MUSO.– Faut pas dire des trucs comme ça. Ça commence comme ça, le malheur.

BULLE.– Je dirai plus.

MUSO.– Parce que, sinon, ça fout tout par terre.

BULLE.– Je dirai plus.

MUSO.– Non.

BULLE.– Et toi, tu partiras jamais, dis ?

MUSO.– Jamais !

BULLE.– C'est ça, jamais.

MUSO.– Oui.

BULLE.– Comme les autres !

MUSO.– Les autres, je m'en fous. Jamais !

BULLE.– T'es mignon !

MUSO.– Bulle, dis plus jamais ça ! J'ai le cœur d'un coup qui s'est décroché et qu'est tombé dans mes pompes.

BULLE.– *(Elle le caresse.)* Remonte, petit cœur. Remonte, remonte à la surface.

MUSO.– Là… c'est la température que tu fais monter…

BULLE.– T'es sûr ?

MUSO.– Moui…

BULLE.– … et… le cœur aussi…

MUSO.– Moui…

Ils s'embrassent. Pendant le temps du baiser, Gino revient.

GINO.– Pardon… euh, excusez-moi vraiment… je suis désolé, mais vous auriez pas vu passer ma femme ?

MUSO.– Je croyais que c'était moi le plus casse-couilles. T'as vu ce que t'as fait en pleine remontée de cœur ?

GINO.– Vous auriez pas vu ma femme ?

MUSO.– Non… Bulle, t'as pas vu passer une fille sur le parking ?

BULLE.– Non.

MUSO.– Non.

GINO.– Lulu, elle s'appelle. Elle a les cheveux comme ça, et elle m'arrive juste là.

BULLE.– Non.

MUSO.– Non, vraiment.

GINO.– Elle est partie !

MUSO.– Par une nuit de lune de miel ? Tu rigoles !

BULLE.– Vous venez de vous marier ? Génial ! Moi, je rêve d'avoir un petit chez moi et de m'occuper de mon homme du matin au soir, d'avoir un bébé et de mettre des couches…

GINO.– Non, non ! On est pas mariés.

BULLE.– Tu voudrais pas ?

GINO.– Elle est partie. C'est fini, maintenant. Fini.

BULLE.– Non, mais ce soir, tu voudrais pas, ce serait beau. J'adore les mariages. Ça me fait chialer de rire, mais là, ce serait vraiment magique. J'ai une idée, dans le garage de ma mère !

Elle s'en va rapidement.

MUSO.– Ha, ben, bravo ! T'arrive et elle me lâche ! Bravo !

GINO.– Elle reviendra jamais, jamais.

MUSO.– Ha ? Ben je te remercie.

GINO.– Jamais !

MUSO.– Arrête ! Ho là, tu vas me porter la poisse. J'aime pas les mecs genre poisseux.

GINO.– Non, mais je parlais pas de vous, mais pour moi, elle reviendra jamais, Lulu !

MUSO.– Mais si, même que vous allez... les époux se doivent fidélité, obéissance, i' doivent tout se dire, tout le tralala et... le mari doit honorer sa femme. C'est rigolo, honorer. Viens là que je t'honore, que je te cueille la fraise. Casser un œuf. Viens là, tout contre moi, que je te casse un œuf. C'est ça que je dirais pour plaisanter, pour faire rire ma femme, le soir de la nuit de noces.

GINO.– Arrête ! Ça me fait pas rire.

MUSO.– Bon, j'arrête.

GINO.– Ça vaut mieux.

MUSO.– Oui. Si tu le dis.

GINO.– Oui.

MUSO.– Moi, tu sais, on m'explique et je comprends tout de suite.

GINO.– Faut seulement t'expliquer.

MUSO.– Ha ça oui, i' faut, ça oui.

GINO.– Ça va !

MUSO.– Comme tu voudras, l'ami.

GINO.– T'es pas mon ami.

MUSO.– Juste pote.

GINO.– Oui, c'est ça, juste pote.
Bulle revient avec un paquet de bougies enroulées dans un morceau de chiffon gris, elle ramasse des canettes et enfonce les bougies dans les goulots et allume toutes les bougies. Il y en a tout autour de la scène.
Qu'est-ce qu'elle fait ?

MUSO.– Qu'est-ce que tu fais ?

BULLE.– Ça se voit pas ? Je mets des lumières.

GINO.– Pour quoi faire ?

MUSO.– Pour quoi faire ?

BULLE.– Pour la fête, pardi !

GINO.– Quelle fête ?

MUSO.– Oui, c'est ça, quelle fête ?

BULLE.– Le mariage !

GINO.– Quel mariage ?

MUSO.– Ton mariage, je crois.

BULLE.– Oui.

MUSO.– Elle est gentille…

GINO.– Lulu…

Muso la prend à part.

MUSO.– … Je vais t'expliquer… je crois que c'est pas le bon moment…

BULLE.– Ha bon !

MUSO.– C'est gentil, mais non.

BULLE.– Mais ce serait beau !

MUSO.– …Oui, très beau, c'est vrai… mais je crois qu'elle est partie… que c'est plus le bon moment. Elle reviendra pas.

BULLE.– Ha bon ! Vraiment… vraiment dommage, ça va être dur de les marier, alors ? J'avais des draps et du linge blanc, on aurait pu l'habiller, la préparer avec des fleurs dans les cheveux.

MUSO.– Oui. Tu viens, on s'en va.

BULLE.– Où ?

MUSO.– Là.

BULLE.– Et la voiture ?

MUSO.– Ça va aller, je vais plonger dans le moteur et foi de Muso, je vais trouver l'erreur. Je vais t'emmener dans des beaux endroits où y a plein de lumières, tu vas voir, t'en auras plein les yeux et la tête toute remplie. Hé…

GINO.– Oui.

MUSO.– Adieu !

GINO.– Adieu !

MUSO.– J'espère que je reviendrai plus ici.

GINO.– J'espère pour toi.

MUSO.– Adieu ! Bonne chance ou plutôt merde !

GINO.– Adieu !

Gino reste là au centre des bougies un long moment. Lulu revient lentement.

LULU.– Salut…

GINO.– Salut…

LULU.– Qu'est-ce que c'est que toutes ces bougies ?

GINO.– Je sais pas.

LULU.– On se croirait dans une église.

GINO.– C'est bien.

LULU.– Ha oui ?

GINO.– La paix.

LULU.– Oui.

GINO.– C'est pas beau toutes ces bougies, toutes ces petites flammes, ces petites lumières dans la nuit ?

LULU.– Si, très beau !

GINO.– Regarde, elles se ressemblent toutes, mais elles tremblent différemment.

LULU.– Oui.

GINO.– La paix. Le repos. Comme la vie éternelle.

LULU.– Où t'as trouvé ça ?

GINO.– C'est pas moi.

LULU.– C'est qui ?

GINO.– Une fille !

LULU.– Une fille ?

GINO.– Oui.

LULU.– Il y avait une fille, là, avec toi ?

GINO.– Oui.

LULU.– Elle est où ?

GINO.– Partie !

LULU.– C'est pour ça que tu tires la tronche ?

GINO.– Non.

LULU.– Qu'est-ce que tu fais ?

GINO.– C'est toi qui me demandes ça ?

LULU.– Oui.

GINO.– Mais je rêve ou quoi ?

LULU.– Tu plaisantes, tu traînes avec une fille et vous allumez vos petites bougies merdiques pour que ce soit plus intime, tu plaisantes ? Alors que moi, ça fait dix plombes que je poireaute comme une conne à la gare.

GINO.– À la gare ?

LULU.– Ben, oui, où voulais-tu que je sois ?... sur la lune ?

GINO.– Non, non, mais je croyais que t'étais...

LULU.– On devait partir oui ou non ? Parce qu'il faudrait savoir.

GINO.– Oui, oui...

LULU.– Parce que des trains, j'en ai vu passer un paquet, mais que des trains de marchandises, comme un long fantôme dans la nuit. J'ai presque compté 95 wagons mais je sais que j'en ai raté quelques-uns. Baladam, baladam i' faisaient. Peut-être que tu veux plus partir maintenant que ton regard a croisé une autre fille. T'as rencontré l'amour. Et elle est jolie ? Elle a vibré ? Bien frétillé ?

GINO.– Lulu ?

LULU.– Ça fait drôle que tu m'appelles comme ça !

GINO.– Lulu ?

LULU.– Quoi ?

GINO.– Je voudrais te dire que…

LULU.– Que quoi ?

GINO.– Jamais j'ai senti ça…

LULU.– Quoi ?

GINO.– Aussi fort.

LULU.– Quoi ?

GINO.– Je voulais te dire que…

LULU.– Que quoi, merde !… tu le craches, ton bout de gras ?

GINO.– Que je… je… je pourrais te tuer.

LULU.– T'es malade de me dire ça.

GINO.– Je pourrais te tuer, putain ! J'avais jamais pensé ça avant, je te le jure.

LULU.– Va jurer autre part !

GINO.– Non, mais tu comprends pas ?

LULU.– Pas vraiment, non.

GINO.– Tu veux…

LULU.– Quoi ?

GINO.– Tu veux…

LULU.– Que tu me foutes la paix.

GINO.– Tu veux te marier avec moi ?

LULU.– Ça va pas, tu débloques !

GINO.– Non, mais tu veux pas ?

LULU.– Te moque pas de moi !

GINO.– Tu veux…

LULU.– Laisse-moi tranquille !

GINO.– … pas te marier avec moi, ici, pour notre anniversaire ?

LULU.– Arrête !

GINO.– Te coller tout contre moi, sentir et te bouger contre.

LULU.– Arrête, Gino, tu me fais peur !

GINO.– Allez, juste comme ça pour une nuit, tu serais toute en blanc avec une fleur dans les cheveux, belle !

LULU.– Arrête !

GINO.– Colle-toi à moi, j'ai les pieds bien sur terre, là. Je suis descendu de mes petits nuages.

LULU.– Jeannot, arrête !

GINO.– T'avais juré que tu m'appellerais jamais, jamais, Jeannot ! Pourquoi tu m'appelles Jeannot ?

LULU.– Mais y a personne là autour, pour entendre !

GINO.– C'est pareil.

LULU.– Arrête, Gino !

GINO.– Colle-toi à moi, sentir là, tu vas voir.

LULU.– Non !

GINO.– T'as pas à avoir peur, mon petit cœur, tu seras toute tremblotante, toute gesticulante entre mes mains. Toute frissonnante comme la première fois, tu te souviens pas ? Juste avant. Allez, fais un petit effort, rappelle-toi !

LULU.– Arrête !

GINO.– Tu seras toute chaude, ma langue sera chaude, pleine de sang, toute grosse, là, dans ma bouche. Je vais te la mettre, te l'enfoncer là, tout doucement.

LULU.– Arrête !

GINO.– Je sentirai tes veines se gonfler sur ton petit cou de pigeon et je te laisserai sans forces, toute pantelante. C'est ça que tu veux. C'est ça que t'aime, être toute pantelante après l'amour. Mon amour !

LULU.– Laisse-moi tranquille !

GINO.– Quand tu t'endors d'un lourd sommeil, mon amour !

LULU.– Laisse-moi tranquille !

GINO.– Je vais te laisser tranquille. Je te jure que je vais te foutre la paix, mon amour !

Gino éteint les flammes une par une, avec ses doigts, comme s'il enlevait les pétales d'une fleur.
Je t'aime… un peu… beaucoup… à la folie… passionnément… pas du tout… je t'aime… un peu… beaucoup… à la folie…

Il recommence jusqu'au noir complet.

NOIR

UNE ENVIE DE TUER
SUR LE BOUT DE LA LANGUE

PERSONNAGES

ROU

VIC *(50 ans)*

POUPON

ROSE

LUCIE

JEAN

La nuit, sur une plage, une place, un parking, non loin d'une discothèque. On entend le son des basses.

ROU.– Ça y est, ça recommence !

VIC.– Ils veulent pas, ils veulent pas. Point. On va pas les forcer à nous accueillir !

ROU.– Je suis dégoûté, on s'est encore fait jeter comme des chiens. Pourquoi, tu veux me dire ?

VIC.– Tu sais très bien pourquoi.

ROU.– Rien du tout, oui. Y a pas de raison, cette fois-ci.

VIC.– La bouteille, Rou, un sacré petit penchant sur la bouteille !

ROU.– Hé, je suis pas le seul ! Pour ça, y en a plein des comme moi ! Et avec quoi, ils vivent, ces pourris, c'est pas avec de l'eau minérale qu'i' se remplissent les poches !

VIC.– Ils ont pas besoin de toi.

ROU.– Ni de toi !

VIC.– Ça, c'est vrai.

ROU.– Bon, alors ?

VIC.– Le vin mauvais, t'as le vin mauvais, c'est tout. Voilà la différence.

ROU.– Tu le sais, ça, que je bois jamais au grand jamais de vin, jamais !

VIC.– Que de l'alcool pur, je sais ! Et quand t'es plein comme une bourrique, t'es plus pareil, t'as les yeux qui se retournent et tu cognes dans tous les sens.

ROU.– C'est exagéré, c'est arrivé une fois, une seule petite fois de rien du tout, où j'ai cassé un nez. Un nez, qu'est-ce que c'est qu'un nez ?

Rien. On va pas faire tout un fromage pour un nez pété, sinon, où est-ce qu'on va, je te le demande !

VIC.– Je suis d'accord, mais c'était le patron, Rou, un patron de boîte de nuit, ça se touche pas. Surtout que celui-là, il avait une réputation et pendant un mois, il s'est trimballé avec un gros sparadrap sur le blair et de la pommade orange sous les yeux, ça fait pas sérieux et puis t'as traité sa femme de pute, ça se fait pas quand on est chez les gens, même si c'est vrai que c'est une pute, ça se dit pas.

ROU.– On est là, comme deux ronds de flanc à attendre et à se fermer notre gueule, à penser des trucs mais à pas les dire. Tu veux que je te dise, moi ? J'en ai plein le cul de ces mecs, de toutes ces histoires, si i' croit que je vais aller lui faire des excuses, i' se touche ! Il peut se l'enfoncer aussi loin qu'il veut. D'abord elle pue, sa boîte ! Il a de la chance que ce soit la seule place de la région où on puisse trouver de la cuisse à se mettre sous la dent, parce que je te jure que je serais déjà loin, d'ailleurs je pense sérieusement à mettre les bouts.

VIC.– Mais oui, mais oui.

ROU.– Tu crois que je crache en l'air comme ça, toi, putain, j'ai la haine ! Tu me les mets là ces empaffés. Ha, i' sont bien au chaud derrière leur porte, bien protégés derrière leur *was ist das,* si je pouvais virer la petite grille, i' sort son œil, là, dans le trou, *was ist das,* et je lui colle une patate à lui décoller la rétine. La petite porte s'ouvre et pan dans sa gueule ! Direct ! Ils cherchent, ils cherchent, je vais leur montrer de quoi je suis capable, à ces lâches !

VIC.– Te casse pas les cordes, i' t'entendent pas, t'es recouvert par la musique.

ROU.– Je suis dégoûté. Dire qu'y a Lucie qu'est là-dedans, en train de se trémousser sur la musique !

VIC.– Qui ?

ROU.– Lucie.

VIC.– Connais pas.

ROU.– Si, la fille que je t'ai parlé. La poupée, je te jure, avec qui je suis en ce moment. Une femme mariée.

VIC.– Ha oui !

ROU.– Je t'en ai parlé.

VIC.– Oui, oui.

ROU.– Je l'ai rencontrée la semaine dernière dans la rue, complètement par hasard. Elle m'a demandé un renseignement genre la rue machin-chose. Elle pouvait pas mieux tomber que sur moi. Je connaissais pas la rue, mais j'ai fait semblant de connaître. Je lui ai dit : Je vais vous accompagner, ce sera plus facile. J'ai pris n'importe quelle rue, juste pour marcher avec elle. On s'est perdus. Alors, je lui ai dit que j'avais dû confondre avec un autre nom de rue et ça, ça l'a fait rire. Rien eu besoin de faire après, elle m'est tombée dans les bras et depuis on s'est revus deux, trois fois le matin, quand son mari part bosser.

VIC.– C'est du beau !

ROU.– Ha, ça fait du bien, tu peux pas savoir ! J'aime bien baiser les femmes mariées, la première fois, c'était avec une femme, tu vas pas y croire, genre une qui bouffait une grappe de raisin avec un couteau et une fourchette.

VIC.– Je sais, tu m'as tout raconté dans le moindre détail !

ROU.– C'est vrai, ça, mais quand t'as un truc comme ça qui t'arrive, tu peux pas l'oublier, il faut le faire partager. C'est comme gagner à la loterie.

VIC.– Oui, oui.

ROU.– Je lui ai donné rencard à l'intérieur.

VIC.– À la fille ?

ROU.– Oui.

VIC.– Alors que t'étais sûr de ne pas rentrer.

ROU.– Ça, c'était pas joué d'avance. Je me suis sapé de Dieu. Je croyais qu'en me fondant dans le nombre à l'entrée, que je serais passé. Que dalle, ils ont filtré, ces enfoirés.

VIC.– Pourquoi tu lui as pas donné rendez-vous avant ?

ROU.– Elle m'a dit qu'elle avait des choses à faire et à régler avant, dans la soirée, cause le mari, tu vois, et qu'elle savait pas exactement à quelle heure elle pourrait venir et que c'était mieux de se retrouver à l'intérieur tout au fond, près des chiottes.

VIC.– Te voilà bien !

ROU.– Je suis dégoûté. C'est vrai, tu veux que je te dise, du dégoût, voilà ce que j'ai là tout au fond et ça marine, ça trempe, ça macère et c'est pas bon du tout.

VIC.– Tiens, de la visite !

Poupon arrive agité, un grand sourire jusqu'aux oreilles, une casquette rouge de cycliste sur la tête.

ROU.– Ha, non, pas lui ! Manquait plus que ça ! Pas lui !

POUPON.– Ha, j'y crois pas, j'y crois pas… étais sûr de ça, moi, je le jure. L'aurais parié, ma paye du mois là-dessus. Sûr. Sacré Rou !

ROU.– Lâche-nous !

POUPON.– On dit plus bonjour ?

VIC.– Bonsoir, Poupon !

POUPON.– Salut Vic, ça roule ?

VIC.– Comme tu vois.

POUPON.– Je vois, je vois. Ho, hé, Rou, tire pas cette tête-là ! Faut pas rester sur un échec, Rou. On veut pas te laisser rentrer, faut leur rentrer dedans. Faut aller de l'avant, leur casser leur porte. Tu sais ce que j'ai dans le coffre de ma voiture ? Un beau vieux fusil de chasse. C'est pas du gros sel que ça lâche. C'est pas du gratte-culotte. C'est du solide. Un bon coup de chevrotine là-dedans, Rou, qu'est-ce que t'en dis, et c'est fini !

ROU.– Ça, c'est une idée, leur plomber leur porte à la chevrotine, un petit coup de douze là-dedans !

POUPON.– Tu vois, t'avais pas pensé à ça avant. T'as vu ce qu'i' fait, ton vieux pote d'école, pour toi ?
Ha, je l'aurais parié que vous seriez là, tous les deux. Je me suis dit : Poupon, mon gars, pour les trouver, va pas au dancing, va directement sur la place. Y a pas de raison que ce soir-ci, ils puissent rentrer, puisqu'ils arrivent jamais à rentrer les autres fois.

ROU.– La ferme !

POUPON.– Qu'est-ce qu'il a ?

VIC.– Je sais pas.

POUPON.– Qu'est-ce que t'as, ce soir ?

ROU.– Casse-toi !

POUPON.– L'est agressif, ce garçon ! Faudrait que t'ailles tirer ta langue à un toubib, qu'il voie ce que t'as. Qu'il te calme ou quelque chose ou que t'ailles faire du vélo dans la campagne, la campagne, ça fait du bien, l'air frais, tout ça, le vélo, y a pas mieux pour retrouver son calme et une belle langue rose.

ROU.– Tu veux pas aller faire un tour ?

VIC.– Où c'est que t'as mis ta sœur ?

POUPON.– Peut-être dans la discothèque sur la piste de danse... ou à traîner là, dans le coin derrière, pour prendre le frais. Fait bon, ce soir. Une bonne nuit qui se prépare !

ROU.– À mon avis, elle doit être encore dans le coin, je la sens, c'est pas compliqué, je la sens, ta jumelle, elle me remplit le blair. Les jumeaux, c'est dur à séparer !

POUPON.– Peut-être bien que t'as raison, en fait, elle est peut-être pas très loin... Rose ! ils ont deviné que t'étais là !

Rose arrive nonchalamment.

ROSE.– Coucou !

VIC ET ROU.– *(ensemble, en chantant)* Ha la voilà ! la voilà ! la voilà ! la voilà ! la voilà ! Roseline est là.

ROSE.– Bon, ça va, ça va !

Un temps où ils se mettent à rire.

VIC.– Bonsoir, Rose, tu vas bien depuis la semaine dernière ?

ROSE.– Très bien, merci. Et vous, abonnés à la belle étoile ?

VIC.– Comme tu vois !

ROSE.– Je t'attendais, Rou, sur la piste et puis j'ai pensé, mais c'est vrai que mon cavalier préféré est sur la touche en ce moment.

ROU.– La paire de jumeaux est là, soudée comme une coquille d'huître, la famille au grand complet... j'ai jamais compris pourquoi vous vous ressembliez autant qu'une patate avec un asticot.

POUPON.– Je t'ai déjà dit mille fois qu'on est pas du même œuf !

ROSE.– Pas du même œuf… imbécile !

ROU.– Le son de ta voix, Rose… nous, on était inquiets, on savait pas ce que tu devenais. On se disait : qu'est-ce qu'elle est devenue ? Mais que fait-elle depuis si longtemps ? Ha, mais nous voilà rassurés. Poupon, t'aurais pu me dire que ta sœur viendrait, je me serais fait un brin de toilette en plus, ou j'aurais acheté un petit bouquet de marguerites ou quelque chose dans le genre. Faut prévenir, Poupon !

POUPON.– Ça va !

ROU.– Toujours à jouer sur ton terrain, ta sœur ! Faut assumer, ha ça, ça doit être difficile de la décoller. Ça m'étonne pas que tu puisses jamais te soulever la moindre chatoune.

ROSE.– Pauv'mec !

POUPON.– Pauv'mec !

ROU.– Rose, ma petite Rose, viens voir sauter sur mes genoux…

ROSE.– Stoppe ton cirque, Rou, ton numéro je le connais sur le bout des doigts.

ROU.– Ça, je sais, ha, une fille comme toi, ça t'emmêle les pinceaux pour de bon.

ROSE.– Tu m'oublies deux minutes !

POUPON.– Oublie-la !

ROU.– Comment je pourrais faire pour l'oublier ?… Tu vois, si je donnais dans la vie à deux, ce serait avec toi et personne d'autre que toi. Ce serait pas ta main que je demanderais à ton frère, obligé, ça, que je lui demande la permission, pas vrai, Poupon, ce serait pas ta main que je demanderais, ce serait tout toi, en entier je te prendrais. Mais là, c'est pas le moment… j'ai un petit cadeau qui m'attend, là tout près dans la boîte à musique, dommage, sera pour une autre fois, beauté !

ROSE.– Tu me fatigues !

ROU.– Déjà ! Mais je t'ai rien fait pourtant !

ROSE ET POUPON.– Ça va !

ROU.– Quel élan, la famille qui se lève d'un coup, mais si on peut plus faire le con avec ses potes, ses seuls potes, qu'est-ce qu'on peut faire ?… Je vous le demande, s'asseoir et mourir, ce serait dommage avec tous ces petits corps tout chauds à découvrir et qui demandent que ça, d'être découverts ! Mais ça, Poupon, tu connais pas ! T'as pas encore trouvé la clé avec les femmes ? Ça viendra peut-être un jour, qui sait ?

POUPON.– Nous, je dis bien, nous ! ma sœur et moi, tu nous fous la paix. Compris ? Ou tu veux que je te l'écrive ?

ROU.– Depuis quand tu sais écrire ?... je plaisantais...
Pause.
... Poupon, j'aurais un petit service à te demander en plus, et il faut pas que je t'énerve, que je te chamaille, sinon tu vas plus vouloir... c'est un service de rien du tout...

POUPON.– *(Il siffle.)* Alors là, faut voir !

ROU.– Juste un petit.

POUPON.– Depuis quand t'as des petits services à me demander ?

ROU.– C'est pas grand-chose.

POUPON.– Avec toi, y a jamais de petites choses, ça débouche toujours sur un truc énorme.

ROU.– Pas cette fois-ci...

POUPON.– Dis !

ROU.– Faudrait que t'ailles porter un mot à une fille à l'intérieur.

POUPON.– De la discothèque ?

ROU.– Ouais.

POUPON.– Là, faut voir.

ROU.– C'est rien du tout.

POUPON.– Quand t'as besoin de moi, c'est jamais rien.

ROU.– Tiens, c'est juste ça à donner à Lucie.

ROSE.– Lucie !

POUPON.– C'est qui, c'te belette ?

ROU.– Tu m'as vu avec, l'autre matin, chez moi dans ma cuisine, même qu'on venait juste de finir de s'aimer, on recommençait à ouvrir les yeux tout doucement quand t'es venu sonner comme un abruti à la porte…

POUPON.– Ha ouais ! Je me rappelle.

ROU.– Je t'ai déjà dit mille fois que le matin faut sonner mollo, tu vois, pas laisser le doigt collé sur la sonnette…

POUPON.– Pouvais pas savoir que monsieur était encore à l'ouvrage.

ROU.– Ouais, hé bien pour te faire pardonner l'atterrissage forcé de cette mignonnette, faut que t'ailles lui porter ce truc, c'est pas grand-chose, tu vois.

POUPON.– Pour quoi faire ?

ROU.– Ça te regarde pas.

POUPON.– Un peu, si ! Si je suis messager, je suis forcément dans la confidence.

ROU.– Qu'est-ce que ça peut te faire ?

POUPON.– Je suis le messager de l'amour, mon pote !

ROU.– Bon, tu y vas oui ou non ? Tu vas nous pondre un œuf, là ?

POUPON.– Attends ! T'énerve pas ! Je te jure, le vélo, ça te calmerait… d'abord, qu'est-ce qu'y a écrit sur le mot, je peux lire ? J'ai pas envie de donner n'importe quoi !

ROU.– C'est personnel.

ROSE.– Oui, qu'est-ce qu'il y a d'écrit sur le mot ? Je suis sûre qu'il a dû écrire une phrase d'amour pour finir, genre poème.
Lucie, mon petit amour pour la vie, ou dans le genre, avec sa super-signature qu'il s'est entraîné pour la faire.

Le ton monte vite.

ROU.– Je t'ai pas sonnée, toi ! Je demande le service à Poupon, pas à toi, quand j'aurai besoin de toi, je te ferai signe, OK ?

POUPON.– Tu parles à ma sœur là, tu sais ?

ROU.– Oui, je sais, mais elle m'énerve, là, à me chambrer !

ROSE.– Je chambre pas, c'est que la vérité que je dis.

POUPON.– Elle dit toujours la vérité.

ROU.– Ha ouais ! C'est encore à vérifier, ça !

POUPON.– Quand tu veux !

ROU.– Quand je voudrai, je te ferai signe, connard !

VIC.– Ho, hé, stop, relâche ! Poupon, tu veux pas y aller vite, s'il te plaît, sinon Rou i' va nous faire une crise. Quand y a une affaire de cœur et de cul dans l'air, on devient vite susceptible, pas vrai ?

POUPON.– J'y vais, j'y vais.

VIC.– Vous me faites mal à la tête, pire que le boucan de tam-tam de votre dancing à la noix !

POUPON.– J'y vais, j'y vole ! Je me grouille, je décolle !

Poupon sort lentement.

ROU.– Une vraie princesse, ce mec, faut toujours le prier des plombes pour un morceau de papelard. Je rêve !

ROSE.– Il est trop gentil, avec toi y a jamais de retour, jamais !

ROU.– Ça, c'est nos affaires, toi, retourne à tes culottes et à tes tricots.

ROSE.– Je vais t'en retourner une, pour que t'apprennes la politesse !

Un temps.

VIC.– Tire pas cette tête-là, Rou, ça va bien se passer.

ROU.– J'ai pas confiance.

VIC.– Fallait pas lui demander alors !

ROU.– Il est tellement con qu'il va lire !

VIC.– Qu'est-ce que ça peut faire ?

ROU.– C'est intime, ça, ça regarde qu'elle et moi.

ROSE.– Il lira pas et puis d'abord c'est pas un pigeon voyageur, t'as qu'à faire tes petites commissions tout seul.

ROU.– Il va pas lui donner, je le connais, il va pas lui donner le mot.

Rou tourne un peu en rond.
Un temps.

VIC.– Alors, Rose, quel bon week-end on se prépare ?

ROSE.– Je prépare rien du tout. C'est nul le samedi soir, tu vois bien, c'est toujours pareil. J'aime pas le samedi soir, je m'ennuie.

VIC.– Pense à ce que tu vas faire demain.

ROSE.– C'est encore pire le dimanche. Qu'est-ce que je vais bien pouvoir faire demain ? Ça, je me le demande. Et toi, qu'est-ce que tu feras demain ?

VIC.– Flâner, bouger un peu, marcher, peut-être partir un peu...

ROSE.– Ha, j'ai horreur de marcher. Moi, je vais me faire le programme télé avec de la pizza tiède, du Cinzano avec des glaçons dedans. Je vais m'organiser, un vrai petit truc j'vais m'organiser et puis je vais dormir un peu devant les émissions trop chiantes, pour récupérer.

ROU.– Qu'est-ce que tu veux récupérer ? Tu fais rien de la semaine.

ROSE.– Fais rien de la semaine, fais rien de la semaine, tu t'es regardé, pauv'hareng, qu'est-ce que tu fais, toi, tu frimes ! Tu crois qu'en balançant des épaules, ça fait avancer le monde.

ROU.– Ce que je fais, ça te regarde pas.

ROSE.– J'en ai rien à battre de toute façon.

ROU.– Fait des affaires, nous avec Vic, pas comme toi et ton frère.

VIC.– C'est vrai qu'on en fait. Et même des bonnes, parfois !

Vic et Rou se regardent et explosent de rire sans discontinuer.

ROSE.– Ça va ! Ho, ça va !

ROU.– Je vais aller voir ce qu'il fout à la sortie, ton frère !

Rou s'en va.

ROSE.– C'est ça, oui ! C'est vrai, quoi ! De quoi il se mêle, lui ! J'ai besoin de récupérer, y a pas plus fatigant que de ne pas savoir quoi faire.

VIC.– Alors, la fin de ton dimanche ?

ROSE.– M'a coupé, c't'imbécile... vers cinq heures, cinq heures et demie, à l'ouverture de la boulange, je sortirai acheter des éclairs, deux, un au chocolat, et l'autre au café, je peux jamais choisir entre les deux parfums...

VIC.– Moi, c'est pareil...

ROSE.– Et je les mangerai tout en entier en écoutant le hit de la semaine et en me mettant du vernis à ongles sur les doigts de pied et puis je me laverai les cheveux. Poupon, il m'aide, il aime bien passer la brosse dedans. Il fait pas mal. Je serai sublime d'attaque pour le lundi matin, prem's à l'ANPE. Je crois que, bientôt, ça va être mon tour de dégotter un super-petit mignon job, avec un patron beau avec un costume rayé.

VIC.– Y a pas de raison, Rose.

ROSE.– C'est vrai, ça, y a pas de raison. C'est bien de dire ça, ça encourage. Mais maintenant, j'ai un but du feu de Dieu. Je veux me trouver un amoureux et vivre le grand amour. Y en a assez des passades. Tu vois, Vic, ce que je veux dire?

VIC.– Très bien...

ROSE.– Quand j'ai pas d'amoureux, je mange trop, je fais de la boulimie. C'est nerveux, ce truc-là, le toubib, il a dit. J'arrête pas d'aller au frigo et de bouffer tout ce que je peux. Alors, Vic, tu sais pas ce que j'ai fait?

VIC.– Non.

ROSE.– J'ai découpé dans un magazine une femme énorme, obèse, au moins trois cents kilos de plus que moi et j'ai collé la photo sur la porte de mon frigo. Alors, quand je vois ça, ça me coupe l'élan. Faut que je fasse attention quand même...

Rou revient.

ROU.– C'est pas vrai, qu'est-ce qu'il fout, vous ne l'avez pas vu?

VIC.– Non.

ROU.– C'est pas possible de voir ça, je te jure. Il fait jamais rien correctement. Il est tellement nul qu'il a été capable de se tromper de femme ou de perdre le mot.

ROSE.– Qu'est-ce que tu avais mis sur le mot?

ROU.– Toi, c'est pas le moment de venir m'embrouiller.

ROSE.– Non, parce que si tu te rappelles ce que tu as écrit sur le mot, on peut en refaire un et j'irai le porter moi-même...

ROU.– Jamais, toi, je te donnerai un truc à aller porter, jamais, ça va pas, non? mais des fois... je t'imagine, tiens... mademoiselle, mademoiselle, y a un garçon dehors qui m'a demandé de vous porter ce mot doux car il ne peut pas rentrer... on est plus au patronage... déjà qu'avec ton frère, ça me tourne les sangs, alors avec toi...

ROSE.– C'était une solution comme une autre.

ROU.– Hé bien, non, t'oublies !

ROSE.– C'est pour t'aider. Qu'est-ce que je ferais pas pour toi !

ROU.– Ça va !

ROSE.– Des garçons comme toi, aussi sympathiques, on en fait plus. C'est vrai, ça. La nuit, quand je ferme les yeux, c'est toi que je vois venir.

Poupon revient.

ROU.– Ha, te voilà, toi ! C'est pas trop tôt !

POUPON.– Peux pas aller plus vite que la musique, Rou. J'ai mis du temps à la trouver. C'est bourré, plein de greluches, tu peux pas savoir !...

ROU.– Alors ?

POUPON.– C'est un peu compliqué.

ROU.– Quoi ?

POUPON.– J'ai mis vachement de temps pour la trouver.

ROU.– Tu lui as donné ?

POUPON.– Attends que je t'explique.

ROU.– Ouais.

POUPON.– Alors, juste quand je l'ai aperçue, ça a été la série des slows.

ROU.– Et alors ?

POUPON.– Et alors, j'ai dû attendre que ça se finisse. Elle était sur la piste en train de danser là, toute collée à un mec. J'allais pas les décoller, les écarter en plein slow pour leur donner ta lettre, logique !

ROU.– Qu'est-ce qu'elle faisait à danser avec un mec ?

POUPON.– J'en sais rien, moi !

ROU.– Et ils sortaient ensemble, ils se collaient le bécot ?

POUPON.– J'en sais rien, moi, j'étais pas là à les mater. Il fait sombre et y a beaucoup de monde qui danse en même temps, t'es drôle toi, et puis c'est ni ma biche ni mon problème.

ROU.– Putain, elle a dû me chercher comme une folle. Elle a dû croire que je lui ai posé un lièvre, c'est pas possible, merde !

POUPON.– En tout cas, elle a pas perdu de temps, elle s'est vite remise ! Toute la série ils ont dansé, même quand la musique s'arrêtait deux secondes entre deux morceaux ils continuaient à tourner. Le grand manège, le vrai truc, quoi !

ROU.– C'est pas possible !

POUPON.– Si.

ROU.– Non ?

POUPON.– Je te jure !

ROU.– Et après, après tu lui as donné le mot ?

POUPON.– Oui, au bar, j'ai attendu que le mec me voie pas et je lui ai donné le mot.

ROU.– Bon, alors qu'est-ce qu'elle t'a dit ?

POUPON.– Rien… elle a commencé à lire, sûrement la première phrase et… et t'énerves pas, elle… tu me promets que tu vas pas t'énerver ?… elle a déchiré le mot.

ROU.– Non !

POUPON.– Si !

ROU.– Tu déconnes, Poupon ?

POUPON.– Je te jure.

ROU.– Non.

POUPON.– Si !

ROU.– Elle t'a rien dit ?

POUPON.– Non. Mais pour le mot, elle a eu raison, j'ai lu, c'était nul.

ROU.– *(l'attrapant)* Je vais te casser en deux, te secouer la tête jusqu'à ce que t'oublies même que tu t'appelles Poupon.

POUPON.– Non, je plaisantais, je te faisais marcher, j'ai pas lu. J'ai pas lu. Je te jure, j'ai pas lu !

ROU.– Tu me faisais marcher ? Me prends pas pour un con !

POUPON.– Oui, oui. Non, non ! Arrête, ho, t'as plus le mot pour rire, Rou ? C'est vrai, quand t'as une fille en joue, t'es plus pareil. Je plaisantais…

ROU.– *(le lâchant)* Je préfère ça !

POUPON.– Ben, je comprends. J'ai pas lu, ça tu peux me croire, mais le coup des slows et qu'elle a déchiré le mot, ça c'est vrai !

ROU.– C'est pas vrai ! C'est pas possible, cette histoire. Ce matin même, elle était collée à moi, toute barbouillée de bonheur.

ROSE.– Qu'est-ce que tu crois, toi, qu'elles t'attendent toutes ? Tu te fourres !

ROU.– Dis à ta sœur de me lâcher ou je vais l'envoyer dormir pour le compte. Si t'as envie de voir la piste aux étoiles, c'est le moment de venir me secouer le gland.

ROSE.– Les femmes, ça demande pas grand-chose, mais il faut s'en occuper un peu tout de même, sinon trois petits tours et puis s'en vont.

POUPON.– Ha ça, les femmes ! Faut les arroser, de cadeaux !

ROU.– Qu'est-ce que tu y connais, toi, avec les femmes, à part celles que tu payes ?

ROSE.– Il y connaît certainement plus que toi !

Le ton monte vite.

ROU.– Qu'est-ce que tu te mêles de ce qui te regarde pas, toi ?

ROSE.– Je me mêle de rien du tout, mais j'ai encore le droit de parler. T'es qu'un touille-merde, t'aimes bien remuer tout ça. Mais avec moi, ça marche pas.

ROU.– Qu'est-ce que tu racontes, je vais te faire rentrer tes mots un par un au fond de ta gorge.

ROSE.– Essaye un peu, pour voir, de m'approcher et je te fais péter tes rognons !

ROU.– Rose, regarde-moi dans les yeux !

ROSE.– Pas de problème !

ROU.– *(se défiant)* Méfie-toi ! Si tu veux ouvrir des plaies, on va le faire ensemble. On va retourner le couteau ensemble dedans, mais c'est moi qui tiendrai le manche. Vu ?

ROSE.– Joue un peu à ça !

VIC.– Vous voulez pas vous parler plus calmement et un peu plus loin ? C'est fatigant à la fin ! De la tranquillité, voilà à quoi j'aspire, au calme et à la tranquillité.

POUPON.– Ça, t'as raison, c'est fatigant !

VIC.– Toutes vos chamailleries pour trois fois rien, chaque semaine les mêmes rengaines. Je crois que je vais arrêter de vous voir pendant quelque temps...

Un temps.

POUPON.– Ho, Vic, qu'est-ce qui te prend ?

VIC.– Rien, rien, un petit coup de blues à vous entendre, ça va passer. Tiens, Rou, t'as de la visite !

Une fille blonde arrive.

ROU.– Voilà ma femme, mets-t'en plein les yeux, Poupon, même avec une vie de salaire, tu pourrais pas t'en offrir une. Enregistre et après, quand tu te couches, tu te repasses le film contre l'édredon... Ça te donnera des idées pour tes folles nuits à cinq cents balles ! Allez, à plus !

Rou s'en va à sa rencontre et la prend dans ses bras à l'écart contre le mur du fond.

VIC.– Dis donc, c'est un sacré beau brin de fille !

POUPON.– Ça, tu l'as dit, sacré beau brin !

ROSE.– Vous trouvez ? Elle se teint les cheveux, c'est facile, je vois les racines rien que d'ici. Un vrai pot de peinture et ça y est, les v'là en train de rêver !

POUPON.– Comment i' fait pour rencontrer des femmes comme ça, lui ?

VIC.– Il sait y faire, c'est un chasseur, il fait ça à l'instinct et elles le sentent.

POUPON.– Après, faut savoir passer la pommade au bon endroit, qu'il dit !

Ils s'embrassent. Poupon les regarde comme un enfant qui voit ça pour la première fois.

ROSE.– Bon, ben ça va, décroche !

POUPON.– Ho...

ROSE.– Arrête de les mater comme ça !...

POUPON.– Laisse... en quoi ça te dérange ?

ROSE.– En rien... mais ils pourraient aller faire ça un peu plus loin...

POUPON.– Tu vas pas te monter contre un vulgaire patin... ou alors, où est-ce qu'on va ?

ROSE.– C'est pas que ça me gêne... mais je trouve ça lourd.

POUPON.– Hé bien, moi, ça me dérange pas... sacré Rou, toujours à la pointe de l'attaque...

ROSE.– J'en ai marre de tout ça.

POUPON.– Ho ! pourquoi tu te mets dans cet état ?

ROSE.– Pour rien, pour rien du tout... je suis fatiguée de tout ça...

Un temps.

LUCIE.– T'as plein de rouge...

ROU.– Pas grave, ça !

LUCIE.– On reste pas là, on y va !

ROU.– Qu'est-ce que tu faisais à traîner là-dedans aussi longtemps ?

LUCIE.– Je pouvais pas savoir. Je t'ai attendu près de la porte du fond, comme tu m'as dit et tu y étais pas. J'ai attendu.

ROU.– J'ai pas pu rentrer, y a le singe à l'entrée qui m'a reconnu.

LUCIE.– Je pouvais pas deviner.

ROU.– Qu'est-ce que tu faisais à danser avec un mec en attendant ?

LUCIE.– C'était pas un mec, c'était mon mari.

ROU.– Tu danses avec ton mari ?

LUCIE.– Je savais même pas qu'il serait là en boîte, moi. Je pouvais pas savoir. Je lui avais monté une cavale avec une copine. Je pouvais pas prévoir!

ROU.– Putain!

LUCIE.– Il a été aussi surpris que moi, j'ai essayé de lui parler mais une série a commencé et il m'a dit de danser, alors j'ai essayé de lui parler comme je t'ai dit, mais avec la musique, ç'a pas été facile.

ROU.– Tu lui as dit?

LUCIE.– Pas complètement.

ROU.– Quoi, pas complètement?

LUCIE.– Je lui ai pas tout dit, c'est pas aussi facile que ça.

ROU.– Vous êtes plus ensemble, oui ou non?

LUCIE.– Non, ça, c'est sûr, mais...

ROU.– Mais quoi?

LUCIE.– J'ai pas pu tout lui dire comme tu voulais.

ROU.– Faudrait peut-être que tu te remues un peu.

LUCIE.– Je sais...

ROU.– Qu'est-ce qui t'a pris de déchirer ma lettre?

LUCIE.– T'es fou de me faire donner un mot juste devant lui?

ROU.– C'est ce crétin de Poupon! Fait jamais rien correctement.

LUCIE.– J'ai dû aller aux toilettes et remettre les morceaux ensemble pour savoir que tu m'attendais dehors.

ROU.– Je me demandais ce que tu foutais à traînailler autant.

LUCIE.– Allez, viens, on y va, faut pas attendre, je me sens pas bien, là.

ROU.– Rien ne presse, ma poule, la nuit est devant nous, autour de nous, toute chaude, à nous tendre les bras.

LUCIE.– Et s'il vient, ça va mal finir.

ROU.– T'as rien à craindre, qu'il vienne, ça me fait pas peur... il est comment ton mari?

LUCIE.– Normal.

ROU.– Comment ça, normal ? Il est comment ?

LUCIE.– Gentil.

ROU.– Je te demande pas ça ! Il est beau, brun, blond, blanc, il est comment ?

LUCIE.– Normal, je te dis, moyen.

ROU.– Fait quoi comme boulot ?

LUCIE.– Oiseleur.

ROU.– Quoi ?

LUCIE.– Il vend des oiseaux.

ROU.– *(se marrant)* I' vend des piafs, ha, ça, je peux pas y croire ! Le boulot de moule par excellence.

LUCIE.– Il a ouvert un petit commerce d'oiseaux exotiques, des oiseaux rares.

ROU.– De toute façon, je m'en fous de savoir comme il est et ce qu'il fout. Qu'est-ce que tu faisais avec un mec comme ça, vendre des piafs, je te jure, la honte !

LUCIE.– Fais-moi plaisir, viens ! Je ne veux pas qu'il nous voie ensemble.

ROU.– Et alors ? Qu'est-ce que ça peut faire ?

LUCIE.– J'y vais…

ROU.– Attends ! J'ai un petit truc à régler avec mes amis, y en a pas pour longtemps, je te rejoins…

LUCIE.– Fais comme tu veux, je t'attends plus loin.

ROU.– Hé, Lucie !…

LUCIE.– Quoi ?

ROU.– Tu sais où je voudrais que tu me mettes du rouge ?

LUCIE.– Imbécile !…

ROU.– Je crochète et j'arrive, beauté !

Lucie sort. Rou revient vers les trois autres.

ROU.– Vous avez vu ça ? Elle est croque de moi, comme jamais vous avez vu ça, jamais ! C'est une bombe, cette nénette !

VIC.– T'aurais pu nous présenter cette charmante demoiselle.

ROU.– Dame, c'est une dame !

ROSE.– On se demande ce qu'elle fait avec toi.

ROU.– Hé oui, qu'est-ce que tu veux, ça fait partie des grands mystères de la vie, ça !

POUPON.– Tu l'as pas présentée, t'as peur que je te la pique !

ROU.– À part des cartes postales, je me demande ce que tu pourrais bien piquer.

POUPON.– Méfie-toi, un jour c'est moi qui vais tirer le gros lot et vous serez tous là, sciés, à vous remuer comme des vers de terre qu'on coupe en deux...

ROU.– En attendant, viens là, Poupon, j'ai un truc à te dire... confidentiel.

POUPON.– Confidentiel !

ROU.– Juste entre toi et moi, si tu vois ce que je veux dire...

ROSE.– Si je dérange, on me dit et je fais place nette, je passe un coup de balai.

ROU.– Affaire de la plus haute importance.

ROSE.– Ça veut dire de cul... va pas mettre mon frangin sur un coup miteux qu'i' va me ramener à la maison ou je te fais sauter le caisson.

ROU.– T'inquiète pas... bon, Poupon...

Rou l'entraîne à l'écart.

POUPON.– Qu'est-ce qu'il y a ?

ROU.– Je te remercie pour ce que t'as fait pour moi... pour le mot...

POUPON.– C'est rien.

ROU.– Si, si, c'est vraiment gentil...

POUPON.– Bon...

ROU.– Dis...

POUPON.– Quoi ?

ROU.– J'aurais encore un petit truc à te demander parce que t'es vraiment un pote...

POUPON.– Vas-y !

ROU.– C'est un peu délicat...

POUPON.– Vas-y !

ROU.– Si tu dis oui, tu m'emmènes au paradis d'un seul coup, direct...

POUPON.– Vas-y !

ROU.– Tu me prêtes ta voiture ?

POUPON.– Quoi ?

ROU.– Allez, tu me passes ta caisse, s'il te plaît ?

POUPON.– Non, là tu pousses !

ROU.– Allez, sinon je suis dans la merde !

POUPON.– Non.

ROU.– Je lui ai dit que j'avais une superbe bagnole avec des sièges rouges, cuir et mousse, qui se glissent doucement en arrière automatiquement. Y a pas meilleure place que là. Maintenant que je connais ce confort, je peux plus aller autre part, en plus, je lui en ai parlé... elle a pris chaud rien que d'y penser. Tu mouilles ton doigt comme ça et tu files au paradis...

POUPON.– Non, là, c'est non.

ROU.– Mais pourquoi ?

POUPON.– Parce que là, non, la dernière fois...

ROU.– Je te l'ai pas ramenée devant chez toi, la dernière fois ?

POUPON.– Oui, mais t'as pété le clignotant avant gauche et t'es même pas venu le réparer...

ROU.– C'est rien ça, un clignotant... allez ! Je te le changerai demain. Qu'est-ce que t'en dis ? Demain dimanche, j'ai rien à faire, je passe chez toi en début d'après-midi et je te le change, y en a exactement pour quinze secondes. Qu'est-ce que t'en dis ?

POUPON.– C'est pas ça, j'en ai marre que ma voiture se transforme en baisodrome. La dernière fois, t'as pas mis de serviette sur le siège et c'est moi qu'ai tout nettoyé après, alors là, désolé... je te la passe plus, terminé, là !

ROU.– Je ferai attention.

POUPON.– Non.

ROU.– Je mettrai la couverture qu'il y a dans le coffre.

POUPON.– Tu dis ça à chaque fois mais tu le fais jamais, alors là, pour cette fois-ci, c'est non, comme ça tu feras attention la prochaine fois, tous les samedis, c'est le même bordel, d'abord ma bagnole, j'en ai besoin !

ROU.– Pour quoi faire, tu veux me le dire ? Tu ramènes jamais rien, même pas une petite branlette... t'as pas besoin de ta voiture, ce soir ?

POUPON.– Tu sais, on peut faire autre chose que de tirer un coup... écouter la radio la nuit, rouler un peu dans la campagne en se mettant la lune droit devant, en point de mire.

ROU.– Aller, une petite heure !

POUPON.– C'est pas le temps qui compte, c'est non.

ROU.– T'es vraiment un enfoiré.

POUPON.– C'est trop facile.

ROU.– Si tu me fais ça, je te jure que t'auras à le regretter.

POUPON.– Fais ce que tu veux, c'est non.

ROU.– Poupon ! Allez, Poupon !

POUPON.– Poupon, il en a ras la rondelle de passer la serpillière derrière monsieur.

ROU.– Comme tu voudras.

POUPON.– C'est ça, ouais, comme je veux.

ROU.– Tu viendras pas pleurer après ?

POUPON.– T'inquiète pas, surtout !

ROU.– T'as oublié, Poupon ! T'as oublié !

POUPON.– Rien du tout.

ROU.– Si, t'as oublié tout ce qu'on a fait ensemble. Les nuits où on allait tous les deux chasser sur les petites routes le lapineau tout tremblant dans les phares... et ta première femme, c'est qui qu'a payé ta première partie de jambes en l'air ? Tu y as même pris goût depuis, et la fête qu'on a fait après avec Vic pour enterrer ta vie de puceau, on était beurrés, c'est pas possible, à danser tout nus au milieu de la route

sous la pluie, à patauger dans les flaques et on arrêtait les bagnoles, ha, ce qu'on a rigolé ensemble !
Hé, ho ! Je te pose une question ! C'est qui, la seule personne, le supporter numéro un, qui venait t'encourager le dimanche matin, à la fraîche, quand tu faisais des courses de vélo ? T'oublies tout ça ? C'est pas possible que t'aies oublié tout ça.

POUPON.– Non, j'ai pas oublié… mais pour la voiture, je suis pas tout seul de toute manière, elle est à ma sœur aussi… elle est à tous les deux. Et puis, c'est elle qu'a les clés…

ROU.– Je sais bien, c'est pour ça que je t'ai demandé à toi…

POUPON.– Alors, tu te débrouilles avec elle !

ROU.– Je vais lui demander… Rose ? Ho, hé, Rose, tu m'entends ? Tu me réponds ?

ROSE.– Quoi ? Tu peux pas te déplacer ?

ROU.– Si, si !

ROSE.– Tu me mets dans la confidence ?

ROU.– Dis, j'ai quelque chose à te demander.

ROSE.– Non.

ROU.– Quoi, non ?

ROSE.– Non, c'est non !

ROU.– J'ai encore rien dit !

ROSE.– Tu veux me demander quelque chose, hé bien c'est suffisant, c'est non.

ROU.– Tu vois, ta sœur comment elle me jette, sans rien que je dise !

POUPON.– Ça, c'est vos oignons, pas les miens, je suis désolé, Rou, mais pour cette fois-ci, c'est secoué.

ROU.– Mais comment je vais faire ? Je lui ai promis ! Faut pas me faire ça ! Elle est bandante, tu peux pas savoir… Tu le sais bien, toi, que c'est la seule façon de se battre vraiment, quand tu baises leur femme, tu touches le mari du même coup. Tu le mines. Tu lui gangrènes le cerveau. Tu lui pourris ses jours et ses nuits. Tous ces mecs-là qui nous parlent de haut, qui nous crachent dessus. Faut pas se laisser faire,

Poupon. C'est par le cul qu'on peut bouger le monde, mon pote, par le cul, allez, passe-moi les clés !

POUPON.– Je t'ai dit c'est pas moi, c'est ma sœur qui les a !

ROU.– Fais un effort, Poupon… un petit effort. Si on peut plus s'amuser, qu'est-ce qu'on peut faire ? Je te le demande ? Qu'est-ce qu'on peut bien tirer de cette vie-là ? Le seul moment où je me sens bien, c'est quand je suis entre leurs cuisses et que j'oublie tout !

POUPON.– T'as pas besoin de ma voiture pour ça !

Un homme – costard cravate – arrive.

ROU.– C'est qui ce gus ? Tu connais ?

POUPON.– Ho, hé, je crois que c'est le mec qui se collait à ta biche pendant les slows.

ROU.– Arrête !

POUPON.– Je te jure !

JEAN.– Excusez-moi, vous n'auriez pas vu Lucie ?

ROU.– Qui ?

JEAN.– Lucie.

ROU.– Connais pas.

JEAN.– Je ne demande pas ça à vous, mais à monsieur.

POUPON.– Connais pas de fille avec ce nom-là.

JEAN.– C'est possible, mais vous lui avez passé un mot tout à l'heure, quand elle était au bar.

ROU.– Vous devez vous tromper, on a pas bougé de là.

JEAN.– S'il vous plaît, je parle à votre ami, je voudrais savoir où elle est ?

ROU.– Dans ma poche, si vous voulez, vous pouvez venir fouiller.

JEAN.– La plaisanterie est bonne… mais c'est important pour moi que je sache où elle est, il faut que je lui parle.

ROU.– Comment elle s'appelle ?

JEAN.– Lucie.

ROU.– Je vois pas… tu connais une fille de ce nom-là, toi ?

POUPON.– Comment c'est, son nom ?

ROU.– Lucie !

POUPON.– Non, non, ça me dit rien du tout… C'est pas la fille du charcutier qui s'appelle comme ça ?

ROU.– Ha, si, peut-être bien que c'est la fille du charcutier… mais non, c'est Marie qu'elle s'appelle !

POUPON.– Ha oui, c'est vrai ça, t'as raison, c'est Marie qu'elle s'appelle, la fille du charcutier.

ROU.– Y a pas de fille avec ce nom-là, par ici. On a juste ça à vous proposer, vous pouvez l'emmener.
Hé, Rose, t'as de la visite ! Un beau monsieur costumé, c'est ta chance, là. C'est presque ton dimanche matin d'assuré !

ROSE.– Lâche-moi.

ROU.– On peut vous l'emballer si vous voulez et lui mettre un gros nœud dans les cheveux si vous la voulez, pour offrir.

JEAN.– Je cherche Lucie.

ROU.– Appelez-la comme vous voulez et embarquez-la, elle vous suivra jusqu'au bout. Elle mange peu, elle boit que de l'eau, pas difficile pour dormir et pas très regardante pour le reste, si vous voyez ce que je veux dire.

POUPON.– Charries un peu trop, là… pédale douce quand tu parles de ma frangine ou tu prends un pain dans les dents !

ROU.– Prends pas la mouche, Poupon !

JEAN.– Je me moque de vos histoires de famille, je voudrais que vous me disiez où se trouve ma femme avec qui je vous ai vu au bar du dancing.

Un temps.

ROU.– Poupon ?

POUPON.– Hum ?

ROU.– Tu trouves pas que ça sent drôle ?

POUPON.– Je sens rien.

ROU.– Fais un effort, une odeur de parfum insupportable… dis, tu vas pas me dire que tu sens rien ?

JEAN.– Excusez-moi d'insister, mais…

ROU.– Peut-être la Gomina ou l'eau de toilette de monsieur. Je suis allergique aux savonnettes et à l'amande douce. C'est terrible, c't'odeur !

JEAN.– Arrêtez de jouer les petits malins.

ROU.– Comment il me parle, lui ! Arrêter quoi ?

JEAN.– Je veux pas de problèmes, seulement savoir où elle est. Je la cherche partout.

Rou devenant très agressif.

ROU.– Ho, hé, où tu te crois, là ? Je te demande !

JEAN.– Pardon ?

ROU.– Je te demande où t'es ?

JEAN.– Devant vous, sur la plage.

ROU.– Où ?

JEAN.– Je vous ai dit sur la place.

ROU.– Mais je rêve ou quoi… où tu te crois, t'es chez moi, ici, et tu viens m'emmerder chez moi comme au beau milieu de mon salon, ici c'est mon salon et tu t'installes chez moi, tu me poses des questions, tu me pollues les poumons avec tes relents d'après-rasage, qui t'es, toi ? Pour qui tu te prends ?

JEAN.– Pardon ?

ROU.– Pardon… si je venais, moi, au beau milieu de ton salon, te poser des questions à la con, qu'est-ce que tu dirais ?

JEAN.– Je suis désolé.

ROU.– Je suis désolé… foutez-moi le camp d'ici et en vitesse.

JEAN.– Faut pas vous énerver comme ça !

ROU.– Poupon, t'as entendu comment il me parle, lui ? Je m'énerve pas ! Si je m'énerve, je lui éclate la tête en mille morceaux.

POUPON.– Vous feriez mieux de partir d'ici avant qu'il se mette en colère, si vous voulez un conseil.

ROU.– D'abord, qu'est-ce que tu lui veux ?

JEAN.– Ça vous regarde pas. Je suis son mari.

ROU.– Son mari ! Le marchand de piafs ! Je peux pas y croire !

JEAN.– Comment vous savez ça ?

ROU.– Avec votre femme, les nouvelles vont vite !

JEAN.– Arrêtez de jouer votre petit jeu !

ROU.– T'entends ça, Poupon, il vend des moineaux !

POUPON.– Vous vendez aussi des petites graines tournesol ? Ha ! j'adore… j'adore les petites graines tournesol avec du sel dessus, à l'école j'arrêtais pas d'en bouffer.

ROU.– La ferme, Poupon, la ferme !…

POUPON.– C'est vrai, ça… que j'aime bien…

ROU.– La ferme, je t'ai dit ! Ta femme, elle est plus là, elle est partie et tu ferais bien de l'oublier tout de suite.

JEAN.– Pardon ?

ROU.– T'oublies, vu ?

JEAN.– Si vous montez sur vos grands chevaux, moi aussi je peux le faire.

ROU.– Vas-y, monte, monte, connard ! Montre-moi ce que tu sais faire…

Rou se déshabille.
Rou se met en garde comme pour boxer, ridiculement, il fait des moulinets avec ses points.

POUPON.– Du calme, Rou, du calme…

ROU.– *(en faisant des petits pas de boxe)* Qu'est-ce que c'est que ce sac à merde ?

POUPON.– Ho, Rou, tu te calmes, sinon on va avoir des problèmes avec les poulets, comme y a deux semaines… pas d'esbroufe !

ROU.– Je les emmerde, moi, les poulets ! Ha, ils se tiennent bien ensemble dans leur basse-cour, ils se tiennent les couilles ensemble parce qu'ils ont un beau costard ! Je vais te le mettre en pièces, moi !

Rou avance mais Poupon le ceinture comme un arbitre après un K.-O., pour arrêter un combat.

POUPON.– Arrête !

Jean s'en va rapidement en se demandant ce qui a bien pu lui arriver.

ROU.– *(en criant)* Pauvre minable, va l'appeler ta volaille, qu'on se plume un bon coup !

POUPON.– Qu'est-ce que tu lui as mis dans la tête au marchand de piafs !

Rou se rhabille.

ROU.– On était pas dans la même catégorie... j'en ai marre de ces mecs genre cul-de-poule, faut que ça vole tout ça en éclats, je te jure ! Je suis en guerre.

POUPON.– Je vois.

ROU.– Bon, tu me prêtes ta voiture oui ou non, une bonne fois pour toutes !

POUPON.– Non, je crois pas...

ROU.– Tu le sens pas, là, qu'il suffit d'un rien pour que j'éclate !

POUPON.– Je sens rien de plus que tout à l'heure.

ROU.– Merci ! merci ! Regarde-moi bien ! Y a des choses qu'on va régler tous les deux, qu'on va tirer au clair et je te jure, ça va faire mal, faut choisir ton camp vite fait, sinon tu vas le regretter.

Rou s'en va en courant.

POUPON.– J'adore les petites graines tournesol, j'adore sucer le sel, dessus surtout...

VIC.– Ça lui réussit pas, l'amour, en ce moment !

POUPON.– Il est sur les nerfs.

VIC.– À part ça, comment ça va, Poupon, en ce moment ?

POUPON.– Bof !

VIC.– La vie, les filles, comment ça va, les filles ?

POUPON.– Comme ci, comme ça.

VIC.– Plutôt comme ci ou plutôt comme ça ?

POUPON.– Bien, pour tout te dire la vérité, ça va pas fort en ce moment, comme toujours d'habitude, de ce côté-ci de ma vie, y a pas grand-chose qui se passe, c'est plat.

VIC.– Mais comment ça se fait, ça ?

POUPON.– Va leur demander à elles !

VIC.– Même pas une petite ouverture, un petit espoir ?

POUPON.– Rien ! Rien du tout et je fais des efforts pourtant, je les regarde dans les yeux comme Rou il fait. Je leur parle de tout. Je leur fais des compliments sur elles, sur leurs yeux, leur coiffure, comme elles sont fagotées et tout. Je leur dis des mots doux, je leur paye à boire hé bien ça marche pas, je te jure !

VIC.– Je te crois. C'est pas facile…

POUPON.– Ça, tu l'as dit !

VIC.– Il faut que tu y croies très fort, laisse pas tomber, te décourage pas.

POUPON.– Le problème, c'est que je sais pas danser. Si je savais, je les ferais tourner là et quand une fille t'arrives pas à la faire tourner très vite, elle perd le nord et les pédales, tu sais. Alors, ça serait plus facile pour moi si je savais danser, mais je sais pas.

VIC.– Faut apprendre.

POUPON.– Rou, il a dit que c'était impossible, même Rose elle a dit pareil. Et Rose, je la crois. Je détiens pas le rythme. Tu vois, j'ai la musique dans ma tête et il faut que je la passe dans mon corps hé bien ça, j'y arrive pas, à la faire passer dans mon corps, la musique.

VIC.– Moi, j'adore danser mais pas ces danses de branleurs, là, non, à deux ! Avec quelqu'un dans les bras, un tango, un paso doble, ha ! vous savez pas ce que vous perdez… tu sens le petit cœur qui palpite là, sous la chemise, et tu la sens, la belle dame qui chavire et qui s'en va en voyage, qui s'abandonne en tourbillonnant… y a l'air qui se transforme et t'oublies tout, tu te paumes, perdu, là, dans les yeux de l'autre, le paso doble.

POUPON.– C'est juste ça que j'aimerais sentir, une femme qui serait dans mes bras et que je ferais partir… en fait, ça doit être un truc de famille, génétique, là, un mercurechrosome là, à la télé, qu'on a hérité,

Rose et moi, parce que pour elle c'est pareil – elle sait danser, ça oui, drôlement bien – mais pour l'amour, je veux dire, elle a pas eu sa chance et c'est pas juste parce qu'elle mérite autant qu'une autre. C'est simple, elle sait tout faire à la maison et je dis pas ça parce que c'est Rose. C'est une petite perle du Japon. Elle trouvera avant moi quelqu'un, ça c'est sûr, un mari, et l'autre, il aura de la chance et moi, ce jour-là, je me retrouverai tout seul et ça, je le sais bien...

VIC.– Toi aussi, tu vas peut-être tomber sur une perle.

POUPON.– ... tout seul je me retrouverai comme un con, tout seul et ça je sais bien que je pourrai pas supporter d'aller bouffer le dimanche, à être invité chez eux...

VIC.– Holà ! Toi aussi tu trouveras ! Pas s'inquiéter surtout !

Pause.
Poupon regardant Rose restée dans un coin.

POUPON.– Je la sens drôle en ce moment, ma petite Rose. Tu sais, dès qu'il y a un truc qui la touche ou la chagrine, moi je sens et là, je sens qu'il y a quelque chose qui tourne pas rond chez elle.

VIC.– Peut-être bien...

POUPON.– Si tu savais quelque chose, toi, tu me dirais ?

VIC.– Pas de problème...

POUPON.– Alors je suis rassuré. Je sais que je peux compter sur toi, Vic.

VIC.– Oui...

POUPON.– De toute façon, j'ai pas à me plaindre, je suis heureux, j'ai un travail ! Je suis heureux, une voiture, j'ai pas à me plaindre... comment tu trouves les sièges rouges, c'est ce que je voulais le plus, rouge, c'est la classe...

VIC.– Rouge, c'est pas mal... pourquoi tu ris ?

POUPON.– Je pense à Rou.

VIC.– Et alors ?

POUPON.– Et alors, ça me fait rire... tout à l'heure avec le mec... faut que ça vole, il disait, et les filles, faut que ça tombe.

VIC.– Le jour où Rou il va tomber, il va tomber de haut et durement. Il risque de ne pas s'en relever.

POUPON.– Ça, ça m'étonnerait, Rou il est vachement nerveux, c'est comme les rats, il faut les tuer d'entrée, sinon ils te sautent au visage et ils te lacèrent ta gueule, c'est coriace et vachement méchant, ces bestioles, et le mec qui le mettra petit, il est pas encore né. Non, ce qui me fait rire le plus, c'est que le mari il vend des oiseaux.

VIC.– Et alors ?

POUPON.– Des petits oiseaux de rien du tout.

VIC.– Ouais.

POUPON.– Hé bien Rou, il aime pas. Rou, quand on était mômes pas plus grands que ça, il faisait des pièges à oiseaux, il voulait attraper des grives ou des pigeons, mais il attrapait que des petits piafs de rien du tout et ça, ça l'énervait. Alors, il prenait l'oiseau dans sa main comme ça et d'un coup, d'un seul, il lançait l'oiseau de toutes ses forces contre le grillage au fond de son jardin. Il se mettait à une dizaine de mètres, pour lui donner une chance il disait, et il lançait l'oiseau et l'oiseau à tous les coups s'éclatait contre le grillage, et après, il criait : Je t'ai donné une chance et t'as pas su la prendre. Il était tout excité après. Il regardait le petit oiseau encore tout chaud et il se calmait. Après, il me disait : C'est pour mon chat, c'est la nature ça. C'est la nature.

Un temps.

VIC.– Tu vois, je vais te dire à toi, j'ai un drôle de goût qui me remonte à la bouche et ça c'est pas bon, pas bon signe du tout. Depuis ce matin, je me traîne, une âme en peine ! Rou est venu me chercher ce soir, il est passé à la maison et on a été se boire un petit coup, coudes au comptoir, hé bien, j'ai même plus envie de l'accompagner à téter la bouteille. Je me traîne et traîner 90 kilos de barbaque, c'est lourd. J'ai pas la moelle en ce moment.
J'ai plus qu'une idée en tête dès que je me lève le matin, c'est de retourner me coucher et dormir, y a plus que ça qui m'est agréable et qui m'intéresse : dormir ou alors à l'extrême limite, regarder une belle fille, ça, je dis pas…

POUPON.– Où ça ?

VIC.– Là…

Lucie revient visiblement inquiète.

VIC.– Ça me fait plus d'effet qu'un lapin qui sort d'un chapeau! C'est pour tout te dire...

POUPON.– Elle est toute seule... faut pas qu'elle reste trop longtemps toute seule... qui va à la chasse...

VIC.– Enlève ta casquette quand tu vois une jolie fille!

POUPON.– J'aime pas, je me sens tout nu... si je l'enlève, j'ai la cervelle qui refroidit et la cervelle froide, c'est pas bon... faut que ça reste au chaud.

Un temps... elle reste à distance puis s'approche.

LUCIE.– Pardon, excusez-moi, vous ne savez pas où se trouve Rou?

POUPON.– Il est parti vous chercher.

LUCIE.– Je comprends pas ce qui se passe, je l'attendais.

POUPON.– Je crois qu'il a eu quelques petits problèmes avec sa voiture...

VIC.– Vous inquiétez pas, il va revenir.

POUPON.– Des petits problèmes de clés qu'il a pas pu retrouver.

LUCIE.– Ha...

POUPON.– Va trouver une solution, il trouve toujours une solution... faut pas vous inquiéter!

LUCIE.– Non, non...

POUPON.– Ha, y a votre danseur de mari qu'a dû oublier quelque chose.

LUCIE.– Qu'est-ce que vous dites?

POUPON.– Y a quelqu'un qu'arrive pour vous!

LUCIE.– *(à elle-même)* ... Ho non, c'est pas vrai!...

Jean arrive, visiblement énervé.

JEAN.– Qu'est-ce que tu fais là? Ça fait des heures que je te cherche!

LUCIE.– J'étais dans le coin.

JEAN.– Qu'est-ce que tu fais là? Je t'attendais à l'intérieur!

LUCIE.– Hé bien, tu vois, j'étais là.

JEAN.– I' sont fous, ces mecs ! Complètement malades ! Viens, on y va !

LUCIE.– Non.

JEAN.– Allez, viens, on rentre à la maison !

LUCIE.– Je rentre pas.

JEAN.– Tu rentres pas ?

LUCIE.– Je reste là.

JEAN.– Qu'est-ce que tu veux rester là ?

LUCIE.– Faut que je te parle.

JEAN.– On rentre à la maison et on parle.

LUCIE.– On parle, là !

JEAN.– D'accord... tu veux gâcher la soirée ? C'est qui ces mecs-là ?

LUCIE.– Des amis.

JEAN.– Ha bon, bravo ! Je savais pas que tu fréquentais ce genre d'individus. T'aurais pu me présenter, j'ai failli me battre.

LUCIE.– J'ai pas le cœur à plaisanter.

JEAN.– Mais je plaisante pas ! J'ai failli me battre avec l'un d'eux... qu'est plus là d'ailleurs...
Un temps.
Tu vas m'expliquer ce qui se passe ici ?

LUCIE.– Jean ?

JEAN.– Quoi ?

LUCIE.– C'est plus possible !

JEAN.– Qu'est-ce qui est plus possible ?

Rou arrive et se met avec Poupon et regarde la scène un peu comme s'ils regardaient la télé.

LUCIE.– Ça, là, nous ! C'est plus possible, je peux plus, il faut que je te parle...

JEAN.– Je vois bien.

LUCIE.– On va se quitter.

Un temps.

JEAN.– Tu plaisantes ?

LUCIE.– J'ai l'air ?

JEAN.– Non.

LUCIE.– Bon, alors ce soir je ne rentre pas, je ne rentrerai plus... je passerai prendre les affaires demain matin. Voilà !

JEAN.– Voilà ! Un simple voilà et tu crois que c'est réglé !

LUCIE.– C'est tout ce que j'ai à dire.

JEAN.– Alors tu crois qu'avec un simple voilà, on efface d'un coup d'un seul toute une vie ?

LUCIE.– Oui. Enfin, j'espère !

JEAN.– Pourquoi ?

LUCIE.– Pourquoi quoi ?

JEAN.– Tu me quittes ?

LUCIE.– Y a rien à expliquer.

JEAN.– Comment ça, y a rien ?

LUCIE.– Je veux pas qu'on s'énerve, c'est tout, je veux pas de scène.

JEAN.– Quelle scène ?

LUCIE.– Rien, il vaut mieux pour tout le monde que tu t'en ailles.

JEAN.– Pour tout le monde ? Qui, tout le monde ? Tu vas vite, là ! C'est trop facile !

LUCIE.– Y a rien qu'est facile, ni pour toi ni pour moi.

JEAN.– Tu vas m'expliquer, nom de Dieu de nom de Dieu, ton petit manège ?

LUCIE.– Y a pas de manège, tu veux que je te dise ? Tu m'énerves !

JEAN.– Et toi, avec ton calme légendaire, tu commences pas à m'emmerder ? Qu'est-ce que c'est que toutes ces histoires, bordel de merde, tu rentres à la maison illico presto !

LUCIE.– Arrête ! Ça te va pas de t'emballer !

JEAN.– Merde, qu'est-ce que tu as à me dire, sors-le ! Qu'est-ce que tu me reproches ? Vas-y, déballe !

LUCIE.– Tu veux savoir ? Tout ! Y a tout ! Point. Ça y est, t'es content ? Je te supporte plus ! Quand t'es là, en face de moi comme un chien battu, je peux pas te dire ce que ça me fait. Je ne veux plus te voir. C'est clair !...

JEAN.– Et moi, je te supporte même quand c'est pas facile... tiens, quand tu dis rien pendant trois jours, que tu décoinces pas les dents, je supporte ! Quand tu te fais des masques de crème et que je peux pas te toucher, je supporte ! Quand t'es crémeuse comme une savonnette, tes peintures grasses, ton maquillage qui fait peur aux oiseaux, quand tu mets tes sachets de thé usagés dans le frigo, pour te les mettre tous les petits déjeuners sur les yeux, je supporte ! Le fait que tu changes de couleur de cheveux tous les quinze jours que j'ai même pas le temps de m'habituer, je supporte ! Ton mal au ventre, à la tête, tes migraines sans discontinuer, tes malaises chroniques, je supporte ! Quand tu lis tes magazines de merde pendant des heures la nuit, tes mots fléchés de mes deux, tes jeux télé à la con... si tu crois que je supporte, je ferme ma gueule, mes yeux et j'essaye d'oublier tout ce qu'on a fait ensemble de merveilleux...

LUCIE.– Ça y est, t'as fini ?

JEAN.– Ça y est ! C'est le même coup que les vacances à Ignola ?

LUCIE.– Arrête !

JEAN.– Ça recommence !

LUCIE.– Fous-moi la paix ! S'il te plaît !

JEAN.– Mais explique-moi ! C'est comme Ignola ?

LUCIE.– Salut !

JEAN.– Quoi ?

LUCIE.– Salut, au revoir.

JEAN.– C'est ça, salut !

Jean s'en va.
Lucie devient violente.

LUCIE.– Ça y est, t'es content ?

ROU.– De quoi ?

LUCIE.– Tu l'as cherché ! C'est ce que tu voulais, ça y est, t'es heureux, maintenant ?

ROU.– De quoi ?

LUCIE.– À rester là planté devant, c'était sûr, obligé qu'il nous tombe dessus !

ROU.– Viens là, mon petit cœur, contre moi tout oublier.

LUCIE. Tu te fous de moi ?

ROU.– Allez, ça ira mieux demain, après une bonne nuit de sommeil et de gros câlins.

LUCIE.– Non.

ROU.– Quoi, non ? Viens là !

LUCIE.– Ho, hé, tu me laisses tranquille, toi, OK ? Fous-moi la paix !

ROU.– Ho, on se calme ! C'est vraiment pas ma soirée.

LUCIE.– Et moi, tu crois que c'est la mienne ?

ROU.– Ben quoi, y a plus de problème maintenant que tout est réglé ! On va passer chez toi prendre tes affaires et tout ça ne sera plus que de l'histoire ancienne !

LUCIE.– Je pensais pas que ça se passerait comme ça.

ROU.– Tiens, revoilà ton mari...

LUCIE.– T'écrases, d'accord ? Tu viens pas la ramener !

Jean revient.

JEAN.– Lucie... Lucie... on s'est un peu énervés, là, tout de suite... je veux te parler encore un peu... faut pas que tu me laisses là. Si tu t'en vas, c'est fini, tout s'écroule, tu le sais ça, sans toi c'est même plus la peine. Je sais pas trop bien quoi te dire...

LUCIE.– Arrête !

JEAN.– Non, je ne vais pas m'arrêter, j'en ai plus rien à faire des autres... après toi, j'ai plus rien à perdre... écoute-moi un peu, un tout petit peu de rien du tout... ce sera pas long.

LUCIE.– Pourquoi tu fais ça ?

JEAN.– Reviens à la maison… on va se faire un bon petit repas et on va parler tous les deux comme avant, tranquillement, sans s'énerver…

LUCIE.– Non.

JEAN.– C'est la pleine lune, alors ça énerve et on dit des choses qu'on pense même pas…

LUCIE.– Tu sais très bien que c'est pas ça.

JEAN.– Je t'en prie, écoute-moi !

LUCIE.– Arrête de te donner en spectacle !

ROU.– Foutez-lui la paix !

JEAN.– Le spectacle, mais qu'est-ce que j'en ai à faire, à foutre, du spectacle !

LUCIE.– Arrête !

JEAN.– Lucie, écoute-moi…

ROU.– Arrête d'insister, retourne chez toi !

JEAN.– *(se moquant éperdument des autres)* Ha ha, ça me fait bien rire, et tu me disais je t'aime, je t'aime, jamais on se quittera, jamais. On est pas comme les autres. Hein, nous on est pas comme les autres ? On est tranquille, nous. Nous, on s'aime ! Tu me fais rire, rire, rire, t'entends ? Tu me fais rire ! Ha ha ha ha ha… regarde comme je ris fort : ha ha ha ha ha…

Jean s'en va.

LUCIE.– *(isolée)* C'est drôle mais j'ai cet air dans la tête… ça y est… c'est fini… comme une petite mort… comme une vie foutue, éparpillée, des petites miettes de gâteau qu'on jette par terre pour les oiseaux… et hop, devant tout le monde hop, en une volée, il reste plus la moindre miette, plus rien… c'est drôle, je voulais pas que ça se termine comme ça… tout moche… je vais aller prendre mes affaires, attendre qu'il ne soit pas à la maison et faire mes affaires… rien envie de prendre en fait ce qui pourrait me rappeler… juste mes habits, mes affaires de toilette… mon petit sac avec mes bijoux… le reste, je m'en fous… je sais pas bien ce que je vais faire… y a tout qu'a foutu le camp, comme des oiseaux sur des miettes de pain, devant tout le monde, il ne reste plus rien… je vais aller à la brasserie de la gare, je sais pas pourquoi… j'aime bien… je vais boire en attendant… peut-être rencontrer quelqu'un et tout recommencer… renaître… je suis aussi malheureuse que toi… mais si je presse mes yeux, y a pas beaucoup de chagrin qui sort… c'est la chanson, cet air que je garde dans ma tête et qui veut plus sortir… Ha oui, ma petite radio, i' faut pas que j'oublie ma petite radio… où c'est que je vais bien pouvoir aller…

Lucie s'en va lentement.

POUPON.– Alors, tu cours pas derrière ? Un petit sprint, Rou !

ROU.– Rien à foutre de toutes ces histoires ! Ils ont qu'à se démerder entre eux, si elle veut me revoir, elle sait où j'habite !

VIC.– Ha bon !

ROU.– L'amour, ça doit être simple, quand ça devient grave, c'est pas la peine, j'aime pas.

VIC.– Je vois.

ROU.– Si à chaque fois que tu mets un petit coup, ça remue les montagnes, moi je suis pas du genre à lui courir après !

ROSE.– Attitude courageuse ! Ça, y a pas à dire, un vrai ballon de baudruche !

ROU.– Je t'ai déjà dit…

ROSE.– De me mêler de ce qui me regarde, je sais…

ROU.– Oui, tu ferais bien.

ROSE.– Monsieur est touché dans son amour-propre.

ROU.– Je vois pas pourquoi !

ROSE.– Ça doit être rageant quand même… de ferrer une belle truite bien frétillante et quand on la ramène, qu'on a l'eau à la bouche… qu'elle se décroche et qu'elle s'en aille.

POUPON.– Ça tu l'as dit ! Se prendre une veste par une nuit aussi chaude, ça doit être désagréable…

ROU.– C'est toi qui me dis ça ! Y en a qui manquent pas de complexes ! Sur ce terrain-là, tu ferais mieux de la fermer, comme sur tous les terrains d'ailleurs. Dès qu'il croise la moindre fille, il nous fait de la tachycardie, il sue à grosses gouttes…

POUPON.– Pas du tout, n'importe quoi !

ROU.– Rien que leur parler, il nous fait une petite érection et il lâche tout dans le slip.

ROSE.– Toi ! Dès que tu tires un coup, t'as l'impression de faire un exploit, genre record du monde.

POUPON.– Exactement ! Tout juste ! Bien parlé, ça ! Et après il raconte tout à tout le monde. Tu t'attends peut-être à ce que ce soit dans les journaux.

ROU.– Parlez ! Parlez ! Je vous raconte juste ce que je veux, pour pas que vous vous ennuyiez, pour vous faire rêver, un peu comme le cinéma du samedi soir.

POUPON.– Le cinéma, c'est pas comme ça !

ROU.– Un jour, je te raconterai tout, une belle histoire avec de la tension, de l'émotion qui à coup sûr t'intéressera, ça va te faire vibrer, tu vas en pleurer toutes les larmes de ton corps… j'en mets ma tête à couper !

POUPON.– Quand tu veux, ta tête à couper ! Je l'attends, ton histoire ! Alors ? T'as que la gueule !… alors, tu craches ?

ROSE.– Laisse tomber, Poupon, il fait ça pour faire l'intéressant !

Silence pesant.

VIC.– Ouais, hé bien en attendant… j'ai quelque chose à vous dire et ça tombe bien que je vous ai tous sous la main… je sais que je tombe mal à propos, mais il faut que je vous le dise… je vais partir.

ROU.– Comment ?

VIC.– Ouais ! Je vais y aller !

ROU.– Tu pars ?

POUPON.– Comment ça, tu pars ?

VIC.– Je pars, ça fait des jours que j'y pense, je pars, c'est décidé !

ROU.– Où c'est que tu pars ?

POUPON.– Oui, où ça ?

VIC.– Je peux pas vous dire.

ROU.– Ben dis-nous !

VIC.– C'est encore un petit peu vague.

ROU.– Et nous, qu'est-ce qu'on fait ?

VIC.– Vous, vous restez là et si ça baigne, je vous écrirai.

ROU.– Putain de nouvelle ! Tu me mets sur le cul, t'aurais pu nous préparer ! Lâcher la sauce d'un coup, ça tue !

POUPON.– T'aurais pu nous prévenir un peu à l'avance, qu'on se prépare !

VIC.– Ça y est à présent, tout le monde est prévenu.

ROU.– Là, tu me fous un coup !

POUPON.– Tu me fous un coup !

ROU.– Pourquoi tu répètes tout ce que je dis ?

POUPON.– Ça te dérange ?

ROU.– T'es emmerdant à répéter tout. Tu fais chier, Poupon !

POUPON.– Qu'est-ce qui te prend ? C'est pas de ma faute si ce soir t'as un plan qui saute ! De toute façon, t'en as rien à battre de cette belette, tu l'as dit toi-même !

ROU.– Pas de ta faute, pauvre crétin ! Si tu m'avais passé les clés de la bagnole sans broncher, tout ça serait pas arrivé !

POUPON.– C'est trop facile de dire ça, on est pas là pour servir monsieur 24 heures sur 24, pour qui tu te prends ?

ROSE.– Ha, parce que monsieur voulait emmener madame dans ma voiture ! Ben mes aïeux ! Tu manques pas de culot, toi alors ! Alors on voulait faire ses petits besoins, ses petites cochonneries vicelardes au beau milieu du seul bien qu'on ait, Poupon et moi, de l'héritage familial !

ROU.– Toi, tu ferais mieux d'arrêter tout de suite !

VIC.– Ça va ! Ça suffit, on se calme !

ROU.– Tu vois, si tu pars, ce que ce sera !

POUPON.– Ça, c'est vrai !

VIC.– Je vous laisserai pas longtemps sans nouvelles. Je vais aller prendre le frais là où il y a du soleil toute l'année. Si tout se passe bien, vous descendrez me voir.

ROU.– D'abord, si tu pars, on se verra plus avec lui de toute manière. J'ai pas envie de me le coltiner toute la sainte journée avec sa frangine dans les guibolles.

ROSE.– Elle t'emmerde, sa frangine !

POUPON.– Elle t'emmerde, ma frangine !

VIC.– C'est fini, oui ? Ou sinon, je pars tout de suite !

POUPON.– Non mais, c'est vrai, qu'est-ce qu'il imagine, lui ? Tu crois peut-être qu'on aura envie de voir ta sale gueule ? Tu te fourres, là. Là, tu te fourres !

ROU.– Tu vas voir ce que je vais te mettre !

VIC.– Bon, si je vous entends encore l'ouvrir tous les deux…

ROSE.– Ouais.

VIC.– Tous les trois, si je vous entends encore une fois l'ouvrir tous les trois, je m'en vais tout de suite et pour de bon !

Un temps.

ROSE.– C'est le choc, là ! Tu nous as mis sous le choc…

POUPON.– Tu parles ! Qu'est-ce qu'on va faire si t'es plus là ?

ROSE.– J'aurai plus personne pour qui préparer des bons gâteaux, raconter mes dimanches, partager mes samedis soir…

ROU.– Vic s'en va et voilà tout ce que tu trouves à dire… j'aurai plus personne pour qui faire mes gâteaux… raconter mes problèmes sentimentaux… la tristesse de ne pas trouver un petit mari…

ROSE.– Tais-toi !

POUPON.– Hé, si tu la fermes pas comme il a dit, Vic, je vais te voler dans les plumes !

ROU.– Petit calibre, tu voleras pas cette fois-ci, la dernière fois que t'as voulu voler dans les plumes, t'as volé en éclats, il a fallu qu'on t'amène aux urgences.

ROSE.– La faute à qui, pauv'demeuré ? Si t'avais pas provoqué !

ROU.– Toi, la ferme !

ROSE.– Ho, dis donc, comment il me cause, lui ! Pour qui tu te prends ? C'est pas parce que tu bois du scotch sec sans glace, que tu fumes sans filtre et que tu te vantes à tout le monde que tu baises sans capote que tu les emmènes au paradis !

ROU.– C'est la jalousie qui te fait coincer des dents !

POUPON.– Je vois pas pourquoi elle serait jalouse !

ROU.– Ha bon, tu vois pas ?... c'est marrant ce que les femmes sont changeantes quand même ! T'as raconté à ton frère... ?

VIC.– Fais pas le con !...

Vic se met à l'écart.

POUPON.– Quoi ?

ROSE.– Qu'est-ce que tu racontes ?

ROU.– Rien, seulement ce qui s'est passé.

POUPON.– Qu'est-ce qui s'est passé ?

ROU.– Comme Rose dit toujours la vérité, raconte un peu la vérité à ton Poupon, que ça lui cloue le bec !

ROSE.– S'il te plaît, arrête ! S'il te plaît !

ROU.– Ho, comme elle est gentille avec moi maintenant, c'est pas possible ! Elle me dit s'il te plaît, vous entendez ça ?

POUPON.– Qu'est-ce qui s'est passé ?

ROSE.– Rien.

VIC.– Rien.

POUPON.– Quoi, rien ?

ROU.– Quoi ! Elle t'a pas raconté ça ? Elle qui n'a aucun secret pour toi, elle t'a caché ça, c'est pas possible ! C'est tellement important, en plus, dans la vie d'une femme !...

Rose part en courant.

POUPON.– Qu'est-ce que tu racontes, Rou ?

Temps où Rou semble s'amuser de la situation.

ROU.– ... je vais te dire... hé bien, ta sœur... si réservée, elle est venue toute seule à ma porte, comme envoyée par la poste, en recommandé direct dans mon lit, je l'ai pas obligée. Tu veux que je continue ? Que je te raconte comment ça s'est passé ? Faut pas que tu te sauves, faut

écouter, Poupon, ouvrir bien grand tes oreilles. Alors voilà, moi j'avais eu une méchante journée difficile, déjà baisé une meuf tout l'après-midi, enfin passons, je vais pas te faire un dessin et j'allais me noyer un peu le gosier d'alcool pur, pour me rincer et cicatriser les conneries que tu fais sur un coup de queue malheureux, enfin, ça, tu peux pas comprendre. Alors bon, je coinçais la bouteille sur l'oreiller quand roulement de tambour, sans trompette ni crier gare, ta sœurette m'est apparue, incroyable, non ?
Elle s'est déshabillée lentement, en me regardant dans les yeux, t'aurais dû voir ça. Elle m'hypnotisait, dis donc ! Elle s'est mise presqu'entièrement à poil sans rien que je lui demande, juste gardé son slip, t'aurais vu le tableau ! Elle a une de ces paires de miches ! Enfin bon, je suppose que tu connais. Elle m'a dit : Salut, Rou, t'aurais pas vu mon frère dans le coin, il est pas chez toi ? Genre de truc, j'ai dit non, non, pas vu Poupon depuis des lustres, le souffle coupé, j'avais ! Elle est venue directement s'allonger sur moi. Elle a foutu le drap par terre et elle s'est frottée contre moi, j'y croyais pas, pas possible ! T'imagines ta sœur, là, remontée comme une pile électrique, frétillante comme un gardon. Elle a enlevé son slip et elle est venue s'asseoir comme ça, s'empaler, dis donc, tu parles d'une surprise… alors j'ai pensé à toi, Poupon, et ça m'a retenu, faut dire, Poupon, pour ça t'es le meilleur ! Quand on voit ta gueule, faut se retenir !

POUPON.– Je vais te tuer !

ROU.– Ha la vérité ! La vérité, c'est pas toujours bon à entendre. Mais pourquoi veux-tu me tuer alors que je me suis battu du diable pour rendre ta sœur heureuse. Elle en a pleuré, tu sais.

POUPON.– Tu vas mourir, Rou, tu vas mourir ! Tu vas pas comprendre, je vais te percer ! Je vais te crever !

ROU.– Ha ça ! Rendre une femme heureuse, tu sais pas ce que c'est ! Ça, c'est pas avec tes putes que tu vas comprendre ça un jour ! Un tiers du budget du mois passe dans tes putes au lieu de faire des cadeaux à ta petite sœur et tu veux me donner des leçons de morale ?

Poupon part comme une flèche. Il croise Vic.

VIC.– Poupon !

POUPON.– Laisse-moi tranquille !

VIC.– Poupon, attends ! Poupon !

ROU.– Tss...

VIC.– Pourquoi t'as fait ça ?

ROU.– Pour le remettre en place et lui mettre les yeux en face des trous.

VIC.– Tu pouvais pas la fermer, ta grande gueule ?

ROU.– J'en ai rien à foutre, pourquoi je devrais sans arrêt la fermer, donner du sirop à tout le monde. C'est vrai, quoi ! Qu'est-ce que j'ai fait de mal ? Rien, j'ai seulement balancé la vérité !

VIC.– T'as gagné, là ! T'as gagné ! Pauvre petit con que tu es ! Tu pouvais pas la fermer ta grande gueule ? Tu crois que t'es le roi, là ? Imbécile heureux !

ROU.– Fous-moi la paix !

VIC.– Casse-toi vite de là avant que je te règle ton compte !

Rou s'en va lentement... Jean arrive.

JEAN.– J'ai des preuves ! Des preuves ! Hein, qu'est-ce que vous en dites de ça ! De tout ça ! Ça représente des années, ça ! Vos petits coups de queue, ça fait pas le poids contre ça ! C'est de la merde toutes ces lettres, hein ? C'est de la merde ! Ces centaines de lettres qu'on s'est écrit et vous voulez lire ce qu'elle me mettait en bas, tous les mots d'amour qu'elle me couchait sur le papier et ces photos ! Qu'est-ce que vous en faites des photos ? Et les cadeaux, là ? Voilà ! Regardez, c'est rien ça, peut-être ? C'est rien du tout ?

VIC.– Oui, oui... vous feriez mieux d'aller retrouver votre femme.

JEAN.– Je sais pas où elle est.

VIC.– Allez la retrouver !

JEAN.– Je vais attendre ici qu'elle revienne.

VIC.– Bien... comme vous voulez.

JEAN.– J'ai l'habitude...

VIC.– C'est la pleine lune, ça énerve...

JEAN.– Ça vous dérange pas que j'attende ici qu'elle revienne ?

VIC.– Non, non.

Un temps.

JEAN.– Je vais vous dire… on est partis, ma femme et moi, en vacances au bord de l'Adriatique. Moi, je voulais pas, mais ma femme voulait, alors bon ! Je sentais pas ce voyage, à cause des Italiens. J'aime bien les Italiens mais quand je suis sans ma femme, comprenez-vous ? Ignola, c'était magnifique, l'Adriatique, vous connaissez ?

VIC.– À la télé.

JEAN.– Ha, il faut y aller, si vous êtes célibataire, faut y aller… tenez, je ne vous mens pas, c'est beau, regardez ! Là, c'est ma femme Lucie. Moi, on ne me voit pas car je prends la photo. Y avait un vent à couper au couteau. Je l'ai prise juste avant d'aller manger au restaurant. Il était une heure de l'après-midi, juste devant notre petit hôtel. Dernier moment de bonheur. Après, ça a tourné d'un coup, la tourmente !

VIC.– Comme à la montagne, ça change d'un coup, d'un seul, dans votre dos ! C'est fini.

Un temps.

JEAN.– *(comme soûlé de coups)* Fini… qu'est-ce qu'est fini ? Vous voulez plaisanter, avec tout ce qui me reste à faire. 1200 oiseaux qui m'attendent, si ils m'ont plus, moi, ils crèvent ! 68 espèces différentes, 154 couples qui vont se décupler au printemps, avec tout le travail qui me reste à faire, vous trouvez que c'est fini ? Vous voulez sûrement plaisanter, monsieur, monsieur… ?

VIC.– Vic, Victor.

JEAN.– Jean ! Et ma femme c'est Lucie qu'elle s'appelle. Lucie, j'aime bien ! C'est doux comme prénom, ça glisse, comme Alice. Si on avait eu un enfant, on l'aurait appelé Alice, si cela avait été une fille bien entendu, pour un garçon : Paul ! Paul c'est simple, c'est beau ! Vous ne trouvez pas ?

VIC.– Si.

JEAN.– Qu'elles s'appellent Lucie, Alice ou Cunégonde, je m'en moque en fait que ça glisse ou pas. À présent, ça n'a plus d'importance. J'ai raté ma dernière chance et je n'en aurai plus ou je ne veux plus saisir d'autres opportunités, comprenez-vous ? Je vais vivre seul.

VIC.– Vous me dites ça, à moi ? Je vis seul et je suis presque heureux. Je ne m'inquiète pour plus personne. Je n'ai plus personne. Je n'ai plus peur ni de vivre ni de mourir, plus rien. J'attends, c'est tout, et c'est déjà bien suffisant. Y a rien de mieux que de n'avoir qu'un baluchon à faire pour partir.

JEAN.– Vous avez raison.

VIC.– Au début, on a une petite pincette au cœur, de se retrouver tout seul, on a mal, quelques larmes sur les joues et une de ces envies de se foutre en l'air une bonne fois pour toutes. On pense avoir tout connu de la vie, qu'on a touché le fond du bonheur. Foutaises tout ça ! Après quelque temps, ça passe !
Mais l'amour c'est quoi, sinon un passe-temps ? C'est pas grave. Moi, je crois qu'on peut aimer presque n'importe qui ! Suffit de le vouloir et de le savoir. L'amour est un formidable passe-temps.

JEAN.– Taisez-vous !

VIC.– J'ai vécu avec ma femme pendant près de quinze ans et j'ai pas vu le temps passer. Et maintenant, je me dis que c'est aussi bien.

JEAN.– Taisez-vous !

VIC.– Si vous voulez...

Pause.

JEAN.– Vous ne vous rappelez plus, comment vous pouvez dire ça ?

VIC.– Je sais qu'une chose : c'est que j'ai voulu mourir pour elle...

JEAN.– *(coupant sèchement)* Moi aussi !

VIC.– ... ou parfois la tuer, aujourd'hui je ne me rappelle plus exactement ce qui fait qu'on est plus ensemble, ce qui a ou n'a pas marché. Je me rappelle plus, c'est un petit peu vague...

JEAN.– Moi, tout est clair, transparent, chaque seconde, moi, je m'en rappelle avec elle, chaque petit instant. Je pourrais tout redire les mots qu'elle m'a dits ! Ça, c'est sûr, je vous mens pas, tous les petits mots de rien, ils sont là-dedans, gravés, piqués dans ma cervelle. Je fais attention à tout, vous savez, je suis très méticuleux, ça vient de mon plus jeune âge, savez-vous ?
J'ai une passion, j'ai toujours aimé ce qui vole. Quand j'étais môme, je domestiquais les lucioles, après ça a été les papillons de nuit, les

petites choses éphémères et puis, en vieillissant, je suis passé aux oiseaux en toute logique, voyez-vous, ça ne m'a pas posé de problème particulier, le passage papillon oiseau. Ça s'est fait tout seul, naturellement.

VIC.– Je comprends.

JEAN.– Je vais vous montrer une chose extraordinaire, une des plus belles choses qui soit. La merveille des merveilles. Ça !

VIC.– Qu'est-ce que c'est ?

JEAN.– On ne peut pas y croire en y regardant comme ça, qu'une toute petite gélule comme ça, 1,3 ml, sans aucun goût je suppose, puisse arrêter une vie aussi grande que ça, d'un coup, quoique ma vie, elle a pas été bien grande. On peut pas y croire, c'est tellement silencieux, pas de cris ni de crise, ni de douleur, c'est instantané. Tellement silencieux, on peut l'avaler ou la laisser fondre sous la langue, voyez-vous, comme un dernier médicament qu'on prendrait pour que tout aille bien pour toujours.
Normalement, c'est ce qu'ils donnent aux singes en intraveineuse, quand ils deviennent enragés après les expériences. Vous ouvrez la capsule, vous diluez la poudre et hop, ça provoque un arrêt cardiaque. Le temps d'un battement de cils et en un petit souffle on redevient un nuage, on est dans le vent. On flotte tout léger, léger.
J'attendrai une nuit bleue avec plein d'étoiles, une nuit chaude et douce comme jamais, comme cette première nuit où j'ai rencontré Lucie. Elle était mignonne dans sa petite robe bleue vichy. C'était encore une enfant. Elle posait des questions sur tout et voulait tout savoir de ma vie. Y a quelque chose qui s'est détraqué. C'est drôle que l'amour un jour se taille quand on s'y attend le moins.
J'irai chercher toutes les cages des oiseaux et j'ouvrirai toutes les portes. Je les regarderai s'envoler jusqu'au dernier et après je boirai un grand verre d'eau glacée pour mettre ma petite gélule sur orbite.

VIC.– Comment vous avez eu ça ?

JEAN.– Après Ignola. Ignola, ça a été terrible. J'ai échangé le plus beau couple d'oiseaux de ma collection contre ça, cette petite gélule. C'était mon couple préféré et un monsieur, un chimiste, a voulu me les acheter, je lui ai dit qu'ils n'étaient pas à vendre, il m'a dit combien. Je lui ai répété qu'ils n'étaient pas à vendre. Il me transperçait. Il a sorti ça, ce petit truc et m'a dit, contre ça, est-ce que vous voudriez ? J'ai

regardé ce petit truc au creux de sa main et ça m'a fait rire, mais l'homme n'a pas bronché, il a juste dit : Alors ?
Un couple d'oiseaux contre l'au-delà d'assuré, qu'est-ce que vous en dites ? C'était juste une semaine après Ignola.

VIC.– Ignola ?

Temps où Jean semble perdu dans ses pensées.

JEAN.– ... les oiseaux étaient magnifiques, ils changeaient de couleur toutes les saisons, vous le saviez, ça, que ça change de couleur ? C'était des inséparables pour l'éternité, c'est la légende de ces oiseaux. Quand un meurt, l'autre se laisse mourir aussi de faim, de soif et de chagrin, il arrête de chanter, de se laver, de fermer les yeux. Ses yeux deviennent rouge sang comme brûlés par la lumière et puis un jour, il tombe raide mort sur le côté, et il rejoint sa moitié. Généralement ça met pas plus d'une semaine. Avec ça, pas plus d'une minute !

VIC.– Qu'est-ce que vous en savez ?

JEAN.– De quoi ?

VIC.– Que ça met une minute !

JEAN.– Il me l'a certifié.

VIC.– Il vous a peut-être menti.

JEAN.– Qu'est-ce que vous dites ?

VIC.– C'est peut-être du sucre.

JEAN.– Je ne comprends pas.

VIC.– Il n'y a rien à comprendre... il voulait ces oiseaux, alors il a très bien pu vous mentir. Déjà, de vous avoir proposé ça en échange, je trouve ça diabolique, alors peut-être qu'il s'est foutu de vous sur toute la ligne ! C'est peut-être du sucre. On peut pas goûter avant, c'est un marché moral, quoi...

JEAN.– Je peux essayer, si vous voulez ?

VIC.– C'est pas mon problème...

JEAN.– Très bien !

VIC.– Arrêtez ! Arrêtez ! Je disais tout ça pour plaisanter... pour détendre l'atmosphère !

JEAN.– Je ne trouve pas ça drôle.

VIC.– Vous avez raison.

Poupon arrive en courant, livide.

POUPON.– Où il est ?

VIC.– Qui ?

POUPON.– Rou ! Il est où ?

VIC.– Je ne sais pas.

POUPON.– Je vais le trouver, où qu'il soit !

VIC.– Poupon ?

POUPON.– Tu le savais ?

VIC.– Quoi ?

POUPON.– Quoi ! Tu le savais !

VIC.– Laisse-moi t'expliquer…

POUPON.– Rien du tout, tu m'as menti !

VIC.– Attends !

POUPON.– Et dire que j'avais confiance en toi, tu m'as pris pour un con. C'est pas possible, pas toi, Vic ! Tu m'as menti !

VIC.– Laisse-moi te…

POUPON.– T'as vu ma sœur ?

VIC.– Non.

POUPON.– Je les trouverai tous les deux, je les trouverai ! N'importe où, même si je dois casser les murs et les portes avec ma tête. Vous m'avez tous pris pour un minable, je vais vous montrer, moi, ce qu'il y a là-dedans, je vais vous montrer !

Poupon repart en courant comme un fou.

JEAN.– *(comme dans les nuages)* Hou là là là là ! Qu'est-ce qui se passe ce soir ? Tout le monde est agité !

VIC.– La pleine lune…

JEAN.– Peut-être…

VIC.– Un changement de cycle, ça agit sur le système, vous savez. Ça fait précipiter les choses.

JEAN.– Ça ! En une heure tout s'écroule comme un château de cartes...

VIC.– C'est dans l'air, c'est un changement énergétique, là ! Une transformation radicale ! Vous avez remarqué, y a plus de saisons, les fleurs poussent à contretemps. Va falloir changer les dates du système scolaire si on veut aller à la mer quand il fait chaud et à la montagne quand il fait froid. C'est un coup des Russes. Une dernière attaque insidieuse qui agit sur l'affectif. On ne peut pas être un bon soldat si on est malheureux en amour. Sinon, on cherche la première balle au premier combat. C'est un coup des Russes si tout se détraque...

JEAN.– Ha bon...

VIC.– Je plaisantais... c'est vrai que vous devez pas avoir le cœur à rire. Elle est drôle, cette nuit ! J'ai l'impression d'être dans une grande cour de récréation...

JEAN.– Pas moi.

VIC.– Je m'en doute ! Petits cigarillos roulés sous les pieds des petits Cubains ?

JEAN.– Non, merci, je ne fume pas !

VIC.– La fumée, ça repose, c'est comme l'alcool, ça anesthésie, ça tranquillise, petit coup ?

JEAN.– Une petite gorgée alors !

VIC.– Ça, ça fait du bien de boire un petit coup !

Jean, après avoir bu une bonne rasade...

JEAN.– ... à Ignola, ma femme est partie se promener, moi, j'avais tellement mangé et bu que j'ai été me reposer, faire la sieste une petite heure. C'est là que tout a commencé, à Ignola. Je me suis réveillé et elle était pas rentrée, alors je suis sorti faire un tour pour la chercher. Y avait un vent à couper au couteau et personne dans les rues. J'ai marché tout le long de la mer, ha, l'Adriatique ! Vous connaissez ? Jamais j'y retournerai, jamais ! Rien que d'y penser, ça me retourne le cœur ! Le long de la mer, y avait des petites cabanes en bois bleu et rouge. Moi, je me doutais pas, j'étais heureux de marcher au bord de l'eau, les pieds dans l'eau, mes chaussures à la main. Y avait personne.

Je suis remonté marcher le long des petites cabanes. Et puis, en passant devant l'une d'elles, j'ai entendu du bruit, quelqu'un parler, des murmures, alors j'ai regardé par le petit trou. Y avait un petit trou en forme de cœur sur la porte. J'ai regardé à l'intérieur, je sais pas pourquoi et j'ai vu ma femme, là, avec un homme.
Alors j'ai couru, couru comme un fou jusqu'à l'hôtel.

Rou arrive tranquillement comme si de rien n'était.

ROU.– Qu'est-ce que qu'il fait là encore, ce con?... Ho, je pose une question! Ho, qu'est-ce que vous vous êtes foutu dans les oreilles? Je vais vous nettoyer tout ça, vous allez voir!

VIC.– Tu le laisses tranquille et tu ferais mieux de te sauver, y a Poupon qui te cherche!

ROU.– Qu'est-ce que j'en ai à foutre de cette demi-portion?

VIC.– Comme tu voudras!

ROU.– Comme je veux, exactement!

VIC.– *(tranquillement, comme si Rou n'existait plus)* Jean, vous voyez, j'ai l'impression d'être un arbitre, je compte les points. C'est presque comme ça tous les samedis soir! Il me manque plus que le sifflet. Vous, vous comptez plus, vous êtes déjà sur la touche!

ROU.– Alors, vous avez fait copain-copain? Ha, c'est merveilleux tout ça, de voir ça!

VIC.– Laisse tranquille, s'il te plaît!

ROU.– Bien, bien, chef! Si c'est un ordre, j'exécute!

VIC.– Ce serait bien!

ROU.– Hou là, mais qu'est-ce qui se passe ici? Quelqu'un veut bien me dire ce qui se passe?

VIC.– Tu te fais oublier.

ROU.– Je suis étonné de te voir encore là, je croyais que tu devais partir?

VIC.– Hé bien, tu vois, je suis toujours là, mon garçon, je fais des heures sup'!

ROU.– On a trouvé un petit compagnon. Ha, ça va vite l'amitié! Tu veux que je te dise? Tu me fais de la peine. On lie amitié et on se délie les langues.

VIC.– Me la joue pas à moi. Range tes fesses, sinon je vais te botter le cul pour de bon.

ROU.– Te mêle pas ! Tu vas te faire du mal. T'es en classe vétéran.

VIC.– Il peut t'en apprendre, le vétéran, des petits cons comme toi, j'en ai vu des générations, des wagons et y en a un paquet qui sont restés sur le carreau, le nez dans la terre, maintenant on peut jouer aux osselets avec eux !

JEAN.– *(l'air paumé)* Vous pouvez me dire où se trouve ma femme à présent ?

ROU.– Toi, tu la fermes ! Je vais te donner une chance en te cassant de là. Je t'ai déjà dit qu'ici t'es chez moi et tu me déranges, vu ?

JEAN.– Je suis bien là, je suis tranquille.

VIC.– Allez, Jean, on se sauve, venez avec moi, on est là, en touristes, on passe notre chemin... Je sens qu'y en a qui vont y rester.

JEAN.– Faut que j'attende que ma femme revienne.

VIC.– On va attendre qu'elle revienne ensemble...

Ils sortent. Un temps où Rou déambule, un peu paumé.
Poupon arrive comme une furie, tenant un fusil à pompe.

POUPON.– *(hurlant)* Rou ! Je vais te faire sauter le caisson !

ROU.– *(surpris)* Qu'est-ce que c'est que ça ?

POUPON.– C'est pour toi !

ROU.– Ho, hé, tu déconnes ?

POUPON.– J'ai l'air ? Je vais te faire filer droit au ciel mais avant, tu vas me faire une petite prière. À genoux ! À genoux, je t'ai dit !

Rou se met à genoux, doucement.

POUPON.– Fais ta prière !

ROU.– ... une petite prière... a, b, c, d, e, f, g, h, i, j... je... tu veux pas prier pour moi, je sais pas les mots qu'il faut dire, j'aimerais pas me tromper... j'ai toujours eu des mauvaises notes au catéchisme.

POUPON.– Ta gueule !

ROU.– Ho, hé, Poupon, on se calme ! Tu plaisantes, là ?

POUPON.– J'ai jamais été aussi calme de ma vie et ça me fait un bien fou.

ROU.– Arrête tes conneries!

POUPON.– D'abord, tu vas demander pardon pour ce que tu as dit sur Rose.

ROU.– Tu veux que je mette mes mains en l'air?

POUPON.– Fais gaffe, je plaisante plus du tout.

ROU.– Vas-y, tire! Qu'est-ce que j'en ai à foutre! Toi, t'auras dix ans et moi l'éternité, quel beau voyage!

POUPON.– Ta gueule!

ROU.– J'ai envie de parler avec toi, moi qui croyais que t'étais mon pote. Je m'aperçois que je vais crever tout seul. Pas un ami, rien de cette vie que je vais garder. Drôle, non? Tu trouves pas? Partir tout seul comme un chien sous une chape de plomb.

POUPON.– Ta gueule!

ROU.– Tu vas me plomber! J'ai toujours eu de la chance de ce côté-là d'habitude…

POUPON.– Ta gueule!

ROU.– Pas la moindre chaude-pisse en des années… faut que je touche du bois!

POUPON.– En passoire, tu feras moins le mariolle!

ROU.– Peut-être que ta frangine pensera à moi de temps en temps, je vois d'ici son beau visage mouillé de larmes.

POUPON.– Tais-toi!

ROU.– On se sera fait de belles parties ensemble, tous les deux… Enfin, je veux dire avec toi, pas avec elle…

POUPON.– La ferme!

ROU.– Non, je veux parler… tu m'empêcheras pas, ou alors faut que tu me mettes carrément le canon dans la bouche… faut faire la guerre, Poupon, à cette vie-là.
Moi aussi je suis calme, tu vois, calme. Comme après l'amour quand tu rouvres tes yeux et que tu te sens vidé et plein d'amour. Les femmes,

Poupon ! Les femmes ! Je les aime ! Je les adore ! Quand elles se donnent à toi tout entières et qu'elles pensent plus à rien qu'à toi, qu'à te donner et à prendre du plaisir. Quand tu les sens partir et que le monde se met à fondre tout autour de toi et que tu te mets à oublier, à tout oublier. Tu vas me faire vivre le repos éternel, c'est ça qu'on dit. Poupon, faut pas que tu me rates, faut pas que tu me rates... Je t'emmène avec moi ? Sinon, tu vas te retrouver tout seul. Tu sais ce qu'elle m'a dit ta sœur ? Que son rêve, c'est de s'en aller le plus vite possible, très loin avec un homme pour oublier cette vie de con qu'elle mène. Tu vas rester tout seul... ce n'est plus qu'une question de temps. Et si on a pas l'amour, on a plus rien.

POUPON.– C'est pas vrai ce que tu dis pour ma sœur ?

ROU.– Si, c'est vrai...

POUPON.– Pourquoi tu me dis ça...

ROU.– On se ressemble au fond, tu le sais bien, ça... qu'on se ressemble. On est un peu paumés, là...

POUPON.– Pourquoi t'as fait ça ?

ROU.– Avec ta sœur ? Juste un petit instant de folie, de bonheur, je vais te dire, je regrette pas... allez, tire, Poupon, qu'on en finisse !

POUPON.– T'es vraiment une ordure, Rou...

ROU.– Du cran, Poupon, du cran !

POUPON.– Salaud !...

ROU.– Faut pas craquer ! Allez, Poupon, un petit effort dans la dernière côte, mets-toi en danseuse. Allez, Poupon ! Allez, Poupon ! Allez... un petit effort !

POUPON.– Rou !

ROU.– Quoi ?

POUPON.– Rien...

ROU.– Si, dis-moi ?

POUPON.– Je vais te laisser une chance, casse-toi ! Casse-toi vite de là ! J'ai une envie de tuer sur le bout de la langue... barre-toi vite avant que ça me revienne !

ROU.– Tu veux plus m'amener au paradis ?

POUPON.– Va-t'en ! Plus jamais te revoir ici ou ailleurs !

Rou s'en va lentement, fier, frimeur, la tête haute…

ROU.– *(au loin)* Poupon… Poupon !… à samedi prochain ou peut-être dans quinze jours, à bientôt, Poupon !

Temps.
Poupon est accroupi, le fusil à la verticale juste devant lui, le bout du canon sous son menton, de fait il a la tête qui prend appui dessus.

POUPON.– *(à lui-même)* Et comment on fait pour partir quand on est tout seul…

Il ferme les yeux, appuie sur la détente… On entend « clic… clic… clic… clic… » jusqu'au noir.

NOIR

XAVIER DURRINGER

Né à Paris en 1963, il dirige de 1989 à 2005 sa propre compagnie de théâtre, La Lézarde, au sein de laquelle il écrit et met en scène ses pièces. Ses spectacles connaissent rapidement un grand succès et la publication de ses textes permet de très nombreuses créations dans toute la France. En 2004, Judith Magre obtient le Molière de la meilleure actrice pour *Histoires d'hommes,* dans une mise en scène de Michel Didym. À l'étranger, où ses textes sont traduits dans plus de trente pays, son œuvre connaît un écho considérable.

Durringer écrit dans une langue orale, physique, instinctive, qui colle au corps et à l'époque. Il puise son inspiration dans les mots de la rue, les errances individuelles, la world culture. Il fait merveille dans les monologues et courts dialogues, chroniques de personnages en marge (jeunes, chômeurs, immigrés) ou portraits de femmes et d'hommes dans leur fragilité.

Depuis 1993, il écrit et réalise également pour le cinéma et la télévision ; son dernier long métrage, *La Conquête,* a été présenté en sélection officielle au Festival de Cannes 2011.

éditions THEATRALES

Textes contemporains

ABELE (Inga), *Les Cerfs noirs*
ALLIO (Paul), *Euphoric Poubelle/La Haute Colline*
AURIOL (Marine), *Zig et More/L'Angare (Chroniques du Grand Mouvement, 1 et 2)*
AURIOL (Marine), *Urbi (Chroniques du Grand Mouvement, chapitre 3)*
AURIOL (Marine), *Les Passagers/Fragments neufs (Chroniques du Grand Mouvement, chapitres 4 et 5)*
AZAMA (Michel), *Aztèques*
AZAMA (Michel), *Croisades*
AZAMA (Michel), *Iphigénie ou le Péché des dieux*
AZAMA (Michel), *Le Sas/Bled/Vie et Mort de Pier Paolo Pasolini*
AZAMA (Michel), *Les Deux Terres d'Akhenaton ou l'Invention de Dieu*
AZAMA (Michel), *Zoo de nuit*
AZAMA (Michel), *Saintes familles (Amours fous/Saint amour/Anges du chaos)*
AZZOPARDI (Clare), *L'Interdit sous le lit*
BACCAR (Jalila), *Araberlin*
BACCAR (Jalila), *Junun*
BARKER (Howard), *Tableau d'une exécution/Les Possibilités*
BARKER (Howard), *Blessures au visage/La Douzième Bataille d'Isonzo*
BARKER (Howard), *La Griffe/L'Amour d'un brave type*
BARKER (Howard), *Gertrude (Le Cri)/Le Cas Blanche-Neige*
BARKER (Howard), *Treize objets/Animaux en paradis*
BARKER (Howard), *Judith/Vania*
BARKER (Howard), *La Cène/Faux pas*
BARRY (Sebastian), *Le Régisseur de la chrétienté*
BATLLE (Carles), *Tentation*
BATLLE (Carles), *Transit*
BÉCHET (Claire), *Suites en ré mineur/Trois soliloques*
BÉKÉS (Pál), *Sous les yeux des femmes garde-côtes*
BELBEL (Sergi), *Caresses/Lit nuptial*
BELBEL (Sergi), *Après la pluie*
BELBEL (Sergi), *Le Temps de Planck/Le Sang*
BELBEL (Sergi), *Sans fil*
BENET I JORNET (Josep Maria), *Désir/Fugaces*
BESNEHARD (Daniel), *Passagères/Épreuves*
BESNEHARD (Daniel), *Malá strana/Neige et Sables/Arromanches*
BESNEHARD (Daniel), *Internat/L'Ourse blanche*
BESNEHARD (Daniel), *L'Enfant d'Obock/Le Petit Maroc*
BESNEHARD (Daniel), *Hudson River, un désir d'exil/Charlotte F...*
BLONDEL (Christine), *William Pig ou le Cochon qui avait lu Shakespeare*

BONAL (Denise), *Honorée par un petit monument*
BONAL (Denise), *Portrait de famille*
BONAL (Denise), *Passions et Prairie/Légère en août*
BONAL (Denise), *Turbulences et petits détails/J'ai joué à la marelle, figure-toi…*
BONAL (Denise), *Les Pas perdus*
BONAL (Denise), *De dimanche en dimanche*
BONAL (Denise), *Les tortues viennent toutes seules*
BORISSOVA (Yana), *Petite pièce pour chambre d'enfant*
BOUCHARD (Michel Marc), *Les Muses orphelines*
BOUCHARD (Michel Marc), *Le Chemin des passes dangereuses*
BOUCHARD (Michel Marc), *Sous le regard des mouches/Le Voyage du couronnement*
BOUCHARD (Michel Marc), *Les Manuscrits du déluge*
BOUCHARD (Michel Marc), *Des yeux de verre*
BOURGEAT (François), *Djurdjura*
BRUSATI (Franco), *La Femme sur le lit*
CAGNARD (Jean), *Le Menhir*
CALDWELL (Lucy), *Feuilles*
CANNET (Jean-Pierre), *Des manteaux avec personne dedans*
CANNET (Jean-Pierre), *La Grande Faim dans les arbres*
CANNET (Jean-Pierre), *Little Boy (La passion)*
CANNET (Jean-Pierre), *Chelsea Hotel*
CARLETON (Dominique), *Une voix pour toutes*
CARR (Marina), *La Mai*
CARVALHO (Mário de), *Vive l'harmonie !*
CASTAN (Bruno), *La Conquête du pôle Sud par la face nord*
CELESTINI (Ascanio), *Fabbrica*
CERNIAUSKAITÉ (Laura Sintija), *Lucie patine*
CÉSAIRE (Michèle), *La Nef*
CHARTREUX (Bernard), *Rester partir (Une passion sous les tropiques)*
CHARTREUX (Bernard), *Dernières nouvelles de la peste*
CHARTREUX (Bernard), *Un homme pressé*
CHARTREUX (Bernard), *Cité des oiseaux (d'après Aristophane)*
CHARTREUX (Bernard), *Violences à Vichy II*
CHARTREUX (Bernard), *Hélène & Fred*
CHOUAKI (Aziz), *El Maestro/Les Oranges*
CHOUAKI (Aziz), *Une virée*
COLLECTIF, *Cinq pièces d'Amérique latine*
COLLECTIF, *Embouteillage (32 pièces automobiles)*
COLLECTIF, *Petites pièces d'auteurs*
COLLECTIF, *Petites pièces d'auteurs 2*
COLLECTIF, *Québec/France : auteurs associés*
COLLECTIF, *Théâtre hongrois contemporain*
COLLECTIF, *25 petites pièces d'auteurs*

COLLECTIF, *Les 120 Voyages du Fou*
COLLECTIF (Michel Azama, Koffi Kwahulé, Philippe Minyana), *Le Sas, Jaz, André (Monologues pour femmes)*
COLLECTIF (Roland Fichet, Israël Horovitz, Christian Rullier), *La Chute de l'ange rebelle, Le Rescapé, C'est à dire (Monologues pour hommes)*
COPI, *L'Ombre de Venceslao*
CORMANN (Enzo), *Berlin, ton danseur est la mort*
CORTÁZAR (Julio), *Rien pour Pehuajó/Adieu Robinson*
CYR (Marc-Antoine), *Le désert avance*
DALPÉ (Jean-Marc), *Le Chien*
DE FILIPPO (Eduardo), *Samedi dimanche et lundi*
DE FILIPPO (Eduardo), *Le Haut-de-forme/Douleur sous clé*
DELARUE (Claude), *Le Silence des neiges*
DEMARCY (Richard), *L'Étranger dans la maison*
DENES (Max), *Jakob le menteur*
DOUTRELIGNE (Louise), *Quand Speedoux s'endort/Qui est Lucie Syn' ?*
DOUTRELIGNE (Louise), *La Bancale se balance*
DU CHAXEL (Françoise), *Des traces d'absence sur le chemin*
DURRINGER (Xavier), *Bal-trap/Une envie de tuer sur le bout de la langue*
DURRINGER (Xavier), *Chroniques des jours entiers, des nuits entières*
DURRINGER (Xavier), *Une petite entaille*
DURRINGER (Xavier), *Surfeurs*
DURRINGER (Xavier), *La Quille/22.34*
DURRINGER (Xavier), *La Nuit à l'envers/Ex-voto*
DURRINGER (Xavier), *La Promise*
DURRINGER (Xavier), *Chroniques 2, quoi dire de plus du coq ?*
DURRINGER (Xavier), *Histoires d'hommes*
DURRINGER (Xavier), *Les Déplacés*
EISLER (Hanns), *Johann Faustus*
FADEL (Youssef), *Je traverse une forêt noire*
FARGEAU (Jean-Pol), *Hôtel de l'homme sauvage*
FARGEAU (Jean-Pol), *Voyager*
FARGEAU (Jean-Pol), *Ici-bas*
FICHET (Roland), *De la paille pour mémoire/Le Lit*
FICHET (Roland), *Plage de la Libération*
FICHET (Roland), *Terres promises*
FICHET (Roland), *La Chute de l'ange rebelle*
FICHET (Roland), *Suzanne*
FICHET (Roland), *Petites comédies rurales*
FICHET (Roland), *Quoi l'amour*
FICHET (Roland), *Animal*
FICHET (Roland), *Micropièces*
FICHET (Roland), *Comment toucher*

FISCHEROVA (Daniela), *Fabula*
FRIEDERICH (Alexandre), *Journée mondiale de la fin (L'homme qui attendait l'homme qui a inventé l'homme/Didadactures/Programme de gestion colère et enlisement)*
FRIEL (Brian), *Danser à Lughnasa*
FUGARD (Athol), *Hello and Goodbye*
FÜST (Milan), *Les Malheureux*
GAUTRÉ (Alain), *La Chapelle-en-Brie*
GEORGÌOU (Andònis), *Mon lave-linge bien-aimé*
GERRITSEN (Esther), *Le Jour, et la nuit, et le jour, après la mort*
GHAZALI (Ahmed), *Le Mouton et la Baleine*
GLOWACKI (Janusz), *Antigone à New York*
GREIG (David), *Le Dernier Message du cosmonaute à la femme qu'il aima un jour dans l'ex-Union soviétique*
GREENBERG (Tamir), *Hébron*
GROUPOV, *Rwanda 94*
HACKS (Peter), *Conversation chez les Stein sur monsieur de Goethe absent*
HÄNDL (Klaus), *Le Charme obscur d'un continent*
HELMINGER (Guy), *Venezuela*
HILLING (Anja), *Bulbus*
HILLING (Anja), *Anges*
HOROVITZ (Israël), *Le Baiser de la veuve/Le Premier*
HOROVITZ (Israël), *L'Indien cherche le Bronx/Le Rescapé*
HOROVITZ (Israël), *Dix pièces courtes*
HOROVITZ (Israël), *Stand de tir*
HOROVITZ (Israël), *Quand Marie est partie/L'Amour dans une usine de poissons*
HOROVITZ (Israël), *John a disparu et autres pièces courtes*
HOROVITZ (Israël), *Péchés maternels et autres pièces courtes*
ISRAËL-LE PELLETIER (Marc), *Sarah et Lorraine*
ISRAËL-LE PELLETIER (Marc), *Le Globe*
KEENE (Daniel), *Silence complice/Terminus*
KEENE (Daniel), *Pièces courtes 1*
KEENE (Daniel), *La Marche de l'architecte/Les Paroles*
KEENE (Daniel), *Cinq Hommes/Moitié-moitié*
KEENE (Daniel), *Avis aux intéressés*
KEENE (Daniel), *Pièces courtes 2*
KEENE (Daniel), *Les Dents du serpent* (Citoyens & Soldats)
KELLY (Dennis), *Débris*
KHEMIRI (Jonas Hassen), *Invasion !*
KÖBELI (Markus), *Peepshow dans les Alpes*
KONATÉ (Moussa), *Khasso*
KWAHULÉ (Koffi), *La Dame du café d'en face/Jaz*
KWAHULÉ (Koffi), *Big shoot/P'tite souillure*
KWAHULÉ (Koffi), *Le Masque boiteux (Histoires de soldats)*

KWAHULÉ (Koffi), *Misterioso-119, Blue-S-cat*
KWAHULÉ (Koffi), *Brasserie*
KWAHULÉ (Koffi), *Les Recluses*
LA CHENELIÈRE (Evelyne de), *Au bout du fil/Bashir Lazhar*
LAÏK (Madeleine), *La Passerelle/Les Voyageurs/Didi Bonhomme*
LANDRAIN (Francine), *Lulu/Love/Life*
LAPLACE (Yves), *Sarcasme ou Un homme exemplaire*
LAPLACE (Yves), *Staël ou la Communauté des esprits*
LAPLACE (Yves), *Feu Voltaire/Maison commune*
LAPLACE (Yves), *Candide, théâtre*
LAVRÍK (Silvester), *Catherine*
LEBEAU (Yves), *Le Chant de la baleine abandonnée*
LEBEAU (Yves), *Les Noces*
LEBEAU (Yves), *Dessin d'une aube à l'encre noire*
LEBEAU (Yves), *À la folie*
LEMAHIEU (Daniel), *Entre chien et loup/Viols*
LEVEY (Sylvain), *Enfants de la middle class (Ô ciel, la procréation est plus aisée que l'éducation/Juliette [suite et fin trop précoce]/Journal de la middle class occidentale)*
LEVEY (Sylvain), *Pour rire pour passer le temps/Petites pauses poétiques*
LEVIN (Hanokh), *Théâtre choisi I - Comédies*
(Yaacobi et Leidental/Kroum l'Ectoplasme/Une laborieuse entreprise)
LEVIN (Hanokh), *Théâtre choisi II - Pièces mythologiques*
(Les Souffrances de Job/L'enfant rêve/Ceux qui marchent dans l'obscurité)
LEVIN (Hanokh), *Théâtre choisi III - Pièces politiques*
(Shitz/Les Femmes de Troie/Meurtre/Satires)
LEVIN (Hanokh), *Théâtre choisi IV - Comédies grinçantes*
(Le Soldat ventre-creux/Funérailles d'hiver/Sur les valises)
LEVIN (Hanokh), *Théâtre choisi V - Comédies crues*
(Tout le monde veut vivre/Yakich et Poupatchée/La Putain de l'Ohio)
LEVIN (Hanokh), *Que d'espoir !*
LEVIN (Hanokh), *Douce vengeance et autres sketches*
LEVIN (Hanokh), *Les Insatiables*
LIDDELL (Angélica), *Et les poissons partirent combattre les hommes*
LIDDELL (Angélica), *Belgrade*
LOLLIKE (Christian), *Chef-d'œuvre*
McGUINNESS (Frank), *Quelqu'un pour veiller sur moi*
MAGNAN (Jean), *Algérie 54-62/Et pourtant ce silence ne pouvait être vide…*
MAGNIN (Jean-Daniel), *Le Monde plat*
MANCEC (Ronan), *Je viens je suis venu*
MARTIAL (Alain-Kamal), *Les Veuves*
MAVRITSAKIS (Yannis), *Le Point aveugle*
MINYANA (Philippe), *Fin d'été à Baccarat*
MINYANA (Philippe), *Ruines romaines/Quatuor*

MINYANA (Philippe), *Chambres/Inventaires/André*
MINYANA (Philippe), *Les Guerriers/Volcan/Où vas-tu, Jérémie?*
MINYANA (Philippe), *Les Guerriers/Volcan/Chambres*
MINYANA (Philippe), *Où vas-tu, Jérémie?*
MINYANA (Philippe), *Drames brefs (1)*
MINYANA (Philippe), *Drames brefs (2)*
MINYANA (Philippe), *La Maison des morts*
MINYANA (Philippe), *Anne-Laure et les Fantômes*
MINYANA (Philippe), *Habitations/Pièces*
MINYANA (Philippe), *Suite 1/Suite 2/Suite 3*
MINYANA (Philippe), *Le Couloir*
MINYANA (Philippe), *La Maison des morts (Version scénique)*
MINYANA (Philippe), *Histoire de Roberta/Ça va*
MORATON (Gilles), *Ma main droite*
MOTTON (Gregory), *Ambulance/Reviens à toi (encore)*
MOTTON (Gregory), *Chicken/Brien le fainéant*
MOTTON (Gregory), *Chat et Souris (moutons)/Loué soit le progrès*
MOTTON (Gregory), *L'Île de Dieu/Un monologue*
MOTTON (Gregory), *Gengis parmi les Pygmées*
MUELLER (Harald), *Le Radeau des morts*
MÜLLER (Heiner), *La Comédie des femmes*
MÜLLER (Heiner), *L'Opéra du dragon*
MÜLLER (Heiner), *L'homme qui casse les salaires/La Construction/Tracteur*
MURPHY (Thomas), *Bailegangaire*
NADAS (Peter), *Rencontre*
NADAS (Peter), *Ménage*
NAJIB (Taher), *À portée de crachat*
NEVES (Abel), *Au-delà les étoiles sont notre maison*
NICOÏDSKI (Clarisse), *Ann Boleyn*
NORDMANN (Jean-Gabriel), *La mer est trop loin*
O'ROWE (Mark), *Terminus Dublin*
PARKER (Stewart), *Pentecôte*
PAVLOVSKY (Eduardo), *Potestad/La Mort de Marguerite Duras*
PELTOLA (Sirkku), *Le Cheval finlandais*
PENHALL (Joe), *Voix secrètes*
PICAULT (Adeline), *Étroits petits tours (Et Elsa boit/Un homme à la ligne/Émoi au bord du monde)*
PILLET (Françoise), *Métro Bastille/Anciennement chez Louise*
PRIN (Claude), *Erzebeth*
PRIN (Claude), *Césars*
RADITCHKOV (Yordan), *Janvier/Lazaritsa*
RENAUDE (Noëlle), *Divertissements touristiques/L'Entre-deux/Rose, la nuit australienne/8*

RENAUDE (Noëlle), *Le Renard du nord*
RENAUDE (Noëlle), *Der Fuchs des Nordens/Le Renard du nord*
RENAUDE (Noëlle), *Courtes pièces*
RENAUDE (Noëlle), *Ma Solange, comment t'écrire mon désastre, Alex Roux (texte intégral)*
RENAUDE (Noëlle), *Fiction d'hiver/Madame Ka*
RENAUDE (Noëlle), *À tous ceux qui/La Comédie de Saint-Étienne/Le Renard du nord*
RENAUDE (Noëlle), *Promenades*
RENAUDE (Noëlle), *Des tulipes/Ceux qui partent à l'aventure*
RENAUDE (Noëlle), *Une belle journée/Topographies*
RENAULT (Jean-Pierre), *Agathe*
RENAULT (Jean-Pierre), *Désert, désert*
RENAULT (Jean-Pierre), *Les Solitaires*
REYNAUD (Yves), *Monologues de Paul (Apnée ou le Dernier des militants/Regarde les femmes passer)*
REYNAUD (Yves), *Événements regrettables*
REYNAUD (Yves), *Les Guerres froides*
REYNAUD (Yves), *La Tentation d'Antoine*
REYNAUD (Yves), *Marie, Marie (Les modernes sont fatigués)/La Dent noire*
REYNAUD (Yves), *Une vie de chien/Baptême*
RIVERA (José), *Marisol/La Tectonique des nuages*
ROZEWICZ (Tadeusz), *Le Piège*
RULLIER (Christian), *Le Fils/Attentat meurtrier à Paris*
RULLIER (Christian), *Annabelle et Zina/Il marche*
RULLIER (Christian), *Football (et autres réflexions)/C'est à dire*
RULLIER (Christian), *Annabelle et Zina/Le Fils*
RULLIER (Christian), *Les Monologues : Il marche/C'est à dire/Il joue*
SAALBACH (Astrid), *Le Bout du monde*
SANTANELLI (Manlio), *Issue de secours/L'Aberration des étoiles fixes*
SARRAZAC (Jean-Pierre), *Le Mariage des morts/L'Enfant-Roi*
SARRAZAC (Jean-Pierre), *Les Inséparables/La Passion du jardinier*
SARRAZAC (Jean-Pierre), *Harriet*
SCHLEGEL (Jean-Pierre), *Le Vent et le Mendiant/J'exige le silence dans la bulle/Ces hommes du Grand Nord*
SCHWAJDA (György), *L'Hymne*
SCHWAJDA (György), *Le Miracle*
SCHWAJDA (György), *Notre père*
SONY LABOU TANSI, *Paroles inédites*
SONY LABOU TANSI, *Cercueil de luxe/La Peau cassée*
SPIRO (György), *Tête de poulet*
STASIUK (Andrzej), *Les barbares sont arrivés*
STEFAN (Peca), *The Sunshine Play*
STOCK (James), *Nuit bleue au cœur de l'Ouest*

TABORI (George), *Le Courage de ma mère/Weisman et Copperface*
TABORI (George), *Les Variations Goldberg*
TABORI (George), *La Ballade de l'escalope viennoise/Jubilé*
TAMISIER (Sabine), *Sad Lisa*
TASNÁDI (István), *Phèdre 2005*
TÉREY (János), *Hagen ou l'Hymne à la haine*
TORDJMANN (Charles), *Le Chantier*
TROLLE (Lothar), *Les 81 minutes de Mademoiselle A./Berlin fin du monde*
TROLLE (Lothar), *Berlin fin du monde/Fin du monde Berlin II/Les 81 minutes de Mademoiselle A.*
VADI (Urmas), *Le Vrai Elvis*
VALENTIN (Karl), *Le Bastringue et autres sketches*
VALENTIN (Karl), *La Sortie au théâtre et autres textes*
VALENTIN (Karl), *Vols en piqué dans la salle*
VALENTIN (Karl), *Le Grand Feu d'artifice et autres sketches*
VALENTIN (Karl), *Les Chevaliers pillards devant Munich et autres textes*
VANLUCHENE (Filip), *Risquons-tout*
VIEIRA MENDES (José Maria), *Ma femme*
WALLACE (Naomi), *Au cœur de l'Amérique*
WALLACE (Naomi), *Une puce, épargnez-la*
WILLEMAERS (Jean-Pierre), *C'est un dur métier que l'exil*
ZAHND (René), *L'Île morte/Les Hauts Territoires*
ZELENKA (Petr), *Petites histoires de la folie ordinaire*

Collection « Théâtrales Jeunesse »

BLUTSCH (Hervé), *Méhari et Adrien/Gzion*
BORNSTEIN (Henri), *Mersa Alam*
BOUCHARD (Michel Marc), *Histoire de l'oie*
CAGNARD (Jean), *L'Entonnoir*
CANNET (Jean-Pierre), *La Petite Danube*
CASTAN (Bruno), *Belle des eaux*
CASTAN (Bruno), *Coup de bleu*
CASTAN (Bruno), *Neige écarlate*
CASTAN (Bruno), *L'Enfant sauvage*
CHEVROLET (Gérald), *Miche et Drate*
COLLECTIF, *Court au théâtre 1 (8 petites pièces pour enfants)*
COLLECTIF, *Court au théâtre 2 (5 petites pièces pour enfants)*
COLLECTIF, *Théâtre en court 1 (12 petites pièces pour adolescents)*
COLLECTIF, *Théâtre en court 2 (3 pièces à dire, à jouer)*
COLLECTIF, *Théâtre en court 3 (4 pièces à dire, à jouer)*
COLLECTIF, *Théâtre en court 4 (6 pièces courtes pour adolescents)*
DU CHAXEL (Françoise), *L'Été des mangeurs d'étoiles*

JAUBERTIE (Stéphane), *Jojo au bord du monde*
JAUBERTIE (Stéphane), *Yaël Tautavel*
JAUBERTIE (Stéphane), *Une chenille dans le cœur*
KEENE (Daniel), *L'Apprenti*
LEBEAU (Suzanne), *L'Ogrelet*
LEBEAU (Suzanne), *Salvador*
LEBEAU (Suzanne), *Une lune entre deux maisons*
LEBEAU (Suzanne), *Petit Pierre*
LEBEAU (Suzanne), *Souliers de sable*
LEBEAU (Suzanne), *Le bruit des os qui craquent*
LEBEAU (Suzanne), *Contes d'enfants réels*
LEBEAU (Yves), *C'est toi qui dis, c'est toi qui l'es (tomes 1 et 2)*
LEBEAU (Yves), *Du temps que les arbres parlaient*
LEVEY (Sylvain), *Ouasmok ?*
LEVEY (Sylvain), *Alice pour le moment*
LEVEY (Sylvain), *cent culottes et sans papiers*
LISCANO (Carlos), *Ma famille*
OSTEN (Suzanne) et LYSANDER (Per), *Les Enfants de Médée*
PAQUET (Dominique), *Les escargots vont au ciel*
PAQUET (Dominique), *Son parfum d'avalanche*
PICAULT (Adeline), *Étroits petits tours*
PILLET (Françoise), *Molène*
PILLET (Françoise) et SILVA (Joël da), *Émile et Angèle, correspondance*
RICHARD (Dominique), *Le Journal de Grosse Patate*
RICHARD (Dominique), *Les Saisons de Rosemarie*
RICHARD (Dominique), *Hubert au miroir*
RICHARD (Dominique), *Le Garçon de passage*
SERRES (Karin), *Un tigre dans le crâne*
SHÖN (Roland), *Les Ananimots/Grigris*
VALENTIN (Karl), *Sketches*
VALENTIN (Karl), *Au théâtre*

Textes classiques

BÜCHNER (Georg), *Woyzeck*
BÜCHNER (Georg), *La Mort de Danton*
BÜCHNER (Georg), *Léonce et Léna*
CALDERÓN DE LA BARCA (Pedro), *Le Peintre de son déshonneur/Le Magicien prodigieux*
CALDERÓN DE LA BARCA (Pedro), *Le Prince constant*
CALDERÓN DE LA BARCA (Pedro), *Le Grand Théâtre du monde*
GARCÍA LORCA (Federico), *La Savetière prodigieuse/Mademoiselle Rose*
HAUPTMANN (Gerhart), *La Peau de castor*
HAUPTMANN (Gerhart), *Âmes solitaires*

HOLBERG (Ludvig), *Henrich et Pernille/Erasmus Montanus*
HOLBERG (Ludvig), *Jeppe du Mont/Don Ranudo de Colibrados*
IBSEN (Henrik), *Peer Gynt*
IBSEN (Henrik), *Hedda Gabler*
IBSEN (Henrik), *Empereur et Galiléen*
Von KLEIST (Heinrich), *La Bataille d'Arminius*
Von KLEIST (Heinrich), *La Cruche cassée*
MOLNÁR (Ferenc), *Liliom*
ROSTAND (Edmond), *Faust de Goethe*
SHAKESPEARE (William), *La Nuit des rois*
SHAKESPEARE (William), *Cymbeline*
SHAKESPEARE (William), *Le Marchand de Venise*
SHAKESPEARE (William), *Mesure pour mesure*
SHAKESPEARE (William), *Beaucoup de bruit pour rien*
SHAKESPEARE (William), *Le Roi Lear*
SHAKESPEARE (William), *La Tempête*
SHAKESPEARE (William), *Le Songe d'une nuit d'été*
SIGURJONSSON (Johann), *Les Proscrits*
SOPHOCLE, *Œdipe tyran*
SOPHOCLE, *Œdipe à Colone*
WEDEKIND (Frank), *Théâtre complet, tome I*
WEDEKIND (Frank), *Théâtre complet, tome II*
WEDEKIND (Frank), *Théâtre complet, tome III*
WEDEKIND (Frank), *Théâtre complet, tome IV*
WEDEKIND (Frank), *Théâtre complet, tome V*
WEDEKIND (Frank), *Théâtre complet, tome VI*
WEDEKIND (Frank), *Théâtre complet, tome VII*
WILLIAMS (Tennessee), *La Ménagerie de verre*

Arts du spectacle

AZAMA (Michel), *De Godot à Zucco, Anthologie des auteurs dramatiques 1950-2000*, coédition Scérén-CNDP. Vol. 1 : *Continuité et renouvellements* ; vol. 2 : *Récits de vie, le moi et l'intime* ; vol. 3 : *Le Bruit du monde*
BERNANOCE (Marie), *À la découverte de cent et une pièces – Répertoire critique du théâtre contemporain pour la jeunesse*, coédition Scérén-CRDP de Grenoble
BONVOISIN (Guillemette), *Saluts*
BRETONNIÈRE (Bernard), *Petit dictionnaire de théâtre*
CHALAYE (Sylvie), *Afrique noire et dramaturgies contemporaines : Le Syndrome Frankenstein*
CLÉMENT (Catherine), *La Pègre, la Peste et les Dieux*
Collectif/ANGEL-PEREZ (Élisabeth), *Howard Barker et le théâtre de la Catastrophe*
Collectif/BANU (Georges) dir., *Les Cités du théâtre d'art*
Collectif/CORVIN (Michel) dir., *Philippe Minyana, ou la Parole visible*

Collectif/LACHANA (Evanghélia), *Choisir et jouer les textes dramatiques – Un guide-annuaire,* coédition Centre national du Théâtre
Collectif/LECUCQ (Evelyne), *Les Fondamentaux de la manipulation : convergences – Carnets de la marionnette 1,* coédition Themaa
Collectif/LECUCQ (Evelyne), *Pédagogie et Formation – Carnets de la marionnette 2,* coédition Themaa
Collectif/PENCHENAT (Jean-Claude), *Mission d'artistes : les centres dramatiques de 1946 à nos jours*
Collectif/SARRAZAC (Jean-Pierre), *Les Pouvoirs du théâtre, essais pour Bernard Dort*
CORVIN Michel, *Anthologie critique des auteurs dramatiques européens (1945-2000),* coédition Scérén-CNDP
DESCAMPS (Jérôme), *La Secrète Architecture du paragraphe, rencontre avec Philippe Minyana* (vidéo)
DUSIGNE (Jean-François), *Le Théâtre d'art, aventure européenne du* XXe *siècle*
DUSIGNE (Jean-François), *Du théâtre d'art à l'art du théâtre. Anthologie des textes fondateurs*
DUSIGNE (Jean-François), *L'Acteur naissant (La passion du jeu),* coédition Scérén-CNDP
FÉRAL (Josette), *Dresser un monument à l'éphémère, rencontres avec Ariane Mnouchkine*
FÉRAL (Josette), *Trajectoires du soleil. Autour d'Ariane Mnouchkine*
JACOB (Pascal) et RAYNAUD DE LAGE (Christophe), *Extravangaza ! (Histoires du cirque américain)*
JAQUES (Brigitte), REGNAULT (François), *Le Théâtre de Pandora*
KWAHULÉ (Koffi), MOUËLLIC (Gilles), *Frères de son (Koffi Kwahulé et le jazz, entretiens)*
MÜLLER (Heiner), KLUGE (Alexander), *Esprit, pouvoir et castration (Entretiens inédits 1990-1994)*
MÜLLER (Heiner), KLUGE (Alexander), *Profession arpenteur (Entretiens nouvelle série 1993-1995)*
RAYNAUD DE LAGE (Christophe), *Intérieur rue (10 ans de théâtre de rue)*
RYNGAERT (Jean-Pierre) et SERMON (Julie), *Le Personnage théâtral contemporain : décomposition, recomposition*
SCHECHNER (Richard), *Performance (Expérimentation et théorie du théâtre aux USA)*
TEMKINE (Raymonde), *Le Théâtre en l'état*
VINCENT (Jean-Pierre), CHARTREUX (Bernard), *Mise en scène des* Fourberies de Scapin *de Molière,* coédition Nanterre Amandiers
YAARI (Nurit), *Le Théâtre de Hanokh Levin (Ensemble à l'ombre des canons)*

ACHEVÉ DE RÉIMPRIMER EN OCTOBRE 2012 SUR PAPIER ISSU DE LA GESTION DURABLE DES FORÊTS (CERTIFIÉ PEFC) SUR LES PRESSES DE CORLET IMPRIMEUR (14) LABELLISÉ IMPRIM'VERT®. MISE EN PAGES RÉALISÉE PAR LES ÉDITIONS THÉÂTRALES À MONTREUIL (93).

DÉPÔT LÉGAL : AVRIL 2010
NUMÉRO D'IMPRIMEUR : 149042
IMPRIMÉ EN FRANCE